中华优秀传统文明的精华

国学经典

林之满/编著

中华上下五千年

辽海出版社

【 第四卷 】

《中华上下五千年》编委会

编者的话

在祖国源远流长的传统文化中，中国历史是祖国文化重要的组成部分。中华民族五千年来创造的奇迹有如夏夜的繁星，数不胜数，向世界展示了东方智慧的无穷魅力。丰厚的文化遗产不仅是炎黄子孙的骄傲，也是我们民族得以凝聚并且繁衍不息的源泉。

历史是一面镜子，任何一个国家和民族都注重用自己的历史教育和鼓励人民，特别是青少年。历史本来是很生动的，现代汉语中有不少词语。特别是成语典故，多半出自各种历史典籍。而现在的孩子很容易被表现形式丰富的西方现代文明"格式化"，对历史知识却产生抵触情绪，这不能不让关注子女成长、渴望孩子成为栋梁之材的家长们为之担忧。在高科技发展的今天，了解和继承本民族优秀的文化传统，对于中国青少年树立民族自尊心、自信心仍是非常必要的。

让广大读者拥有一本有益于心灵成长的历史读物，以便有效、快捷地传播祖国文化，是我们每个人的责任。编者在参考了一定量权威性的历史典籍基础上，取其所长，编写了这套《中华上下五千年》。本书力求全面客观地展示中国历史发展进程中的社会进化、政治演变、经济文化发展和国土开辟等方面的状况。

尊重历史就是尊重我们自己，历史不能割断也不能凭着个人的喜好加以修改。在编写本书的过程中，笔者注重历史读物的真实性，针对历史事件中的存疑之处，反复查找资料，以避免虚构。这样做的目的是让读者在了解历史、开启智慧、培养美德的同时，为读者提供更多、更确凿的历史知识。

本书按历史发展顺序编写，以历史事件、历史人物为主线，所选取的内容上自远古时代，近到中华人民共和国成立。其范围涵盖政治、文化、科学、军事、民族关系等历代重大事件，对少数民族的历史也有相当篇幅进行介绍。

相对于浩瀚的五千年中华文明史，本书所反映的内容是远远不够的。但编者尽己所能，争取在有限的篇幅中集中、准确地描述与之相关的史实。限于笔者的历史知识和文字水平，难免有疏漏之处，敬请专家、学者和广大读者批评指教，同时，我们真诚地希望本书能够得到广大读者的喜爱。

目 录

五代十国

宋 朝

元 朝

"二王八司马"事件

安史之乱后，唐王朝的根基很不稳固。唐玄宗以后，是肃宗、代宗、德宗 3 个皇帝相继统治。统治阶级由于政治措施不得当，国家越来越衰落了。

贞元二十一年（公元 805 年）正月，德宗皇帝李适病死了，太子李诵即位，就是唐顺宗，年号改为永贞元年。李诵是德宗的长子，他为人宽厚，尤其尊重师长，见了老师总是先行礼。他喜欢作诗写字，棋也下得不错。集贤院侍读王叔文，善于下棋，李诵把他召到东宫。待诏翰林王伾（音 pī）思想先进，经常给他讲一些民间疾苦的事，对当时朝廷内外的一些弊端也评论得很有见解。这两人都是很正直的人，太子也是个有正义感的人。所以，太子对他俩十分器重。

顺宗登基的第一件事就是把王叔文和王伾封为翰林学士，让他们革新朝政。他原先是想派"二王"当宰相的，但考虑他们以前的官阶太低，一下子提拔那么高，怕别人不服，所以让他们当翰林学士，而让声望较高的韦执谊当宰相。

王叔文等既得新皇帝的信任，便把志同道合的好朋友柳宗元、刘禹锡、韩晔、韩泰、程异、陈谏、凌准等安排了重要职位，以便实行他们的革新计划。君臣之间有了共同愿望，革新派的手中又有权力，因此他们就大刀阔斧地干了起来。

他们先来解决宦官的问题，首先是取消"宫市"，不准太监们自己到外边买东西。把"五坊"也解散了，让那些横行街市的"五坊小儿"统统当宫中的杂役。又把久闭深宫的年长的宫女和教坊女妓 600 人，释放回家。他们还通过唐顺宗发布命令，废除百姓积欠官府的一部分租税，停止地方官的进奉，减低盐价。单这几项，就大大减轻了老百姓的负担。

对藩镇割据和宦官专权，革新派采取措施，加以限制和削弱。剑南四川节度使韦皋派刘辟到长安，对王叔文进行威胁利诱，想要完全控制四川地方，来扩大割据的地盘。王叔文拒绝了韦皋的要求，下令杀刘辟。刘辟吓得狼狈地逃回了四川。王叔文选拔老将范希朝统率禁军，并且担任京城以西各城镇行营的节度使，派韩泰为行军司马，接管宦官的兵权。可惜这一条重要措施被宦官暗中破坏，没能实现。

对于贪官污吏，革新派严加惩罚。京兆尹李实肆意地搜刮民脂民膏。他原先在外地做官的时候，就因为克扣军饷，引起军士们的愤怒。军士们打算刺杀他。他吓得连夜从城墙上用绳子吊下逃走，后来他当了京兆尹。有一年，他不管天旱歉收，依旧逼迫老百姓完粮纳税。穷苦的市民被迫拆掉房子，卖掉砖瓦木料；被迫卖掉青苗（还没有成熟的庄稼）凑钱交纳赋税。到处一片惨状。李实把不择手段搜刮来的昧心钱，拿出一部分进奉给唐顺宗。其他大部分都装进了他自己的钱袋。他足足聚敛了30万贯钱的财富！对这么个吸血鬼，王叔文果断地宣布了他的贪污罪行，把他贬到外地去。长安市民听到这个消息，莫不拍手称快。许多人揣着砖瓦石块，准备拦截他痛打一顿。李实听说，不敢等到第二天，当天晚上就偷偷地从长安逃走了。

王叔文等知道，要想使革新有保障，就必须有军队作后盾。那时长安的防务，是由神策军负责的。神策军的总部设在奉天，称为神策军西行营，由太监杨志廉、孙荣义分任左、右中尉。王叔文建议顺宗派宿将范希朝为神策军京西兵马节度使，派韩泰作副使，想使军队脱离宦官统辖。太监总管俱文珍知道新朝要夺宦官的兵权，吩咐神策军的将领拒绝服从朝廷命令。待到范希朝和韩泰来到奉天行营召见诸将时，将领们竟一个也不来报到。范、韩只好回去告诉王叔文。王叔文也没有办法。

王叔文实行改革，不但一批宦官恨他，有不少大臣也嫌王叔文地位低，办事专断，对他不满。太监们已经意识到革新将带给他们的危险，便去跟那些看不起王叔文的大官僚黄裳、袁兹等人联合，共同来对付革新派。那时顺宗患了风疾，说不出话来。而王叔文因为母亲死了，按例要告假回家守丧，王伾也突然患了中风，革新派失去了中坚力量。太监们便在当年七月，逼着顺宗让太子李纯代理朝政；八月，硬逼他下诏让位给太子，李诵自己退做太上皇，并改元"永贞"。第二年的正月，顺宗李诵便因病去世了。这位46岁的皇帝在位仅仅8个月。

李纯是顺宗的长子，史书上称为"宪宗"。他是在太监和官僚的拥戴下当上皇帝的，还没等正式登基便下令贬王伾为开州司马，王叔文为渝州司户。王伾带病，勉强挣扎着到了贬所，不久便死了。过了一年，太监们对王叔文不放心，又让宪宗下一道诏书，在渝州把王叔文杀害了。

柳宗元、刘禹锡、韦执谊等8人，原先是贬谪为边远州郡刺史的，还没到任，就又再贬为州司马。一场革新运动，只进行了146天，就昙花一现的夭折了。史书上把这件事称为"二王八司马"事件。革新虽然失败了，王叔文等革新派的一系列措施，给广大穷苦百姓带来了好处，有力地抑制了宦官和官僚们的利益。这件事因为发生在唐顺宗永贞年间，所以又称"永贞革新"。

"诗豪"刘禹锡

"永贞革新"失败后，被唐宪宗下诏贬职的"八司马"当中，有两位著名的文学家柳宗元和刘禹锡。柳宗元擅长散文，刘禹锡善于写诗，两个人又是很要好的朋友。这次，柳宗元被派到永州（今湖南零陵），刘禹锡被贬到朗州（今湖南常德）。

这年，刘禹锡34岁。永州和朗州都在南边，那时候还是荒僻落后的地区。柳宗元和刘禹锡相信自己的作为是正直的，失败了也不气馁。到了任所，除了办公以外，常常游览山水，写写诗文。在他们的诗文中，常常抒发自己的政治抱负，也反映了一些人民的疾苦，像柳宗元的《捕蛇者说》就是在永州写的。

刘禹锡在朗州期间创作了有名的《天论》，而《天论》三篇是中国哲学史上的名篇。他说过"怒人言命，笑人言天"。一怒一笑，表明他是儒家。

刘禹锡和柳宗元在任所一住就是10年。日子一久，朝廷里有些大臣想起他们来，觉得这些都是有才干的人，放在边远地区太可惜了，就奏请宪宗，把刘禹锡、柳宗元调回长安，准备让他们留在京城做官。

元和十年，刘禹锡回到长安，看看长安的情况，已经发生了很大变化。京城虽有一些新气象，但朝廷官员中，有不少新提拔的官员都是他过去看不惯的人，心里很不舒坦。

京城里有一座有名的道观叫玄都观，里面有个道士，在观里种了一批桃树。那时候正是春暖季节，观里桃花盛开，招引了不少游客。有些老朋友约刘禹锡到玄都观去赏桃花。刘禹锡欣然接受了朋友们的盛情。

刘禹锡过了10年的贬谪生活，回到长安，看到玄都观里新栽的桃花，很有感触，回来以后就写了一首诗：

紫陌红尘拂面来，无人不道看花回。

玄都观里桃千树，尽是刘郎去后栽。

刘禹锡的诗一向有名气，这篇新作品一出来，很快就在长安传开了。有一些大臣对召回刘禹锡，本来就不愿意，读了刘禹锡的诗，就细细琢磨起来，有人竟说刘禹锡这首诗表面是写桃花，实际是讽刺当时新提拔的权贵的。这些话传入宫内，唐宪宗很生气，他觉得自己这些年颇有成绩呢。于是，对刘禹锡也很不满意。刘禹锡又被派到播州（今贵州遵义市）去做刺史。刺史比司马高一级，明着是提升，但是播州地区比朗州更远更偏僻，当时还是人烟稀少的地方。

刘禹锡的老母亲，已经 80 多岁了，需要有人伺候；怎能跟着刘禹锡一起到播州，正在这时候，朝廷把柳宗元改派为柳州刺史。柳宗元得知刘禹锡的困难情形，决心帮助好朋友。他连夜写了一道奏章，请求把派给他去柳州的官职跟刘禹锡对调，让他到播州去。

柳宗元待朋友一番真诚，使许多人很受感动。后来，大臣裴度也在唐宪宗面前替刘禹锡说情，宪宗答应把刘禹锡改派为连州（今广东连州市）刺史。大和五年（公元 831 年）十月，他出任苏州刺史，为期近 3 年，颇有政绩，得到时人的称赞。后历任汝州、同州刺史。过了 14 年，裴度当了宰相，把他调回长安。

刘禹锡重新回到京城，正值暮春季节。他想起那个玄都观的桃花，有心旧地重游。到了那里，知道那个种桃树的道士已经死去，观里的桃树没有人照料，有的被砍，有的枯死了，满地长着燕麦野葵，一片荒凉。他想起当年桃花盛开的情景，联想起一些过去打击他们的宦官权贵，一个个在政治争斗中下了台，而他自己倒是顽强地坚持自己的见解。想到这里，他又写下了一首诗，抒发他心里的感慨，诗里说：

百亩中庭半是苔，桃花净尽菜花开。

种花道士归何处？前度刘郎今又来。

刘禹锡一生仕途坎坷，颠沛流离，但他始终坚持真理，特别是几次遭贬，几番挫折，使他广泛地接触社会和生活在底层的劳动人民。因此在哲学、政治、文学等方面形成了自己的独到之处，并且给后人留下许多宝贵的财富。

刘禹锡创造了大量的政治诗和政治讽刺诗，继承并发扬了古典诗歌的现实主义传统。他是中唐时期最优秀的诗人，白居易极度钦佩他的诗歌才能，称他为"诗豪""国手"。

白居易进长安

白居易是唐代著名诗人，字乐天，生于唐代宗大历七年（公元772年），下邽（今陕西渭南东北，音 guī）人。白居易自小聪明，五六岁时就开始学写诗。他擅长作诗的名气，很早就传开了。白居易早期的生活是在动荡中度过的。在他16岁那年，他父亲白季庚在徐州做官，让他到京城长安去长些见识，这种离乱生活才结束。

那时候，正是朱酢叛乱之后，长安遭到很大的破坏。特别是连年战争，到处闹粮荒，长安米价飞涨，百姓的日子很艰难。

当时，长安有一个文学家顾况，很有才气，但为人有些高傲。白居易钦佩顾况的名气，带了自己的诗稿，到顾况家去请教。顾况听说白居易也是个官家子弟，不好不接待。白居易拜见了顾况，送上名帖和诗卷。顾况看了看名帖，看到"居易"两个字，皱起眉头打趣说："近来长安米价很贵，只怕居住很不容易呢！"

白居易被顾况莫名其妙地数落了几句，也不在意，恭恭敬敬地站在旁边请求指教。顾况拿起诗卷随手翻着，他的手忽然停了下来，眼睛盯着诗卷，轻轻地吟诵起来：

离离原上草，一岁一枯荣；

野火烧不尽，春风吹又生……

顾况读到这里，脸上显露出兴奋的神色，马上站起来，紧紧拉住白居易的手，热情地说："啊！能够写出这样的好诗，住在长安也不难了。刚才跟您开个玩笑，您别见怪。"

顾况十分欣赏白居易的诗才，自从这次见面以后，逢人就夸说白家的孩子怎么了不起。一传十，十传百，白居易在长安出了名。不到几年，他考取了进士。唐宪宗听说他的名气，马上提拔他做翰林学士，后来又命他担任左拾遗。在这期间，白居易一面不断地创作新的诗歌，揭露当时社会上的一些不良现象，一面在宪宗面前多次直谏，特别是反对让宦官掌握兵权。

有一次，白居易谏阻宪宗封宦官做统帅，惹得宪宗很气恼。他跟宰相李绛说："白居易太狂了，怎么对我这样不敬，我要撤他的职！"李峰说："白居易敢在陛下面前直谏，不怕杀头，正说明他对国家的忠心。如果办他的罪，只怕以后没人敢说真话了。"唐宪宗勉强接受了李绛的意见，暂时没有把白居易撤职。但是，过了没有多少天，还是把他左拾遗的职务撤掉了，改派别的官职。

白居易写了许多诗，其中有不少是反映现实的，像《秦中吟》和《新乐府》。在这些诗篇中，有的揭露了宦官仗势欺压百姓的罪恶，有的讽刺官僚们穷奢极侈的豪华生活，有的反映了劳动人民的痛苦遭遇。他的诗歌通俗易懂，受到当时广大人民的传诵，街头巷尾，到处都传诵着白居易的诗篇。据说，白居易写完一首诗，总先要念给不识字的老婆婆听，如果有听不懂的地方，他就修改，一直到能够使她听懂，这当然只是一种传说，但也说明他写的诗歌是比较接近群众的。

正因为他的诗反映现实，触犯了掌权的宦官和大官僚，也招来了一些人的咒骂和忌恨。有些人想诬陷白居易，只是一时找不到借口。过了几年，白居易在太子的东宫里做左赞善大夫。有一次，宰相武元衡被人派刺客暗杀了。这次暗杀有复杂的政治背景，朝廷的官僚谁也不想开口。只有白居易站了出来，首先向宪宗上了奏章，要求通缉凶手。宦官和官僚抓住这个机会，说白居易不是谏官，不该对朝廷大事乱作主张，狠狠地告了一状。经过这样罗织罪名，白居易被降职到江州（今江西九江）去当司马了。

白居易无辜受到贬谪，到了江州之后，心情十分抑郁。有一天晚上，他在江州的湓浦口送客人，听到江上传来一阵哀怨的琵琶声，叫人一打听，原来是一个漂泊江湖的老年歌女弹的。白居易见了那歌女，又听她诉说她的可悲身世，十分同情；再联想到自己的遭遇，引起满腔心事。回来以后，写下了著名的叙事长诗《琵琶行》，诗中说：

> 我闻琵琶已叹息，又闻此语重唧唧。
>
> 同是天涯沦落人，相逢何必曾相识。

后来白居易又几次回到京城，做过几任朝廷大官。但是当时的朝政十分混乱，像白居易这样正直的人不可能有什么作为，于是他就把他全部精力倾注到诗歌创作中去。白居易一生一共写了2800多首诗，作为封建时代的文人士大夫，他的诗不仅有高超的艺术手法，而且更具有丰富的社会内容。更难能可贵的是，他把诗的写得通俗易懂，达到了妇孺皆知的地步。这样高的艺术成就，使他成为继李白、杜甫之后又一位杰出的诗人。

韩愈反对迎佛骨

唐宪宗依靠裴度、李愬，平定了淮西叛乱，社会逐渐有所安定，唐宪宗觉得这是很骄傲的事情。他决定立一个纪功碑，来纪念这一次大胜利。叫谁来写这个碑文呢？恰好裴度手下有个行军司马韩愈，擅长写文章，又跟随裴度到过淮西。唐宪宗就命令韩愈起草《平淮西碑》。

韩愈字退之，他是唐朝一位杰出的文学家，邓州河阳（今河南孟州市西）人。他出身贫寒，通过科举途径担任监察御史等官职。韩愈认为自从魏晋南北朝以来，社会风气不好，连文风也衰落了。许多文人写的文章，喜欢堆砌辞藻，讲求对偶，缺少真情实感。他决心对这种文风进行改革，写了不少散文，在当时影响很大。他的主张和写作实践实际上是一种改革，但是也继承了古代散文的一些传统，所以被称作"古文运动"。后来，人们把他和柳宗元两人称为"古文运动"的倡导人。

韩愈不但擅长写文章，还是个直言敢谏的大臣。尤其在中唐时期反佛斗争中，他是一个最积极的人物。

唐宪宗到了晚年，迷信起佛法来。他听说凤翔的法门寺里，有一座宝塔，叫护国真身塔。塔里供奉着一根骨头，据说是释迦牟尼佛祖留下来的一节指骨，每30年开收一次，让人瞻仰礼拜。这样做，就能够求得风调雨顺，人人平安。唐宪宗给人说得相信了，特地派了30人的队伍，到法门寺把佛骨隆重地迎接到长安。他先把佛骨放在皇宫里供奉，再送到寺里，让大家瞻仰。下面的一班王公大臣，一看皇帝这样认真，不论信或是不信，都要凑个趣。许多人千方百计想弄到瞻仰佛骨的机会。有钱的，捐了香火钱；没钱的，就用香火在头顶、手臂上烫几个香疤，也算表示对佛的虔诚。

韩愈是向来不信佛的，更不要说瞻仰佛骨了。他对这样铺张浪费来迎接

佛骨，很不满意，就给唐宪宗上了一道奏章，劝谏宪宗不要干这种迷信的事。他说，佛法的事，中国古代是没有的，只是从汉明帝以来，才从西域传了进来。他又说，历史上凡是信佛的王朝，寿命都不长，可见佛是不可信的。

唐宪宗收到这个奏章，大发脾气，立刻把宰相裴度叫了来，说韩愈诽谤朝廷，非把他处死不可。裴度连忙替韩愈求情，唐宪宗气慢慢平了，说："韩愈说我信佛过了头，我还可宽恕他；他竟说信佛的皇帝，寿命都短促，这不是在咒我吗？就凭这一点，我不能饶他。"

后来，替韩愈求情的人越来越多，唐宪宗没杀韩愈，就把他降职到潮州去当刺史。尽管这样，韩愈仍不放弃自己的主张，曾写诗说："一封朝奏九重天，夕贬潮阳路八千，欲为圣朝除弊事，岂将衰配惜残年"，表示他反对佛教的坚定立场。

从长安到潮州，路远迢迢，韩愈孤单一个人，到了潮州。韩愈想到自己的不幸遭遇，也考虑到百姓的生活。他把潮州官府里的官员找了来，问当地老百姓有什么疾苦。

有人说："这儿出产少，老百姓日子过得很苦；还有城东恶溪（今广东韩江）里有条鳄鱼，经常上岸来伤害牲畜，百姓真被它害苦了。"

韩愈说："既是这样，我们就得想法把它除掉。"话虽那样说，可韩愈是个文人，一不会动刀，二不会射箭，怎能除掉鳄鱼呢？后来，他写了一篇《祭鳄鱼文》，专门派人到江边去读这篇祭文，又叫人杀了一口猪一头羊，把它丢到江里去喂鳄鱼。在那篇祭文里，他限令鳄鱼在 7 天之内迁到大海里去，否则就用强弓毒箭，把鳄鱼全部射杀。

韩愈不信佛，怎么会信鳄鱼有灵呢？这当然只是他安定人心的一种手法罢了。事有凑巧，据说从那以后，大池里的鳄鱼真的没有再出现过。当地的百姓认为朝廷派来的大官给鳄鱼下的驱逐令见了效，都安心生产了。

韩愈在外地做了一年官，就又回到长安，负责国子监（朝廷设立的最高教育机构）的工作。就在这一年（公元 820 年），唐宪宗被宦官所杀。他的儿子李恒即位，这就是唐穆宗。

韩愈反佛是站在儒家思想立场上进行的，他反佛的目的是要建立一套正统的儒家学说。韩愈不仅是唐朝著名的文学家和古文运动的倡导者，同时他还是一位对宋明理学有重大影响的哲学家，成为宋明理学的先驱。

朋党之争

从唐穆宗之后，唐朝的皇帝都是由宦官拥立的。这样一来，宦官的权势很大。在宦官专权的日子里，朝廷官员中，反对宦官的，大都遭到排挤打击。一些依附宦官的朝官，又分成两个派别。两派官员互相倾轧，钩心斗角一直明争暗斗了40年，历史上把这种争斗叫做"朋党之争"。

这场争斗还是在唐宪宗在位时期开始的。有一年，长安举行考试，选拔能够直言敢谏的人才。在参加考试的人中，有两个下级官员，一个叫李宗闵，一个叫牛僧孺。两个人在考卷里批评了朝政。考官看了卷子，认为这两个人符合选拔的条件，就把他们推荐给唐宪宗。这件事让宰相李吉甫知道了。李吉甫是个士族出身的官员，他本来就瞧不起科举出身的官员，现在出身低微的李宗闵、牛僧孺居然敢批评朝政，揭了他的短处，更加生气。他在唐宪宗面前说，这两人被推荐，完全是因为跟考官有私人关系。唐宪宗听信了李吉甫的话，把几个考官降了职，李宗闵和牛僧孺也没有受到提拔。

李吉甫死后，他的儿子李德裕依靠他父亲的地位，做了翰林学士。那时候，李宗闵也在朝做官。李德裕对李宗闵执评他父亲这件事，仍旧记恨在心。

唐穆宗即位后，又举行进士考试。有两个大臣因为熟人应考，私下里托过考官，考官钱徽没给他们面子。正好李宗闵有个亲戚应考，被选中了。这些大臣就向唐穆宗告发钱徽徇私舞弊。唐穆宗问翰林学士，李德裕说真有这様的事。唐穆宗就把钱徽降了职，李宗闵也受到牵连，被贬谪到外地去了。

李宗闵认为李德裕成心排挤他，恨透了李德裕。牛僧孺当然同情李宗闵。从这以后，李宗闵、牛僧孺就跟一些科举出身的官员结成一派，李德裕也跟士族出身的官员结成一派，两派明争暗斗得不可开交。

唐文宗即位以后，李宗闵走了宦官的门路，当上了宰相。李宗闵向文宗推荐牛僧孺，也把他提为宰相。这两人一掌权，就合力打击李德裕，把李德裕调出京城，当西川（治所在今四川成都）节度使。

那时期，西川附近有个吐蕃将领投降。李德裕趁机收复了一个重镇维州（治所在今四川理县）。这本来是李德裕立了一功，但是宰相牛僧孺却跟唐文宗说："收复一个维州，算不了什么；跟吐蕃搞坏关系，才不上算呢。"他要唐文宗下令叫李德裕把维州让还吐蕃，李德裕很气愤。

后来，有人告诉唐文宗，说退出维州城是失策，并且说这件事是牛僧孺排挤李德裕的手段。唐文宗挺懊悔，对牛僧孺也疏远了。唐文宗本人也受宦官控制，没有一定的主见。一会儿用李德裕，一会儿用牛僧孺，一派掌了权，另一派就没好日子过。

牛、李两派为了争权夺利，都巴结宦官。李德裕做淮南节度使的时候，监军的宦官杨钦义被召回京城，大家传说杨钦义回去一定掌权。临走的时候，李德裕就办酒席请杨钦义，还送给他一份厚礼。杨钦义回去以后，就在唐武宗面前竭力推荐李德裕。

唐武宗即位，李德裕果然当了宰相。他竭力排斥牛僧孺、李宗闵，把他们都贬谪到南方去。李德裕得了武宗信任，当了几年宰相，因为办事专断，遭到不少朝臣的怨恨。公元846年，唐武宗病死，宦官们立武宗的叔父李忱即位，就是唐宣宗。唐宣宗把武宗时期的大臣一概排斥，即位第一天，就撤了李德裕的宰相职务。过了一年，又把李德裕贬谪到崖州（今广东海南岛）。

折腾了40年的朋党之争终于收尾，但是混乱的唐王朝已经闹得越发接近崩溃的边缘。

悲壮的黄巢起义

唐朝后期，大量耕地集中在少数贵族和官僚手里，全国半数以上的农民失去了土地，变为逃户、流民。统治者还用各种名目横征暴敛，老百姓连吃盐、喝茶、住房都要上税。当时，还经常发生天灾，地里不长庄稼。穷苦农民没有吃的，只好把蓬草籽磨成面，把槐树叶当成菜，勉强果腹。举国上下，饿殍遍地，怨声载道。而统治阶级则过着骄奢淫逸的生活。

公元859年即位的唐懿宗，是一个非常荒淫的皇帝。他每月总要举行大型宴会10多次，殿前的乐工常有500多人。他观赏歌舞，常常是通宵达旦，高兴的时候还要赏给乐工们很多钱。长安附近的名胜，如南宫、北宛、离宫等地方，他想什么时候去就什么时候去。左拾遗刘蜕曾上书说："目前，西凉还在建筑城池，南蛮不断侵扰边境，战争还在进行，请皇上节制宴游，多关照一些政事为好。"唐懿宗不仅不听，反而把他贬为华阴令。

公元873年，唐僖宗即位后，其昏庸腐朽、奢侈豪华，比唐懿宗有过之而无不及。僖宗年幼不会治理国家，但对踢球、斗鸡、音乐、赌博非常精通。他最宠信的宦官田令孜还常常让僖宗赏给乐工钱，每天达几万，几乎把府库里的钱都用光。

穷人活不下去，只有起来造反。当时，农民武装起义在现在的山东、四川、湖南、山西、陕西等地，此起彼伏。公元859年冬天，裘甫在浙江东部举行起义。这场起义虽然被镇压下去，但却成了唐末农民起义的先导。8年以后，桂林又发生兵变，后来转战到徐州一带，发展成规模很大的农民起义，14个月以后，起义被镇压。起义的农民分散到各地，等待机会。

唐僖宗乾符二年（公元875年），濮州（今山东濮县东）私盐贩子王仙芝与尚君长、尚让兄弟，率领几千农民在长垣起兵。王仙芝自称天补均平大将军、海内诸豪都统，发布檄文，斥责朝廷奸臣乱政，赋税繁重，赏罚不平。起义军攻下曹州（今山东曹县）、濮州，从几千人发展到几万人。接着，冤句（今山东曹县西北）人黄巢和他的兄弟等 8 人，率领几千农民在曹州起兵响应，王仙芝和黄巢的两支队伍合在一起，轰轰烈烈的农民大起义开始了。

黄巢从少年时起就贩卖私盐，走南闯北，见多识广。他擅长骑马射箭，喜好结交江湖好汉；济困扶危，反抗社会不平。他也喜欢读书，几次参加科举考试，都没有被录取。

有一年他又未考中进士，便写了一首《不第后赋菊》诗：

待到秋来九月八，我花开后百花杀。

冲天香阵透长安，满城尽带黄金甲。

表露了他有朝一日要起来造反的意愿。

起义初期，王仙芝是全军统帅。起义军采取流动作战的方法，从现在的山东南部打到河南西部，又打到湖北东部。公元 877 年攻到蕲州城下。唐朝蕲州刺史请王仙芝、黄巢等人进城，对他们进行诱降活动，答应请求皇上授予王仙芝官职。朝廷正想平息农民起义，就答应授给王仙芝一个空头官衔。王仙芝十分高兴。黄巢大怒，他责备王仙芝说："起初大家立过大誓，要横行天下。现在你去做官，起义的弟兄们该到哪里去？"起义军其他将士也都斥责王仙芝，王仙芝害怕众人，没敢接受唐朝的官职。起义军两位领袖意见不合，起义军也就分裂了。王仙芝和尚官君、尚让等率领一部分人，攻破一些州县；可是，他曾经 7 次向唐朝统帅请求投降，没有得到允许，最后被唐军打得大败，牺牲了几万人，王仙芝也被杀死。这支起义军失败了。

黄巢率领另一部分起义军北上，转战在山东、河南一带。王仙芝战死以后，尚让带领残余部队投奔黄巢，推黄巢为王，称作黄王，又称"冲天大将军"，改年号"王霸"，设置官署，建立自己的政权。面对唐军的军事防线，继续强攻州县城邑对起义军极为不利，而江南是唐王朝军备力量薄弱的地区，又是后期主要的财赋供给地，起义军到江南开辟新的活动地区，打开新的局面是非常必要的。黄巢在冷静分析局势之后，做出了正确的选择。他率领数万大军，渡过长江，挥戈南下，使起义军转入新的大发展阶段。

当时，唐朝的军队集结在中原一带，岭南地区兵力比较薄弱。黄巢本想占领岭南地区，休整一段时期，积蓄力量，再打到中原去，推翻唐朝。可是，部将们不愿休息，要求尽快打回北方。黄巢同意了这个要求，以天补均平大将军的名义发布檄文，指责朝廷的罪恶，率领起义军从广州出发，向北攻进现在的湖南、湖北，向东打到江西、安徽、浙江等地。

起义军的声势越来越大，人数越来越多，发展到60万人。唐僖宗派了好几支大军进行镇压，也阻挡不住。起义军渡过淮河，向西北进军几千里，攻下了东都洛阳。唐军只得退到潼关防守。一路上，起义军纪律严明，不掳掠百姓，只没收官商富户的财产充作军需。起义大军进入洛阳城的时候，还对百姓进行慰问，秩序井然。

起义军挺进到潼关城下，满山遍野都是起义军的白旗。当黄巢来到的时候，全军士气高昂，大声欢呼，山河震动。唐军凭借关隘，勉强守了两天。到第三天，尚让和黄巢的外甥林言，分兵从一条叫"禁谷"的小路绕到关后，内外夹击，攻破了潼关。这条"禁谷"，在平时，为了防止商人逃税，禁止通行，里面长满了灌木藤葛。起义军打来，唐军竟然忘记设防。第一天双方交战以后，官军溃败，争着从禁谷逃命。一夜工夫，把地面塌平了，正好给起义军开辟了道路。

广明元年（公元880年）十二月三日，黄巢攻克潼关。京城长安得知这一消息，陷入一片混乱之中。十二月五日凌晨，唐僖宗和宦官田令孜带着4个亲王及数名嫔妃，率领500名神策军，由金光门出了皇宫，匆匆忙忙地逃往四川。就在这天早晨，文武百官照样上朝，等了很久，才知道皇帝逃跑了。

当天下午，黄巢的前锋大将柴存进入长安。唐朝廷的左金吾卫大将军张直方不得不带领文武官员几十人，到长安郊外迎接。黄巢乘坐着黄金装饰的轿子，由身披锦绣、手执兵器的随从簇拥着，威武雄壮地进入长安城。兵强马壮的起义军队伍，充塞道路的辎重车辆，浩浩荡荡地跟随着前进。

长安的老百姓听说黄巢进了城，都走出家门，夹道欢迎，观看起义军的军容。起义军士兵大多是受尽压迫的民众，所以，遇到贫民是很同情的，还送给他们财物；但对唐朝留下来的那一大群官吏，就十分憎恨，只要一抓住就处死。几天之后，也就是公元881年，黄巢在长安即位称帝，国号大齐，年号金统。他任命尚让为宰相，孟楷、盖洪为将军，著名诗人皮日休为翰林学士，组成了由起义军文武首领和唐朝降官混合的大齐政权。

起义军渡过淮河以后，一路无阻，但经过的重要地方如东都洛阳，都没有留兵驻守。数十万人全部进入长安，实际上好像进入口袋之中。长安在唐军的四面包围下，粮食补给发生困难。不久，唐朝京城四面诸军行营都统郑畋号召各藩镇，联合起来进攻长安，各藩镇响应。形势对起义军非常不利。

黄巢也想过打开局面。他曾派尚让等人率领5万人攻打凤翔。尚让自以为声势浩大，行军时，军容不整；遇到伏兵，便被杀得大败，损失了士兵2万多人。一部分唐军乘机进攻长安，黄巢以为是唐朝大军来了，便率领众人仓皇逃走。唐军入城，大肆掳掠。黄巢停在城外，看到唐军像一群乌合之众，便又领兵杀回长安，歼灭唐军十之八九。无奈，他的地方守将们听说他已出城，也都放弃守城，逃往别处。

由于起义军始终没有打破敌人的围剿，城内粮食又日益紧张，更由于在这紧急关头，起义军的主要将领朱全忠（即朱温）却叛变投敌了，使得大齐政权处于多面受敌的严重危机之中。

公元883年，黄巢被迫撤离长安，在河南、山东一带继续坚持起义。第二年六月，又与唐军浴血奋战，终因寡不敌众，黄巢自刎于泰安狼虎谷（今山东莱芜境内）。黄巢起义历时10年，撼动了封建王朝的统治，功不可没。

五代十国

　　唐王朝经黄巢起义的打击，已名存实亡，许多军阀拥兵自立，全国形成割据的局面。公元 907 年，朱温废唐哀帝，自立为帝，建立后梁。中国历史进入五代十国时期。

　　五代是指从公元 907 年到公元 960 年在中原地区相继出现的后梁、后唐、后晋、后汉、后周 5 个朝代，共历 53 年，更换了 8 姓，14 个君王。除后唐建都洛阳外，其他均建都开封。和五代同时期，南方和河东地区（山西中部）先后出现过前蜀、后蜀、吴、南唐、吴越、闽、越、南汉、南平、北汉共 10 国，10 国自公元 891 年前蜀出现，至 979 年北汉灭亡，历至 88 年。

　　朱温建立的后梁仅存在 16 年，便被沙陀酋长李克用之子李存勖推翻。李存勖于公元 923 年建立后唐王朝。后唐河东节度使石敬瑭以燕云十六州割让给契丹，换取契丹支持推翻后唐，于公元 936 年建立后晋王朝。公元 946 年契丹军攻入后晋都城开封，后晋灭亡。947 年，后晋河东节度使刘知远称帝，建立后汉王朝。公元 950 年，后汉邺都（今河北大名）留守郭威攻入后汉都城开封，后汉灭亡。公元 951 年，郭威称帝，建立后周王朝。郭威去世后，柴荣继承皇位，调整政治、军事政策，企图结束割据，实现统一。柴荣去世后，后周大将赵匡胤推翻后周，建立北宋政权，基本上统一了北方。

五代十国各朝的长期混战使社会经济，特别是华北地区经济遭受严重破坏，但社会生产并未中断，手工业中的纺织、造纸、煮盐、制茶业有所发展，瓷器业和雕版印刷发展突出。文化方面，词在五代也有发展，代表词人有温庭筠、韦庄等，南唐后主李煜是中国历史上最杰出的词人之一。

五代十国

朱温称帝李唐亡

朱温，宋州砀山人（今安徽砀山），原是黄巢部下一位大将，后投降官兵，被朝廷任命为汴州（今河南开封）节度使，僖宗皇帝给他改名为朱全忠。他从加入义军到叛变归唐，最后废唐自立，成为后来五代中后梁的开国之君梁太祖。

黄巢起义，虽然没有直接使唐朝灭亡，这场农民战争沉重地打击了魏晋南北朝以来的士族门阀势力和唐末藩镇势力，动摇了大唐的根基。晚期的大唐，已经岌岌可危了。

883 年，僖宗召集诸路大军围攻长安，朱全忠立了战功，被提升为宣武节度使。僖宗诏令他攻下长安后，立即率部队赶赴汴州（今河南开封），堵截黄巢东退的去路。第二年，黄巢久攻陈州不下，撤围向东，转攻汴州。朱全忠自知抵挡不住，就乞求河东节度使李克用援助。李克用早有扩张地盘的野心，便亲率大军赶赴汴州。在李克用的援助下，朱全忠击败黄巢。但朱全忠并不感谢李克用，相反，还嫉妒李克用的强盛。他表面上卑躬屈膝，背地里却暗藏杀机。

李克用夫人女将刘氏有勇有谋，是李克用的好参谋。李克用追击黄巢义军，追到黄巢的家乡冤句时，截获一万多名老百姓，黄巢的小儿子也在逃难的人群当中，天正下着雨，黄巢的小儿子湿淋淋地又冷又怕直发抖，刘夫人见状，大概想起自己的儿子，动了恻隐之心，劝说丈夫，把这些老百姓全释放了，李克用夫妻做了一件好事。

李克用放了百姓之后，因为军中缺粮，去向朱全忠借粮。朱全忠大摆酒宴，款待李克用，李克用多喝了几碗，不禁有了醉意，说话也就不注意了，他说:"人生一世许多事情难以预料,一年前你在义军时,我们在战场上厮杀,而现在我们又在一起亲热地饮酒,谁能想到呢?"李克用变相地说朱全忠是一位投降者,朱全忠很恼怒,想发作又忍住。可李克用没注意朱全忠的脸色,借着酒劲又说:"朱公不是名'温'吗,怎么又改了名字?"朱全忠听了这话,面露得意之色,说:"全忠之名乃当今皇上赏赐。"

不料,李克用却说:"'全忠,全忠',好名字,好名字,只是不晓得黄巢听了,有什么想法?"李克用这话挖苦得太厉害了,在场的监军陈景思见状不妙,忙打圆场说:"李大帅醉了,李大帅醉了……"说完把他扶出去。

朱全忠气得脸像猪肝,大将杨彦洪提议说:"李克用太目中无人了,干脆把他杀了算了!"朱全忠正在气头上,自然同意,半夜时率兵将李克用住的驿馆包围,并放火焚烧。

李克用酒喝得太多,侍卫郭景铢摇晃不醒,急中生智,找来盆凉水浇到他头上,这才睁眼,看见窗户被火光照红了,慌忙爬起来,想拿兵器,心有余而力不足,郭景铢只好背着他往外冲。亲兵李嗣源、薛志勤等奋不顾身

与朱全忠的汴军搏杀,保护李克用往外逃。正在这时,天气骤变,惊雷暴雨,浇灭了大火,火灭后,冒出浓烟,李克用趁此及时逃走。

在追击李克用的战斗中,杨彦洪骑着马跑来跑去指挥,朱全忠在黑暗中看见一人骑马乱窜,想起杨彦洪刚刚说过,李克用

他们善骑马，晚上看不清面目，见骑马者就射箭，于是拉弓搭箭瞄这位骑马者射去，一箭射中，骑马者翻身落马，朱全忠跑过去细看，被射死者不是别人，正是给他出主意"见骑马者就放箭"的杨彦洪！

李克用绝路逢生，幸亏天降大雨，被手下亲兵"义儿军"救出重围，平安逃回大营。事后他感谢刘夫人建议他释放了一万名老百姓，也算积德，得到好报。不然，天为什么在火烧驿馆时突然下雨？他这样想。

文德元年（公元888年）春，僖宗皇帝病故，他的弟弟李晔继位，即昭宗。改元为龙纪。这个时期，军阀混战更加激烈，最后有三支军阀力量较强，一个是山西李克用，一个是陕西李茂贞，再就是河南朱全忠。

天复元年（公元901年），宦官给皇帝出主意，封李茂贞为岐王，进京辅政，把宰相崔胤贬谪出京都。崔胤原来依附于朱全忠，此时便鼓动朱全忠发兵将皇帝从李茂贞手中夺过来。李茂贞的大本营在凤翔，太监韩全海逼迫昭宗到凤翔。天复二年（公元902年），朱全忠率7万兵力攻打凤翔，因城内断粮，李茂贞只好打开城门，把皇帝交给朱全忠。

朱全忠进入凤翔，杀了韩全海为首的宦官，又劫持皇帝回到长安城。第二年，即天复三年，朱全忠采纳崔胤的意见，把宫中的太监一次杀死800余人，所剩无几，虽然结束了宦官之祸，却也冤枉了许多老实忠厚的太监。

公元904年，朱全忠基本统一了黄河流域，并逼迫昭宗皇帝迁都洛阳。昭宗来到洛阳，一切行动均在朱全忠的控制和监视之下，不久，又被杀害，他的九儿子李柷继位，才13岁，即"哀帝"。随后，朱全忠又大肆杀戮李室宗亲和唐朝官员，将他们的尸体丢进黄河之中。

朱全忠在与李克用争斗时，连续3次破开黄河堤坝，淹没上万户百姓，毁坏良田无数。

公元907年春，朱全忠让小皇帝禅位，他自己当上了皇帝，国号"梁"（史称后梁），年号为开平。朱全忠给自己重新起了名字"晃"。

朱全忠在政治上极其残暴，特别是到了晚年，为了发泄心中的积郁，他恣意虐杀，纵情淫乱；其荒暴程度，即便在封建帝王中，也是罕见的。

公元 912 年夏，朱全忠病势垂危，准备把皇位传给受宠的养子朱友文，并想把亲生儿子朱友贵贬为刺史。朱友贵从妻子张氏口中得到消息，恼恨万分，于是，便买通禁军将校，在夜深人静时，带兵入宫，杀死了朱全忠。

从公元 618 年李渊开国，到公元 907 年李柷禅位，整整 290 年，共有 23 位皇帝，公元 908 年，唐朝最后一位小皇帝被朱全忠派人杀害。

此后，中国变成五代十国纷争的复杂局面。

李克用父子

公元 907 年初，朱全忠宣布建立梁朝，自己当了皇帝，觉得"全忠"这个名是已故唐朝皇帝起的，现在再用感到耻辱，用原来名"朱温"又与"猪瘟"谐音，于是重新取了名字：朱晃。

李克用听说朱温建立梁朝当了皇帝，改名朱晃，那心情是又恨、又气、又急。想出兵讨朱晃，又担心自己力量不够，便与北方契丹族首领耶律阿保机取得联系，共同对付朱晃。耶律阿保机答应了李克用的要求，两人结为兄弟，约好了一起进攻梁朝的时间。李克用很高兴，自己的兵力再加上契丹族 30 万人马攻破梁朝胜利在望。

不料，耶律阿保机惧怕朱晃的势力，背弃了与李克用的盟约，反而跟朱晃结成联盟。李克用闻听，一股火攻心，不久就病倒了。

有一天，李克用预感到自己不久于人世，便把儿子李存勖叫来，语重心长地说："朱温是咱们李家的冤家对头，当然我不讲你也清楚；我对刘仁恭有恩，保举他做官，可他忘恩负义，竟然去投朱温；还有契丹阿保机，曾经与我拜为兄弟结盟，然而毁约翻脸，与我们为敌。这三口气没出，我死不瞑目啊！"

李克用说到这儿，让人取来 3 支箭，交给儿子说："我亲手给你这 3 支箭，你要记住那 3 个仇人，给我们李家报仇。"

李存勖扑通一声跪倒在床边，泪水盈眶，双手恭恭敬敬接过箭，抽泣着说："父王，您就放心吧，为儿的一定牢记在心。此仇不报，誓不为人！"李克用听罢，慢慢闭上了双眼。

李存勖继了晋王位，他牢记父亲的遗嘱，把报仇作为目标，精心训练士兵，严肃军队纪律，很快地就把原来一支比较涣散的沙陀族（古代一个少数民族）军队，整顿成纪律严明、英勇善战的队伍。李存勖将父亲给他的 3 支箭，虔诚地供奉在家庙里。出征的时候，把箭取来装进丝套里，带在身上去打仗，打胜以后，再把箭送回家庙中，继续供奉。

李存勖带着一种强烈的复仇心理，与朱晃梁兵交战，每次战斗，常常是身先士卒。他的将士们一个个都很勇敢，把梁兵 50 万大军打得狼狈不堪，屡战屡败。朱晃羞愧气恨交织在一起，患病不起。后朱晃死于非命，了却了李克用的第一个遗愿。李存勖一鼓作气，又攻破幽州，把忘恩负义的刘仁恭和他的儿子活捉，报了第二个仇。9 年之后，李存勖又大败南下的契丹兵，把耶律阿保机赶回北方老家，报了第三个仇。

朱晃虽然死了，但他儿子朱瑱继位，为梁末帝，继续与李存勖为敌。朱瑱也想完成其父亲未竟的事业，他与李存勖又兵戎相争了 10 年，到公元 923 年，朱瑱失败，李存勖灭了梁朝，统一了北方地区，登基称帝，国号为唐，史称后唐，李存勖则为庄宗皇帝。

李存勖当皇帝以后，中原已经平安无事，周围的小国已构不成威胁。于是，就贪图享乐起来。

李存勖小时候，喜欢看戏，也愿意演戏。长大成人以后，忙于征战，没有时间看戏演戏。如今，李存勖做了皇帝，想干啥就可以干啥，又想起来看戏演戏的事。他把国家大事置于一旁不管，整天跟戏班子在一起。

戏班里的演员，受到皇帝宠幸，在一起平等相处，这些演员便狂傲起来，自由出入皇宫，不把大臣们看在眼里，甚至还欺负朝廷重臣，许多官员敢怒不敢言。

不久，庄宗皇帝要封两位演员任刺史，消息传出，有大臣进谏道："陛下，现在新朝刚刚建立，许多跟陛下打江山立下战功的将士还没得到封赏，却让演戏的伶人当刺史，恐众臣不服。"

庄宗却不以为然，坚持让几位演员做了官，果然，很多有功的将士觉得皇上不公，非常气愤。仅仅几年，后唐朝廷发生内乱，大将郭崇韬被杀害，李嗣源也险些被害。

李嗣源原是晋王李克用的养子，武艺高强，胆识过人。当年李克用在汴州驿馆得罪朱温被围困时，李嗣源也跟李克用在一起，他当时虽只有 17 岁，但却临危不惧，挥舞长枪，以一当十，眨眼间刺倒汴军 10 多人，为保护李克用安全撤退，立了大功。这样的有功之臣，得不到应有的封赏，却受到猜忌迫害，李嗣源不能忍耐下去了，在将士们的拥护之下，决定发兵反对唐庄宗，自己做皇帝，于是率兵攻进汴京。

庄宗皇帝在洛阳得到李嗣源反叛的消息，立即去汴京。走到半路，听说李嗣源已经进入汴京，而且各地将领都支持他，这才知道自己已处于孤立无援的地步。庄宗返回洛阳，要与李嗣源对抗。便命令亲军指挥使郭从谦组织兵力抵抗。郭从谦原来也是演戏的伶人，曾认郭崇韬大将为叔叔，郭崇韬遇害以后，郭从谦对庄宗皇帝怀恨在心。现在李嗣源起兵讨伐皇帝，郭从谦觉得是个机会，便发动亲军造反，进攻皇宫。庄宗始料不及，没有抵抗的能力，被一箭射中，结束了生命，只做了不到 4 年的皇帝。

庄宗死后，年已 6 旬的李嗣源做了后唐的第二位皇帝，即唐明宗，时值公元 926 年。

儿皇帝石敬瑭

后晋开国之帝石敬瑭在位时，就甘愿做契丹的儿皇帝，被后人所不耻。他的名字已成了儿皇帝、卖贼的同义词。

石敬瑭是沙佗人，沙佗是后唐时北方的一个武力强悍的部落，石敬瑭年轻时少言语而喜欢动头脑，他自幼好武，喜学兵法，尤其练就了一手好箭法。石敬瑭在后唐朝廷里是个出名的将领，他不仅功夫好，在战场上也十分勇猛。据说他解过唐庄宗李存勖的围，也救过唐明宗李嗣源的命。唐庄宗赏识他，派他掌管亲兵，把他作为心腹大将。李嗣源把女儿嫁给他，并任他为河东节度使。

当后唐将士发生哗变，要拥立李嗣源为皇帝时，李嗣源举棋不定，石敬瑭劝自己的岳父下决心，说："什么事都是成在果断，败在犹豫。"于是，李嗣源当上了皇帝，即唐明宗。

唐明宗即位时60开外了，他的大儿子早死，二儿子顺理成章该做继承人。可他怕其他兄弟抢他的位置，就想乘父皇生病之时夺位，结果失败被杀。唐明宗为此大伤元气，不久就死了。皇位传给了另一个皇子李从厚。唐明宗有个养子叫李从珂，在各方面如年龄、地位、战功都与石敬瑭相似。早被看成是争夺皇位的危险人物。李从厚上台之后，十分忌怕他，就要他从西京留守、凤翔节度使上调离，削弱他的兵权。这样，却促发了李从珂的政变。李从珂从凤翔起兵，进攻洛阳。

李从厚急忙召石敬瑭带兵救驾。唐明宗去世前一年，派石敬瑭任河东节度使（驻晋阳，即今山西太原），以便迎击契丹、吐谷浑、突厥等部的进犯。石敬瑭得到诏令，带上兵赶往洛阳，正巧在半路上遇到了出逃的李从厚。石敬瑭见李从厚大势已去，就让兵士把李从厚抓起来，将他的随从全杀了，然后赶去洛阳见李从珂。李从厚只作了 4 个月的皇帝。

李从珂与石敬瑭向来猜忌不和，矛盾重重。如今做了皇帝，即后唐末帝，最不放心的就是石敬瑭。石敬瑭押了李从厚来见他却被软禁起来。幸好石敬瑭的妻子永宁公主和太后出面说情，末帝才放他回河东。这无疑是放虎归山，过了几年，石敬瑭与唐末帝的矛盾越来越大，甚至公开不听末帝的调遣。末帝大怒，下令削去了石敬瑭的一切官职和爵位，并派晋州刺史张敬达率兵讨伐石敬瑭。

张敬达兵临城下，将晋阳紧紧包围起来，石敬瑭忙聚部下商议，谋士桑维翰说："我们兵力不足，应赶快向契丹求援。只要契丹发兵，事情就好办了。"石敬瑭采纳了桑维翰的建议，就派桑维翰带着他的书信，赶往契丹去搬救兵。在求救信中，石敬瑭主动提出用幽云十六州相报（幽，今北京；云，山西大同。十六州包括今河北、山西北部及内蒙古的一部分）。并且恬不知耻地要拜比他小 11 岁的耶律德光为父，表示今后要永尽孝心。

这些条件实在是太无耻了，遭到了一些部将的反对。大将刘知远说："你向契丹求救，称臣就可以了，何必还要称儿呢？再说，答应给他们一些金银也无所谓，可不该割让土地。"石敬瑭一心想保住自己的利益。同时，还想借契丹的力量打败李从珂，也做个皇帝，什么下作的条件都能付出。他根本不听刘知远的话，让桑维翰去了契丹。

耶律德光是阿保机的儿子，但比阿保机的野心更大。他早就想率军南下，扩张自己的势力，只是没有合适的机会。见了石敬瑭的信，他真是喜不自禁。但他有点不相信石敬瑭的话，就对桑维翰说："石敬瑭信中说的那些能做到吗？该不是欺骗我吧？"桑维翰说："大王放心。我主是讲话算话的。只要你解了围，救了他的急，什么事都好说。"

耶律德光高兴极了，立即率领 5 万骑兵，进雁门关南下，来解晋阳之围。石敬瑭得知契丹兵到，便领军杀出城来，与契丹兵夹击张敬达。张敬达大败，只得退守晋安（今山西榆次西）。

耶律德光耀武扬威地来到晋阳。石敬瑭连忙领着一批部将，亲自出城迎接。他来到契丹兵马大寨，紧走几步，跪倒在耶律德光面前，恭恭敬敬地说道："父亲，请受孩儿一拜。"说着把头磕下去。旁边的人见了，都露出鄙夷的神情。可石敬瑭一点也不在乎。耶律德光有这么个儿子，不觉心花怒放。乐滋滋地答应一声，然后是一阵哈哈大笑。耶律德光在石敬瑭的陪同下进了晋阳城，被安置在最豪华的府邸里，受到最隆重的礼遇和款待。

耶律德光经过几天的接触、观察，感觉到石敬瑭真是死心塌地地投靠自己，的确是个尽忠尽孝的儿臣，便大大咧咧地对石敬瑭说："我跑了3000里路来救你，总算气力没有白费。看你的相貌和气度，完全够得上做个中原的主人，我就封你做皇帝吧！"

耶律德光脱下自己身上的袍服，摘下自己头上的帽子，替石敬瑭穿上，然后正式封石敬瑭为"大晋皇帝"，并说道："我把你看作儿子，你待我如父亲，我们俩永远是父子关系。"

石敬瑭没想到这么快就做上了皇帝，对耶律德光真是感激涕零，立即用行动来报答"父皇"，把幽云十六州割让给契丹。此后，石敬瑭又在契丹的支持下，率军南下攻打洛阳。唐末帝对属下指挥不动，连续吃败仗。石敬瑭的兵则打到洛阳，末帝便在宫里烧起一把火，带着一家老小投火自杀了。

石敬瑭灭了后唐，做了中原正式的皇帝，国号叫晋，建都汴京就是后晋高祖。石敬瑭时刻不忘他的恩人，每年按时向契丹贡帛30万匹。逢年过节，还派使者呈上奏章。称耶律德光为"父皇"，自称"儿皇"，向"父皇""母后"请安，并送上一大堆礼物表示他的孝心。契丹的一些贵族大臣，也是石敬瑭贡奉的对象。可"父皇""母后"及贵族大臣还是不满意，常常派人责备石敬瑭，但石敬瑭一点怨愤的情绪也没有。

石敬瑭在契丹的保护下，前后当了7年的皇帝。他的皇帝瘾是过足了，但是他的日子却很不好过。契丹"父皇"对他的勒索有增无减，使其难以从容支付，朝廷内的官员对他的无耻、卑劣的行径由反感而愤怒，直到嘲讽和指责。石敬瑭在内外交困的情况下，51岁就病死了。

石敬瑭死后，他的大儿子石重贵继了位，就是晋出帝。晋出帝向契丹国主上奏章时，只称孙儿，不称臣。耶律德光便以此为借口，多次领兵进犯中原。石重贵两次击败敌军，最后，由于叛徒的出卖，契丹于公元946年攻下汴京，俘虏了晋出帝，押往契丹，后晋就灭亡了。历时不足12年。

这期间，后晋虽然灭亡，晋国大将刘知远在晋阳称帝，国号为汉，即后汉，五代时期的第四代开始了。

蜀帝无德

蜀王王建，在四川称帝，建立"五代十国"中的第一个国家，史称"前蜀"。王建死后，他18岁的儿子王衍继位。

王衍长得阔脸大眼，一副福相。他也的确会享福。当皇帝以后，精力不放在治理国家上，却用在如何变着花样吃喝玩乐上。例如他修的专供游玩的楼台亭阁占地竟然有10里之遥！他让人制作了20个轮子的"流星辇"，马拉着它跑起来，轮子转动似流星一般；还在宫苑中挖出一些沟渠，放进水，然后乘坐龙舟饮酒作乐，欣赏夜景，命令成百上千名宫女手举蜡烛立于岸边照明，水面被照得如同水晶宫。

王衍在宫苑中玩腻了，就要到秦州去游玩，因为他曾与秦州天雄节度使王承休的夫人私通，这回想去跟她重温旧梦。

但是，李存勖要征讨蜀国的消息已传到大臣们耳中，有大臣向王衍报告："唐主李存勖已任命李继岌为主帅、郭崇韬为副帅，带领6万人马犯蜀！"

王衍听罢，竟不以为然，笑着向身边的韩昭："有这种事吗？"韩昭答："臣未听说。"王衍说："朕也未曾听说。唐兵真敢来，又有什么可怕？朕正想炫耀一下武力呢！"

太子王宗寿哭着劝谏父亲："今兵祸已燃眉，陛下应整训军队……"但太监潘在迎打断太子的话，嬉皮笑脸地说："陛下，太子有个毛病，喝醉了就哭，今天酒又喝多了……"这句话，使宫女们掩面而笑，太子王宗寿无奈，不再说下去。

右补阙张云见气氛不对，如不备战而去秦州游玩，国将不国，于是上前一步，跪倒厉声说："陛下不要再听奸佞之言，目前百姓怨声载道，外寇将临，应速治武备，否则，悔之晚矣！"

王衍听罢，不禁大怒，竟骂张云满嘴胡言，命令武士将他乱棒打死。其余大臣见状都噤若寒蝉，哪敢再谏？

王衍排除干扰，带着妃嫔、亲信等乘船北上。一行人来到梓潼（今四川三台县），住在行宫，然后换上便服，带领韩昭、潘在迎几个随从，上街闲逛。他们先去妓院，玩够了以后又下酒馆。喝兴奋了要过毛笔砚台，在洁净的墙上写了3个大写："王一游"，留做纪念。

王衍皇帝写完字，回转过身，一眼瞥见酒店门口走过一位青春年少、风姿迷人的姑娘，眼睛为之一亮，忙追到门外，撵上那姑娘，围着姑娘前后看了个遍，连声赞叹："太美了，太美了！简直是仙女下凡……"姑娘给看得又羞又怕，慌忙钻进胡同，跑进一家，关上大门。王衍、韩昭、潘在迎追到大门口，仍不死心，王衍命令韩昭在姑娘门口守候，他与潘在迎回去搬兵。

时间不长，潘在迎带领一队士兵来到姑娘家，敲开门，走出一位老人，自称何康，询问来人有何事。潘在迎说："恭喜、恭喜，皇上选中你家姑娘入宫。"这帮人，不由分说闯进屋，将吓得发抖的姑娘拽着就走。何康夫妻俩哭天嚎地，无可奈何。

何姑娘被抢进行宫，王衍仔细打量，觉得她的确很美，美得朴实，美得自然，不像宫女妃嫔们浓妆艳抹。王衍刚要动手抚摸姑娘，何姑娘猛然将头往殿柱上撞去，顿时头破血流，当场死去。宫女们吓得乱窜乱叫，王衍也觉得丧气得很。

这天晚上，王衍睡不着觉，还在想着白天的事情。对何姑娘的死，他没有半点悲伤，倒觉得宫女们见何姑娘撞死时的害怕模样挺有趣，于是决定再吓唬她们一次。

王衍爬起床，穿上女人衣裙，披散着头发，悄悄溜到宫女们住室的窗外，发出鬼哭狼嚎的声音，然后又敲窗户又踢门，宫女们乱成一窝蜂。正在这时，几个巡更的宫女走过来，发现一个披着长发的女鬼又蹦又跳，吓得回身便跑。王衍追上一个绊倒在地的宫女，扑上去抱住她，宫女凄厉地惨叫一声，吓死了。

太监们听见后宫乱喊乱叫，带着羽林军士跑来，认出是皇帝闹妖。王衍却哈哈大笑，连说有趣，死个宫女，在他眼中，就像死一只苍蝇。这边王衍整日寻欢作乐，唐兵那边已攻入蜀国，各州郡无力抵抗，守城官兵纷纷投降，仅两个多月，唐兵占领整个蜀国，包围了成都。王衍这时才匆忙逃回成都，组织兵力抵抗，早就来不及了。

王建的义子王宗弼领兵守成都，见大势已去，抵抗无济于事，索性反戈一击，将王衍一家抓起来，杀了韩昭等人，打开城门投降。时值公元925年，"五代十国"中第一个建立的蜀国，仅传了一代就宣告灭亡。

王衍投降，做了俘虏，还幻想着唐帝李存勖能让他当个"安乐公"（三国时期，刘禅亡国后，被送至洛阳，魏帝封他为安乐公，有吃有喝享受了7年才死）。可是，他和家人刚到洛阳，就被李存勖下令全都杀了。

钱镠的"警枕"

从朱温建立梁朝开始的50多年里，中原地区前后换了5个短暂的王朝——后梁、后唐、后晋、后汉、后周，合起来叫做五代。五代时期，在南方和巴蜀地方，还有许多割据政权，有的称帝，有的称王，前后一共建立了9个国，即前蜀、吴、闽、吴越、楚、南汉、南平、后蜀、南唐，加上在北方建立的北汉，一共是10国。所以五代时期又叫做"五代十国"时期。

钱镠便是开创吴越国的国君。朱温即位不久，镇海（治所在今浙江杭州）节度使钱镠（音 liú）首先派人到汴京祝贺，表示愿意称臣。朱温十分高兴，马上封他做吴越王。

钱镠出身贫穷，年青时候贩过盐，后来到浙西镇董昌手下当部将。黄巢起义军攻打浙东的时候，钱镠用小股兵力保住了临安（今浙江杭州）。唐王朝认为他有功，封他为都指挥使，后来，又提拔为节度使。

钱镠当上节度使以后，摆起阔绰来。在临安盖起豪华的住宅，出门的时候，坐车骑马，都有兵士护送。他的父亲对他这种做法，很不满意。每次听说钱镠要出门，就有意避开。钱镠得知父亲回避他，心里不安。有一次，他不用车马，不带随从，步行到他父亲的家里，问老人为什么要回避他。老人说："我家世世代代都是靠打鱼种庄稼过活的，没有出过有财有势的人。现在你挣到这个地位，周围都是敌对势力，还要跟人家争城夺池。我怕我们钱家今后要遭难了。"钱镠听了，表示一定要记住父亲的嘱咐。自那以后，他小心翼翼，只求保住这块割据地区。

当时，吴越是个小国，北方的吴国比吴越强大，吴越国常常受他们的威胁。钱镠长期生活在混乱动荡的环境里，养成了一种保持警惕的习惯。他夜里睡觉，为了不让自己睡得太熟，用一段滚圆的木头做枕头，叫做"警枕"，倦了就斜靠着它休息；如果睡熟了，头从枕上滑下，人也惊醒过来了。他又在卧室里放了一个盛着粉的盘子，夜里想起什么事，就立刻起来在粉盘上记下来，免得白天忘记。

他不但自己保持警惕，对他的将士要求也挺严。每天夜里在他住所周围，有兵士值更巡逻。有一天晚上，值更的兵士坐在墙脚边打起盹来。忽然，隔墙飞来几颗铜弹子，正好掉在兵士身边，把兵士惊醒过来。兵士们后来知道这些铜弹子是钱镠从墙里打过来的，在值更的时候，就再也不敢打盹了。

又有一天夜里，钱镠穿了便服，打北门进城。城门已经关闭了。钱镠在城外高喊开门，管门的小吏不理他。钱镠说："我是大王派出去办事的，现在急着要回城。"小吏说："夜深了，别说是大王派的人，就是大王亲自来，也不能开。"钱镠在城外绕了半个圈子，打南门进了城。第二天，他把管北门的小吏找来，称赞他办事认真，并且给他一笔赏金。

钱镠就是靠他的谨慎小心，一直保持他在吴越的统治地位。吴越国虽然小，但是因为长期没有遭到战争的破坏，经济渐渐繁荣起来。

钱镠还征发民夫修筑钱塘江的石堤和沿江的水闸，防止海水往里灌；又叫人凿平江里的大礁石，方便船只来往。因为他在兴修水利方面做了好事，所以民间给他起个外号，叫"海龙王"。

钱镠巩固了他的统治，就过起奢侈的生活来。他把临安城扩大了30里，大造亭台楼阁，把自己的王府造得像龙宫一样。吴越国维持了71年，这在五代十国中，算是最长的了。这不能不说与钱镠的统治措施有关。

周世宗勇于进取

契丹灭了后晋，撤出开封时，河东节度使刘知远顺应民心，在太原称帝，然后领兵南下。一路上军纪严明，受到了中原百姓的支持，很快收得了洛阳、汴京等地。然后，他定都汴京（今河南开封），改国号为汉。就是后汉高祖。

刘知远在位还不到一年就死了。他的儿子刘承佑即位，就是后汉隐帝。隐帝作了几年皇帝，内部便起了动乱。隐帝秘密派人到邺都杀害大将郭威，结果没杀成，反而促使郭威发动兵变，郭威几乎是没费什么气力就推翻了隐帝。

第二年，即公元951年，郭威在将士们的拥戴下登上了皇帝宝座。都城仍设在汴京，国号周，他就是后周太祖。周太祖是汉族人，出身贫苦，对百姓的疾苦有深刻的了解。因此当上皇帝之后，能够保持节俭生活，并注意减轻百姓负担，废除了一些苛捐杂税；他搜罗了不少人才，且能虚心听取他们的意见，还鼓励百姓积极生产，使社会得到了安定和发展。在周太祖的精心治理下，五代时期的混乱局面开始好转。

可是，周太祖仅仅在位3年就病逝了。他的养子柴荣继位。柴荣本是郭威的内侄，因为郭威没有儿子，便自小过继给郭威。柴荣跟着郭威一起种田干活，自幼养成了一种刻苦勤奋的精神，不仅胸怀大志，而且性格沉着坚定：既善于骑射，又略通经史，称得上是个文武全才。周太祖在位时，他成了父皇的主要助手。挂着宰相的头衔，镇守澶州，任镇宁军节度使。

柴荣即了位，就是周世宗。周世宗上台时候，无论是内还是外，形势都十分严峻。

从内部来说，当时大臣都不信任周世宗，甚至看不起这个既年轻又不是郭威亲儿子的继承人。再从外面来看，形势也是很严峻。当后汉刚刚建立的时候，后汉刘知远的弟弟刘崇不服后周统治，占据太原，成立了一个独立的割据政权。历史上称为北汉（十国之一）。刘崇自称力量不敌，就效法石敬瑭，投靠辽国，拜辽主为"叔皇帝"，自称"侄皇帝"。多次在辽兵帮助下进犯周朝，都被周太祖打败。

年轻的周世宗刚刚登基，刘崇认为灭周复汉的时机到了，就马上勾结辽兵，又一次发动进攻。刘崇自己集中了3万人马，再加1万辽军骑兵，便向潞州（治所在今山西长治）进发。刘崇犯境的消息传到汴京，周世宗立即召集大臣商议。他十分清楚，这一仗非常重要，只能取胜，不能失败。胜了则可服众心，坐稳江山，败了则必失去众望，有亡国之危。于是，周世宗要亲自带兵出征。

大臣们一听周世宗要亲征迎敌，不少人都认为不妥。有人就劝谏道："皇上刚刚即位，局势不稳，人心易动，不宜带兵亲出。还是派个将军去吧！"周世宗说："刘崇趁我为父办理丧事，又欺我年轻刚即位，企图一举灭我周朝。他倾巢而出，亲自坐镇，我岂能不全力以赴，亲去迎战？"大臣们见周世宗决心已定，说得也在理，便不再多说话了。

周世宗领着大军迅速赶到了高平（今山西高平），速度之快，实在出乎刘崇所料。双方摆开阵势，刘崇一看周军人少，不禁有些洋洋得意起来，他告诉辽军将领不必参战。北汉军向周军发起了攻势。周军果然抵挡不住，右边的两个大将樊爱能、何徽与北汉军马刚一交锋，就拔马往回逃跑，引起了全军动摇，形势十分危急。周世宗立刻一马当先，带着身边的几十名亲兵向北汉大营杀去，士兵们见皇上亲自上阵，顿时来了精神，一个个奋勇向前，像换了支兵马一样。宿卫将赵匡胤大声喊道："皇上都不怕死，咱们还怕什么！"说着，与禁军主将张永德各领两千亲兵冲进敌阵。北汉军被周军的勇猛气势给震住了，纷纷开始后退。周军将士则士气更振，争先恐后，全线出击。

后面的辽军看到北汉军失败，不敢再与周军交锋，就悄悄地撤走了。周军在后紧追，大获全胜，刘崇只带百余骑狼狈逃回晋阳，几乎全部覆没。

战斗一结束，周世宗立即集合部队，当众将临阵脱逃的樊、何二将斩首，并处罚了其他 70 多个逃跑的将士。同时，他又立即从立功的将士中提拔了 70 人，来代替那些受罚者的职位。

高平一战，使周世宗的威望大大提高。它不仅大败北汉，示威辽军，而且赏罚分明，震慑全军，充分展示了周世宗的英勇和胆识。它也实在是周世宗皇帝基业的一个良好的开端。就是从这开始，后周政权才由乱而定，由弱变强。

周世宗在这个好开端的基础上，力图在政治和军事两个方面做出一番作为。他曾说："我希望做 30 年皇帝，用 10 年时间开拓疆土，用 10 年时间使百姓休养生息，再用 10 年时间把天下治理得太太平平。"周世宗在强化军队的同时，也着手在政治上和经济上进行了某些改革。他严禁官吏贪污，严厉惩办失职官员，裁并寺院，禁止私自招收僧尼，收购民间的铜器佛像铸钱。他注重农业生产，鼓励男耕女织，大力招徕农民开垦荒地，兴修水利，颁布《均田图》，规定各地州县的租赋。此外还扩建京城开封，疏通汴口至淮河的流道，便利水运交通，国家呈现出一派兴盛景象，是割据混战的五代十国时代难得的安定时期，被以后的历代传为美谈。

周世宗说的开拓疆土，意思就是要统一国家。面对四分五裂支离破碎的国土，周世宗常常感到寝食不安，责无旁贷地把统一中国的大业担在自己的肩上。

高平之战以后，在治理国家的同时，周世宗南征北讨，扫平、收复了大片国土，正当他准备实现统一全国的愿望的时候，却病倒了。公元 959 年，励精图治、勇于进取的周世宗带着遗憾去世了。但是他毕竟为统一全国开辟了一条宽敞的大道，敲响了分裂局面结束的丧钟。

周世宗是一位有作为的政治家，他的改革顺应当时的形势，对历史的发展起到了重大作用，为后来的统一奠定了基础。

阿保机建立辽王朝

契丹是辽国的前身。契丹族原本是鲜卑族宇文部的一个分支，北魏时期在辽河以北地区居住。传说古契丹有 8 个部落，8 位部落首领都是一个骑白马于土河（内蒙古老哈河）漂浮而下的男子和一位驾灰牛车顺潢河（今内蒙古西拉木伦河）而行的女人在木叶山相逢后结为夫妻所生。这对夫妻，就成了契丹族的始祖。

唐朝初年，契丹大贺氏朝也分成八部，规定了大贺朝可汗（最高首领）由八部大人三年一推选的制度。三年任期届满；表现好的还可连任。唐太宗李世民贞观年间，契丹隶属大唐，唐玄宗天宝四年（公元 745 年），遥辇氏替代大贺氏，传了 9 代，唐天佑三年（公元 906 年）冬，遥辇氏第九任可汗痕德堇病故，耶律阿保机被推举为王，次年正月正式即位。就在同年，唐朝灭亡，朱全忠建立梁朝，自封皇帝。

耶律阿保机趁五代纷争时期，多次率兵进攻幽州等地，俘掠汉人至契丹，契丹地盘不断扩大。

就在耶律阿保机一心对外的时候，他的几个弟弟正密谋篡夺他的王位了。耶律阿保机有 5 个弟弟，他们是刺葛、迭刺、寅底石、安端和苏。二弟刺葛在大哥阿保机刚当王时，也很高兴，他想，现在可汗由耶律家当，每三年推举一次，自己排行老二，也有当可汗的机会。可是，阿保机做了 3 年可汗，没人提出推选他，现在阿保机已当了 5 年可汗，还没有让位的意思，刺葛忍耐不下去了，找三弟迭刺、五弟安端商量准备篡位。

不料，有一天安端在二哥刺葛家喝醉酒回家，告诉妻子粘睦姑他们要谋反的事，粘睦姑思考再三，还是自首为上，便悄悄来见阿保机和他夫人述律平，密报了这件事。阿保机夫妇当即派人把老五安端抓来审问，安端无奈，只好招认。剌葛、迭剌、寅底石也被抓起来。

一些大臣和述律平都建议阿保机将这兄弟几人杀掉，而阿保机没有这样做。耶律阿保机率众臣以及被抓起来的剌葛、迭剌、寅底石、安端4人登上一座山岗，摆设香案，剌葛等4人跪在香案前，心中惶恐不安，做好了被斩首的思想准备。

阿保机走过来，将他们4人拉起来，问道："你们知罪了吗？"剌葛忙答："罪臣知罪，罪臣知罪。"阿保机带着感情说："别人尚且辅佐我成大业，你们是我手足兄弟，怎么可以谋反作乱？今且宽恕你们，再勿生不轨之心。如有悔过之意，请对苍天起誓！"剌葛等兄弟4人忙又跪下，发了誓言："如再有异心起事，天地不容！"然后，叩头谢恩。阿保机让二弟剌葛到迭剌部去做官，剌葛感激不尽地赴任去了。

一场未遂的叛乱平息了，阿保机首先感谢粘睦姑，封她为晋国夫人。一年以后，也就是阿保机第二个任期届满之际，剌葛见他仍无退位之意，再次与迭剌、安端、寅底石等一起率兵造反。阿保机此时正率大军南征班师途中，得到报告，说剌葛等人带叛军阻挡北归之路。阿保机立即召集几位心腹大臣商议，有的说，干脆废除三年一代的制度，效仿中原帝制；有的反对说若废除此古制，恐其余七部的大人不服。莫如趁七部大人尚在军中，让他们继续推举大王连任，使刺葛处于孤立地位，则不战而胜。阿保机同意后一种意见，做了必要的准备。

得到众臣拥护阿保机再次连任，刺葛知道自己陷入孤立境地，只好再次认罪。耶律阿保机见到刺葛三番两次言而无信，下定诛除他的决心。阿保机率领大军，先捉住了安端、迭刺两个弟弟，不久，又追上北逃的刺葛和寅底石。阿保机把参与叛乱的骨干29人车裂，把刺葛等四兄弟杖刑之后释放。这次内乱，给契丹造成了重大损失。

两年以后，在阿保机任可汗的第十年（公元916年），二月初一，阿保机决定登基做皇帝，二月十一日，举行了登基仪式，阿保机为大圣大明天皇帝，述律平为应天大明地皇后。年号为神册元年，立耶律倍为太子。首领选举制度从此结束。

阿保机在这个新成立的国家里，进行了一系列的改革。他派人创造了契丹文字，制定了法律；对那些在契丹统治下的汉族人民，依旧依照汉族的法律治理。他还模仿汉族的城市，在潢河（今西拉木伦河）沿岸建造京城，称为上京。此外，阿保机还采取一些发展农业和商业的措施。这些做法在当时都是有进步意义的。阿保机称帝建国，是契丹历史上一件了不起的事情。从此，契丹历史进入了一个新的时期。

契丹建国以后，阿保机不断向周围各族进行大规模的扩张。那时候，中原地区正处于五代十国统治时期，群雄割据，不断混战。阿保机利用这个机会，侵入河北东北部，攻占了许多州县。接着，他又消灭了辽河流域一带靺鞨（音mó hé）族建立的渤海政权，统一了大漠南北和东北广大地区。他领导的契丹，成为当时我国北方的一个强大的地方政权。

916年，阿保机建国时，国号是"契丹"。到公元947年，阿保机的二弟耶律德光把国号改为辽，这就是辽王朝。

宋 朝

宋朝（960~1279）是继分袭割据的五代十国之后出现的以汉族为主体的封建王朝。公元960年，后周大将赵匡胤发动陈桥兵变，取代后周，建立了宋王朝，定都于开封。宋朝是我国封建社会发展的重要阶段。

宋太祖赵匡胤即位后，厉行中央集权，消灭各地分裂割据势力，统一全国。鉴于五代十国的军阀拥兵割据，赵匡胤削夺将帅兵权，将地方财赋收归中央，并设立中央禁军，将各地精兵收归京城禁军管辖，进一步巩固和加强了中央集权。

宋代经济十分繁荣，耕地扩大，水利兴修，农业产量增加。手工业进步显著，瓷器、造纸、纺织、印刷等部门极为兴盛。城市兴起，商业发达，出现了世界上最早的纸币——"交子"。南宋棉纺织业的发展是手工业发展史上的大事。

宋代科技与文化艺术极为辉煌，科技上最主要的成就是指南针、印刷术和火药三大发明的开发应用。南宋时的造船业极为发达。此外，沈括的《梦溪笔谈》为公认的古代科技名著。在哲学领域，以程颢、程颐和朱熹为代表的理学体系的形成，对中国哲学的发展影响深远。宋代词的创作达到高峰，苏轼、柳永等人被称作一代词宗。宋代绘画造诣极高，出现了赵佶、张择端、米芾、李公麟等大画家。

宋朝分北宋和南宋两个时期，宋徽宗统治时，是宋代政治最为腐朽、黑暗的时期，社会矛盾日益尖锐。公元 1126 年，金兵攻破宋朝都城开封，宋朝政权倾覆，史称北宋。公元 1127 年，赵构在南京（今河南商丘）即皇帝位，后又建都临安，史称南宋。南宋经济发达，但政治腐败，苛捐杂税繁重，阶级矛盾尖锐，人民的反抗连绵不断。公元 1279 年，南宋终于被元军消灭。

宋　朝

赵匡胤陈桥兵变

公元 960 年初，周朝大将赵匡胤在陈桥发动兵变，夺取周朝大权，改周为宋，做了宋朝皇帝。

赵匡胤祖籍河北涿州，出身于武官家庭，祖父当过营、蓟、涿等州的刺史。父亲赵弘殷，是后唐的一名禁军军官。赵匡胤生于洛阳，并在那里度过了他的童年。

赵匡胤生长在动荡不安、群雄角逐的五代十国时期。那时，武功往往是人们往上爬的最好阶梯，也是人们建功立业的唯一途径。赵匡胤受家庭的熏陶和社会的影响，孩童时就喜欢摆弄刀枪，做打仗的游戏。长大后，年轻的赵匡胤毅然选择了精练武艺以求功名的道路。因此，他对刀枪剑斧、骑马射箭都比较熟悉。少年时期，他曾驯服一匹烈马，声名远扬。

公元 948 年，22 岁的赵匡胤离家出走。起初，他曾去投奔与他父亲有旧交的防御使王彦超。但未被王彦超收留；后来，他又投奔随州刺史董本，因为董本的儿子瞧不起他而离开随州。这时，赵匡胤已身无分文，连住宿的地方都找不到了。

一天，赵匡胤投宿在一所庙中，庙中和尚见他如此贫困潦倒，但举止谈吐又颇具雄才大略，便开导他说："我给你一点路费，你向北走，会有好运的。"传说，当赵匡胤走到河南商丘的高辛庙时，见到一个占卜者，便凑上去，问讯自己的前程。他先问能否当一名小兵，卜显示"不吉"；又问能否当一名刺史，卜又显示"不吉"。他不解，再问能否当皇帝，卜上显示："吉"！于是，他向南投到后汉枢密史郭威的帐下，郭威见赵匡胤气质不凡，便留在军中。

公元 951 年，赵匡胤与一批将领拥立郭威，夺取后汉政权，建立后周。在推翻后汉的过程中，赵匡胤因为作战有功，后来被提拔为禁军军官，这激发了他继续往上发展的勇气。公元 954 年，周世宗柴荣即位，赵匡胤又因智勇双全、连战连胜，先后被提升为"殿前都御侯""殿前都指挥使"，成为禁卫军的高级将官。

显德三年（公元 956 年）春，周世宗柴荣亲征淮南，赵匡胤随驾南征，又立下大功，占领了南唐的滁州。在滁州，赵匡胤部下捉到 100 多名百姓，指认他们为盗匪，准备斩首示众。新来滁州上任的军事判官赵普却不同意全杀，他说："你不审问清楚就一律处死，如有被诬陷者，岂不误伤人命？"赵匡胤说："这里的百姓，都是俘虏，我将他们全都赦免无罪，已经够仁义了。可他们这些人还要做盗匪，不动刑罚，就不能警诫他人。"

赵普不同意赵匡胤的说法，反驳道："南唐虽属敌国，但百姓有什么错？你既然想一统中原，为何要把这里百姓看作俘虏？"赵匡胤无言争辩，只好说："你若不怕辛苦，就烦请代为审理这些人吧！"赵普对这 100 多平民认真查问，绝大多数没有做盗匪的证据，除个别有物证定罪外，其余都无罪释放。百姓们非常高兴，称赞赵普英明。赵匡胤由此对赵普格外信任，凡有大事，必同他商量。

周兵攻占滁州，南唐国主李煜害怕了，向柴荣求和未果，便命齐王李景达为帅带 6 万兵马直奔扬州。扬州当时的守将是韩令坤，忙向滁州求援。赵匡胤率兵来到六合，准备去支援扬州，但韩令坤已撤出扬州，赵匡胤闻讯，捎信批评了韩令坤。韩令坤立即下令回兵扬州，与唐将张孟俊遭遇。周兵各个勇敢善战，唐兵大败，张孟俊被活捉。

过了几天，唐兵主帅李景达发兵攻周。赵匡胤率兵迎战。赵匡胤发现有几位兵士畏惧不前，便用剑在他们的皮笠上砍出痕迹，作为记号。这一仗，双方不分胜负。收兵后，赵匡胤将皮笠上有剑痕的兵士斩了，通报全军。第二天再战，周兵以一当十，杀得唐兵一败涂地，最终平定南唐。

周军节节胜利，直逼幽州，但柴荣大病卧床，不能继续指挥作战，只好撤军。赵匡胤随柴荣皇帝征辽有功，被任命为殿前都点检，掌管禁卫军，兼检校太傅，不久又增加了归德（今河南商丘市）军节度使一职，权力越来越大。

公元959年，后周周世宗病亡，周恭帝柴宗训年幼。这时的赵匡胤由于屡建战功，声望日高，他除了典掌禁军外，还兼宋州归德节度使（今河南商丘），负责防守京师。于是，当年占卜时得来的一颗当皇帝的心愿，便开始萌发，并很快膨胀起来。

此时，赵匡胤得到率兵出征的命令后，便有条不紊地行动起来。赵匡胤立即调兵遣将，大造声势，像是真要去抵御大敌。其实，这是赵匡胤等人设下的圈套。当大队人马开进到大梁城北40里的陈桥驿时，天色已晚，便驻扎下来。夜里，赵匡胤的弟弟赵匡义和谋士赵普，按照赵匡胤的预先部署，进行了紧张的活动。他们派人到将士中鼓动兵变，拥立赵匡胤当皇帝。将士们很快地议论开了。大家说："现在皇上年幼力弱，未能亲理政事，我们为国出生入死，有谁知道？不如先立点检为天子，再北征不迟。"赵匡义和赵普见将士们行动起来，立即派飞骑回京，与留在汴梁的禁军将领石守信、王审琦秘密约定，待赵匡胤回师时作为内应。这天夜里，在陈桥驿的将士们都没有入睡，赵匡胤假装酒醉不醒，躺在床上。黎明时分，赵匡义、赵普和诸将闯进卧室，个个手拿兵器说："诸将无主，我们愿立太尉（赵匡胤）做天子！"众将士一边叫喊着，一边团团围住正打着哈欠的赵匡胤，并把早准备好的龙袍强行披到赵匡胤身上，随后叩头便拜，高呼："万岁！"这就是历史上的"陈桥兵变，黄袍加身"一说的由来。这一年，赵匡胤34岁。

赵匡胤黄袍加身后，率领大军回师京城。一路上没有遇到任何阻挡，大军很快便进入开封。进城的军队对人民秋毫无犯，市面秩序井然，人心安定。后周百官大臣听说赵匡胤拥兵自立，已经回到开封，慌作一团。有人把皇宫大门关起来，企图抵抗。赵匡胤来到通往殿前都点检官署的左掖门时，做内应的石守信立即把宫门打开，赵匡胤顺利地回到殿前都点检官署。

这时，一群将士把宰相范质、王溥拉到官署门前，赵匡胤看见，立即往前假装慈悲地哭着对范质说："我赵匡胤受世宗柴荣厚恩，今天，大家把我逼到这步田地，真有负天地啊！有什么办法呢？"范质正想说话，站在一旁的军校罗彦瑰立即高声吆喝道："我们无主，今日必须有一个天子！"赵匡胤假装斥退他，但罗彦瑰一动也不动。范质、王溥看到这般情景，一时不知说什么好，停了片刻，王溥首先退到阶下，跪倒下拜，范质也只好跟着下拜，口呼"万岁！"朝中大臣见大势已定，一个个都对赵匡胤表示屈服，小皇帝柴宗训和符太后被迫让位。

当天在皇宫崇元殿上，百官齐集，按班次站定，举行了隆重的禅位仪式。翰林学士拿出早已准备好的禅位制书，以柴宗训的名义宣读，赵匡胤跪倒在龙阶上，面向北受拜。

制书读完，宰相扶赵匡胤升殿，换过皇帝穿的御袍，即皇帝位。群臣朝贺，高呼"万岁"。因为赵匡胤原来所领的归德军在宋州（今河南商丘），所以该国号叫宋，仍以开封为都城，称东京。这就是历史上的北宋。

杯酒释兵权

赵匡胤用计夺了周朝江山，自己做了宋朝开国皇帝之时，正是重重矛盾交加之际。赵匡胤胸有成竹，勇敢地面对各种矛盾。潞州节度使李筠和扬州的淮南节度使李重进，不服赵匡胤，也想当皇帝。赵匡胤就派大将石守信率领勇猛的宋军打败了他们。灭了二李，其他想反抗的看到这种局面也不敢动了，这时候，宋朝的政局才稍稍安定下来。

为了防止后周残余势力东山再起，他采取安抚策略，让周世宗的符皇后、刚做不几天皇帝的柴宗训迁往西宫，对其进行封赏，命令有关人照顾好他们的生活；对后周文武大臣仍旧留用。对拥护他称帝有功的人予以重赏：石守信为归德军节度使，高怀德为义成军节度使，张令铎为镇安军节度使，王审琦为泰宁军节度使，慕容延钊为殿前都点检，赐皇弟赵匡义为殿前虞侯，改名光义。

宋太祖对有功人员做了两手准备：一是大加封赏，二是防范他们居功自傲。跟随赵匡胤打天下立了战功位居京城巡检官的王彦升，半夜三更到宰相王溥家胡闹，王溥系后周留用官员，王彦升没把他放在眼里。第二天，王溥向赵匡胤反映了此事，赵匡胤毫不留情，撤了王彦升的职，使后周留用的大臣很受感动，从心里拥护这位宋朝开国皇帝。

对于不愿归顺宋朝的几个节度使，赵匡胤不慌不忙，一个个把他们制服。

赵匡胤为了了解民间实情，经常微服私访，赵普劝他小心，防止大臣生变。赵匡胤说："这些重臣，都与朕故交，不致生变，卿不用多虑。"

赵普说:"臣不是疑虑这些人不忠,而是看他们不是帅才,难以统帅部下。一旦军中有人胁迫他们谋反,恐怕不得不听啊!"这句话,说到赵匡胤的心里,他也担心将来发生这件事。赵普建议他把一切权力都收归自己,赵匡胤暗暗点头。

第二年秋天,太祖赵匡胤召赵普入殿推心置腹地谈话。他说:"自唐(后唐)以来,几十年间,帝王换了8姓、12人,战乱不止,百姓遭殃,是什么原因?我拟平息兵患,定出长治久安计策,你看应怎么办?"赵普说:"唐以来战乱不止的原因,是地方权势太大,君弱臣强。陛下要寻治国之计,只要削夺节镇之权,将地方精兵归于中央,天下则必然安宁……"赵匡胤原来也有这种想法,与赵普不谋而合,于是想出一条既文明又能达到目的的计策。

一天,赵匡胤让有司在便殿设宴,款待石守信、王审琦、张令铎等结义兄弟。酒宴气氛十分融洽热烈,逐渐达到高潮,赵匡胤说:"我能有今天,全仰仗诸位鼎力相助,你们功德无量,我心中有数。可是,做皇帝太难了,一年多来,我没睡过一个安稳觉啊!"众人听皇上的头半截话时,都很高兴,听后半截话时,觉得有点不对劲。石守信问道:"陛下现在还忧虑什么呢?"赵匡胤说:"我与你们都是故交,话就直说了。这皇帝的宝座,谁不想坐呢?"大家一听,慌忙离席叩头。石守信说:"陛下何出此言?如今天下平定,谁还敢有二心?"

赵匡胤说:"我知道你们不会有二心。可谁能保证你们的部下没有异心呢?如果有人把皇袍穿在你们身上,你们怎么办?"这一番话,竟把石守信等人吓哭了,让皇上指示一条明路。赵匡胤说:"人生短暂,转瞬即过。诸位不如释去兵权,到地方做官,多置田地房屋,为子孙后代立下不动之产业。再多买些歌女,每日饮酒作乐,平平安安过好后半辈子,君臣之间,两相无猜,岂不更好?"众人立即明白皇上之意,连忙拜谢。大家接着喝酒,在友好的氛围中结束酒宴。酒虽进了肚,众武将心里不是滋味。

第二天，这些将帅们一起上表称病，不能入朝。赵匡胤很高兴，收回了他们的兵权，解除了后顾之忧，全部兵权集在自己手中，这就是历史上有名的"杯酒释兵权"的典故。

宋太祖又把禁卫军两司之一的侍卫司分成侍卫马军司和侍卫步军司两部分，与殿前司统称"三衙"。任命资历浅的低级军官为三衙使。这样做的最大好处，是扫除了历代禁卫军专横跋扈的风气。宋太祖还经常调动军队，将领也不固定统帅一支军队。这就造成了"兵无常帅，帅无常师"，也就是兵不识将、将不识兵的局面。

赵匡胤经过杯酒释兵权等一系列的改革，自己手中的权力越来越大，为维护国家统一做出了重要贡献。但是这些措施也造成了宋朝军队战斗力低下，致使后来军队打仗经常失败。同时，宋太祖注重京城的防守，而忽视边防，宋军只是挨打，而不能主动出击进攻。

李后主亡国

宋太祖赵匡胤建立北宋以后，唐末五代以来藩镇割据的局面依然持续着。除了北宋政权以外，北方的辽对中原虎视眈眈，另外还有北汉、吴越、后蜀、南汉、南唐、南平等7个并存的割据政权。其中，占据江淮地区，以金陵（今江苏南京市）为都的南唐算是一个江南大国。

南唐，由十国之一的吴将李昪于公元937年灭吴所建。李昪在位时，鼓励生产，功课农桑，实行"民与休息"的政策。在不到10年的时间里，南唐经过励精图治一度在政治、经济等方面均处于10国的领先地位。李昪死后，王位由其长子李璟继承，史称中主。李璟嗜好诗词书法，不懂治理国家，又听信谗言出兵闽、楚而屡遭败绩。南唐国势渐弱，从公元955年起，前后三次遭到强盛起来的后周的袭击，皆兵败。公元961年，李璟撒手归西，将一个支离破碎的南唐交给了儿子李煜。

李煜，字重光，初名李从嘉。他继位以后，十分畏惧北宋的强大，亲自撰写奉表向宋太祖进贡大批金银财宝，表明"惟坚臣节，上奉天朝"，意思是说一定臣服于北宋。而宋太祖却从没有放弃过统一全国的打算。他和大臣们一而再，再而三地商议着出兵的策略。

一天深夜，宋太祖与其弟赵光义一起来到了有智有谋的宰相赵普府上，共同计议。宋太祖先说："朕难以入睡啊！一榻之外，都是别人的地盘。"接着又讲了自己有意先攻打北汉。赵普连忙阻止："如果打下北汉，边陲强大的辽国就要由我们独挡了。不如留着北汉替我们挡住辽国，等我们平定南方诸国之后再转过头来攻打北方。"宋太祖听此言笑着说正合朕意，原先说的话不过是在试探赵普。就这样，君臣定下了"先南后北"统一中国的策略，也就是要先弱后强，先攻下富庶的南方地区以后，再集中力量对付北方的强敌。

由于战略方针的正确，南下的北宋大军迅速灭了南平，攻下后蜀、南汉，对南唐形成了三面包围之势。

公元971年，当宋灭南汉以后，李煜被吓坏了。他急忙上表宋太祖，主动要求去掉国号，改称自己为"江南国主"，各级官员依次普遍降级。宋太祖同意了李煜的请求。他这样做绝不是受了感化要放南唐一条生路，而不过是采用"羁縻"的手段，稳住南唐，实行分化瓦解，以便日后各个击破，全歼对手。在治国和谋略上，李煜和宋太祖简直不可同日而语。

李煜通晓音律，喜爱歌舞，尤擅诗词，他的大部分精力也都是放在这些事情上，无暇顾及朝政。为了逃避南唐将亡的恐惧和内心压力，李煜还笃信了佛教。他大修佛寺，自己穿上袈裟，跪拜诵经，显得十分虔诚。大臣们对李煜的这种消极无能的做法十分气愤，但没有人能阻止皇上继续浑浑噩噩地混下去。

在北宋方面，征伐南唐的时刻就在眼前了。开始，宋太祖还在为找一个出兵的借口伤脑筋，因为南唐自俯首称臣后一直百依百顺，且贡献了许多宝物。公元 974 年，宋太祖召李煜入朝。李煜因害怕被扣留托病未去，没想到却让宋太祖给他加了个"倔强不朝"的罪名，同时也给宋兵南下找到了借口。就在这一年，宋太祖命曹彬、潘美率兵 10 万向南唐攻打过来。

大兵压境，南唐马上乱了阵脚。几年来李煜一直抱着得过且过的侥幸心理，根本没做必要的防备。南唐士兵见到宋兵到来，一开始以为他们不过是和以往一样在江上巡逻一下而已，还上前去犒劳宋军，待明白是大难临头时都吓得仓皇弃城而逃。

李煜此时龟缩在金陵城内，紧闭城门，也不询问战局和派兵应战，反而把统兵大权都交给都指挥使皇甫继勋，自己仍在一旁不忘享乐之事。

宋兵来到了长江边，开始渡江。长江宽险难渡，自古是一道天险。有一个在南唐考进士未果、心怀不满的人叫樊若水，为了归顺北宋，在采石矶附近（今安徽当涂附近）为宋兵搭浮桥。他先在石牌口（今安徽怀宁）试验，而后移至采石江面，结果搭起的浮桥尺寸正合适，并且十分稳当。宋兵利用浮桥大举过江，飞速向金陵进发。

搭浮桥的消息传入金陵，大臣们竟认为这种事以前从未有过，没准儿是军中谣传。李煜也觉得不过是儿戏罢了。而实际上，宋兵此时早已到了金陵城下。

都指挥使皇甫继勋贪生怕死，隐匿军情不报。李煜整天召集一帮和尚念经拜佛，祈求神灵保佑自己。直到有一天他亲自巡城，才发现城下已遍布北宋的旌旗，金陵已被宋兵围作铁桶一般。他一气之下斩了皇甫继勋，急令朱令赟从湖口发 15 万兵救援。没想到援兵被宋军打得落花流水。金陵已完全孤立无援，李煜无奈之下只好做最后的挣扎。他派遣学士徐铉到宋太祖那里替自己求情。

徐铉是江南名士，他见到宋太祖果真讲出一番道理："陛下，李煜一直臣服于您，并未有什么过失，像儿子侍奉父亲那样，您就不要再出兵讨伐他了。"没想到宋太祖不急不慢地回答："李煜既然视我如儿子对父亲，就是一家人，哪有南北而分的道理？"徐铉又道："李煜多年进贡给陛下您，可您强加罪名而出兵，这未免太说不过去了罢。"

大祖勃然大怒："卧榻之旁，岂容他人鼾睡！你不要再多言了！"徐铉只得退下，他没能替李煜求下情来。宋太祖统一中国的心愿怎能改变呢？

公元975年，宋军攻克金陵。当时由于长时间的被困，金陵城内缺吃少用，斗米万钱，死者无数。而据说当李煜被抓时，还正在写长短句，正写到"樱桃落尽"一阕，来不及写完，便跪下投降了。亡国后的李后主被押解着乘船离开金陵，来到汴京，被辱为"违命侯"，开始了3年阶下囚的生活。

昔日江南国主之身，如今备尝寄人篱下的亡国之苦，终日以泪水洗面。宋太祖死后，继位的宋太宗霸占了李煜钟爱的皇后，李煜为此痛不欲生。受尽屈辱的李后主，回想起往日的荣华富贵和自己的昏庸，只有无限地感慨人世无常。因为看够了人间沧桑，这个软弱无能的李后主写下了许多情真意切、千古流唱的佳句：

小楼昨夜又东风，故国不堪回首月明中。

雕栏玉砌应犹在，只是朱颜改。

问君能有几多愁？恰似一江春水向东流。

李煜思念故土，哀悼亡国的诗引起了宋太宗的不满。公元977年，李煜42岁生日时被太宗毒酒赐死，结束了他软弱、昏庸、纵情而又悲惨的一生。

宋太祖任贤用能

　　赵匡胤在少儿时期，母亲让他好好读书，他提出了"治世用文，乱世用武"的论点，偏重习武，以学习唐太宗李世民打天下。母亲嫌他口出狂言，很不高兴。后来的事实证明，他并没有说大话，的确靠非凡的武艺，创立了宋朝大业。

　　赵匡胤从公元963年发兵荆湖算起，至公元976年14年间，平定了南方割据势力，结束了这一地区的连年战争，使老百姓逐步过上安定的生活。

　　宋朝建立以后，需要"治世"了，赵匡胤并不因为自己文化水平不高而轻视读书，反而愿意读书，重视知书有学问的人。在赵匡胤跟随周世宗讨伐南唐时，攻下寿州城后，有人告状说，赵匡胤抢掠好几车财宝。周世宗派人检查，发现车里装的全是书籍，不禁感到奇怪，周世宗问他要这些书干什么，赵匡胤说："臣无智谋大才帮助皇上，却受重任，深感惭愧。所以广购书籍以长知识增智慧。"周世宗听了很高兴。

　　宋太祖建宋不久，就设立儒馆，请有学问的人办教育培养人才。把他的启蒙老师辛文悦请到朝廷中当官。下令增修最高学府国子监学舍，经常派内侍官代表皇上到国子监看望学生，并赐酒菜。老百姓见皇帝重视有学问的文人，非常高兴，常常议论：如此一来，天下可以太平了！

　　赵匡胤在任用宰相这样的高官时，原则是：必须是读书人。如赵普、卢多逊等都是因有学问而当了宰相。枢密使、三司使也由文臣担任。赵匡胤还说过，用文臣做事，即使贪污腐败也不及武臣的十分之一。

　　赵匡胤对科举制度也进行了一系列的改革，规定不论出身贫富都可以应举；设立复试、殿试制度，杜绝舞弊和走后门行为。

有一年科举考进士，10 位合格者中，有一人是户部尚书陶谷的儿子。赵匡胤听说过陶谷教子无方，怀疑他作了弊，于是下诏："从今以后，凡出身官宦家庭之人参加科举考试，统统要经过中书复试。"赵匡胤还说："以前考中的人，多为官僚世家子弟，使出身贫寒的读书人难有做官机会。如今朕要亲自临试，以标准定进退。"

赵匡胤说到做到，从开宝八年（公元 975 年）起，亲自主持殿试。宋朝经过改革后的科举制度，深得人心，这时期儿童学的《神童诗》中有"天子重英豪，文章教尔曹，万般皆下品，唯有读书高"的诗句，是赵匡胤称帝时期重视文化教育的真实写照。

赵匡胤重视选拔人才，不看资历重水平。只要有能力，则破格提拔。如中牟县令李鹤一步升为国子监丞；莱芜县令刘琪直接升任朝中拾遗；郑州防御判官升迁为中央监察御史等等，不胜枚举。赵匡胤对过去有旧怨的武臣，也不打击报复。例如以前他曾去投靠王彦超、董遵海，他俩将赵匡胤拒之门外。赵匡胤做了皇帝，不计前嫌，将王彦超任命为中书令。

一次，赵匡胤随便问王彦超："当年你在复州时我去投奔，为什么不收留我？"王彦超顿时面红耳赤，无言以对，吓得第二天竟不敢上朝了。赵匡胤对他进行抚慰，才使他放下心来。

董遵海不止一件事得罪过赵匡胤，赵匡胤当皇帝以后，召见他入朝。非但没治他的罪，反而封赏他，之后赵匡胤又派人把董遵海的母亲从幽州接来，使董遵海感激涕零。赵匡胤这样做，得到了应有的回报，致使董遵海在以后的保卫边境平叛中，立了大功。

赵匡胤性格质朴而不事矫饰，他的日常生活十分俭朴，宫中所用苇帘，以青布镶边，身上穿的衣服，都浣洗过很多次。到了晚年，仍保持清醒头脑，从而体现出他政治上的高瞻远瞩。

宋太宗征北

赵匡胤建立宋朝称帝以来，对内巩固了统治地位，对外灭掉了一些割据小国，使宋朝国土面积扩大，中原驱于统一。但正在他大展宏图、统一全国之际，却病倒了。

这次患病，是在他和弟弟赵光义饮酒以后，旧病复发，卧床不起的。朝廷大事只好由赵光义代理。赵匡胤与赵光义兄弟俩，多年来一直相处得很好。赵光义从小好学，喜欢读书，赵匡胤跟随柴荣征伐淮南，所过州县都不取财物，但却要搜寻书籍，拿回来送给赵光义。赵匡胤甚至没有立自己儿子德昭为太子，准备驾崩之时传位给光义。

开宝九年（公元976年）十月，宋太祖赵匡胤病逝，年50岁，谥号太祖。

按照皇太后杜氏的遗嘱和皇帝赵匡胤的遗愿，皇弟赵光义继承皇位，即宋太宗。改年号为太平兴国元年。

光义即位第三年（公元978年）五月，吴越国国王钱镠进京朝见新皇帝，想继续讨好宋朝，因吴越国太小了，不堪一击。太宗光义竟把吴越王留在京城。占据泉州、漳州的陈洪进，害怕大宋的势力，主动献出二州于宋。钱镠在这种形势下，也把吴越所辖州县送给宋朝。吴越共州13、县86，户55万、兵11万。至此，宋朝统一了南方。

宋太宗赵光义继承宋太祖赵匡胤的遗志，把统一中国当做头等大事。在南方统一的第二年，又把矛头指向北方的北汉和辽朝。

太宗做好了北伐准备，任命潘美为北路招讨使，带领崔彦进、李汉琼、米信、田重进、刘遇、曹翰等人四路进兵，攻打太原；命令邢州（今河北邢台）判官郭进为太原石岭关都部署，阻截辽朝援军。

北汉主刘继元，得到宋朝大举犯汉的消息，忙向辽朝求救。辽朝派大将耶律沙率军前往北汉救援。走到白马岭附近，听说宋军已占领白马岭，耶律沙命令大军停止前进，等待战机。但监军耶律敌烈依仗自己是辽太宗的四儿子，反对耶律沙驻军的命令，认为辽军从未有过遇敌不前的先例，要率兵去攻为白马岭。

耶律沙无奈，只好命令辽军继续前进。耶律敌烈为先锋，率兵冲进白马岭山涧。宋军居高临下，从山上杀入山涧辽兵阵内。辽兵地势不利，立足未稳受到包围，顿时大乱。宋军大将郭进与耶律敌烈刚战几个回合，一宋兵用长枪将耶律敌烈战马刺倒，耶律敌烈摔到地上，郭进随即一刀劈下，斩了这位骄横的辽朝王爷。

敌烈一死，辽兵更乱，耶律沙见状不妙，组织部分残兵败将逃走。

打败援军，宋军将士全力以赴进攻太原，潘美也取得几次胜利。五月初一，捉住北汉大臣范超斩首示众；五月初四，北汉守将郭万超派人出城与宋太宗秘密约定投降之事。北汉主刘继元在孤立无援的情况下，被迫同意投降。

第二天，宋太宗率大军来到太原城北，刘继元带领北汉文武百官恭恭敬敬迎候宋朝皇帝一行，听候发落。不料，就在受降仪式将结束之时，城上有一员金甲银盔大将大声喊道："主子投降，我不投降，非与宋军战个你死我活不可！"

双方将士寻声望去，有人认出，他是北汉建雄节度使刘继业。刘继业本姓杨，因跟随北汉主而赐姓刘。刘继业骁勇善战，足智多谋，名震南北。宋太宗也知道他，不忍伤害，派人进城好言相劝，指出为保全城中百姓生命，不要再争战了，刘继业这才大哭一场，开城门迎宋军入城。

宋太宗进城后，立即召见刘继业，授予右领军卫大将军，并给予厚厚的赏赐。从此以后，他恢复了原姓，叫杨业，后人称之为杨令公。

北汉就这样被宋朝灭掉了。宋太宗没有休整军队，而要一鼓作气夺回被辽朝占领的十六州。这时，有人建议应先把北汉主刘继元杀掉，说他曾残杀臣民。宋太宗说："凡亡国之君，不是懦弱，就是残暴。这种人，只要投降不再作恶，放过他就算了。"于是，刘继元得以活命。

宋太宗妥善安排好刘继元及其部属以后，又率大军北进，陆续攻下被辽朝占领的易州、蓟州、顺州，然后又向幽州发起攻击。太平兴国四年（公元980年）六月，由宋太宗亲率的宋军直抵幽州城下。

王小波、李顺起义

宋朝消灭了后蜀，宋将王全斌等人指使宋兵对当地居民进行无法无天的抢掠活动，使受害的蜀民强烈不满。尽管王全斌等多位将领，因此受到处罚，仍时常有一些蜀兵和蜀民自发组织起来反抗宋兵。

淳化四年（公元993年），爆发了王小波、李顺领导的农民起义，给宋朝统治者以沉重的打击。

王小波是青城县（今四川省灌南县南部）农民。青城县除出产粮食外，还盛产茶叶。茶农以种茶为生。宋太宗时期推行"榷茶"法，由朝廷专门强行收购茶叶，致使许多茶农失业，而朝廷官员和地主商人却趁机牟利。贫富差距拉大，许多种茶的人和种庄稼的人难以生活。淳化四年二月，王小波在青城县领导100多名破产的农民和失业的茶农起义，他号召说："现在的人穷的穷、富的富，太不合理！今天我们起义，就是要均贫富！"

起义军的行动，立即得到广大农民的拥护，短短几天时间发展到一万多人。王小波指挥大家攻下青城后，又用棍子抽打敌人的尸体。起义军队伍迅速扩大，接着又打下邛州（今四川省邛崃）、蜀州（今四川崇庆）、眉州（今四川眉山）的彭山。随后攻取永康、双流、新津、温江、郫县等地。

起义队伍增加到几万人。

彭山县令齐元振，是被朝廷赐予玺书奖励的清官。起义农民从这个所谓的清官家中搜出一大批金帛。起义军把县令齐元振和一些土豪劣绅处死，为民除了害，参加起义的农民就更多了。可是，在十二月份进攻江原县（今四川省崇庆东南）时，王小波中箭，不治身亡。起义者并没有因王小波牺牲而气馁，又推举他的内弟李顺为首领，继续与官府斗争。

淳化五年（公元994年）初，李顺带领义军在两天内攻下汉州（今四川广汉）、彭州（今四川彭州市），对成都构成了威胁。起义军乘胜前进，只用10多天时间便攻克成都。李顺在成都建立了农民政权，号称"大蜀"，自己称为"大蜀王"，立年号"应运"。

大蜀政府最高长官为"中书令"，军事最大官职为"枢密使"。李顺没有贪图享受，仍继续指挥义军扩大成果。农民军占领的地盘越来越大，北至剑门关，南至巫峡，全归于义军手中。义军发展到几十万人之多。

起义军的壮举，使宋太宗又恨又怕，派宦官王继恩率兵镇压起义军。起义军的主要力量放在进攻上，忽视了防守。所以，当朝廷军队打来时，防线很快被攻破，农民军成千上万人牺牲，李顺也在战斗中英勇地牺牲了。李顺牺牲后，张仓余领导剩下的几十万义军坚持战斗，先后攻下嘉州（今四川乐山）、戎州（今四川宜宾）、泸州、渝州（今重庆市）、涪州（今四川涪陵）、万州（今四川万州区）等地。

宦官王继恩没有镇压住农民起义，宋太宗又派白继斌带兵入川对付义军。农民军受到宋兵前后夹击，损失惨重，两万多人战死。张仓余只好率一万多人退守嘉州。但宋军追至嘉州时，大蜀嘉州知州王文操叛离义军投降朝廷，张仓余被捕，英勇就义。时值公元995年。

后来，民间传说在成都陷落的时候，李顺并没有死，他化装成一个和尚，秘密逃出成都，继续率领农民军战斗。宋军进城时，抓到一个胡子很长的人，外貌很像李顺，就把他杀掉了。又过了40年，在广州街上出现一个老翁，有人认出他是李顺，官府把他抓起来，在监狱里秘密杀死了。这些传说虽然不一定可靠，但是说明李顺在群众中影响是很大的。

王小波、李顺、张仓余领导的农民起义虽然失败了，但是却有深远的历史意义。

杨无敌高梁河救驾

太平兴国四年五月，宋太宗灭掉北汉，要继续北伐时，潘美等大将认为部队应该休整，补充粮饷，然后再派兵攻辽，收复幽云 16 州。但总侍卫崔翰却说："乘胜北伐，机不可失，取胜不难"。太宗急于求成，采纳了崔翰的意见，连续北进。

宋军进攻幽州时，遇到耶律学古的顽强抵抗，一时难以取胜。宋太宗正在考虑对策，忽然得到辽朝宰相耶律沙率兵救援幽州已到高梁河的消息，于是决定，先迎战援兵，获胜后再来攻打幽州城。宋军放弃幽州，转向高梁河进军。来到河边，与辽军遭遇。耶律沙指挥辽兵与宋军大战两个多小时，渐渐不敌，往后撤退。宋太宗立即命令宋军乘胜追击。

宋军正全力以赴追杀辽兵，忽然几声炮响，辽朝大将耶律斜轸从左方杀来，耶律休哥从右侧杀出。宋军连续作战，已经疲惫不堪，而两支辽军以逸待劳，以一抵十，冲入宋军阵中，如入无人之境。耶律休哥直奔宋朝皇帝而来，宋太宗见状不妙，命令各将护驾，然而诸将应付辽将已力不从心，无法接近皇上。太宗正在着急，幸亏大将辅超、呼延赞赶到，掩护着皇帝逃走。

皇帝逃走，将士们也无心恋战，纷纷败逃，天将傍晚，宋军要进城休息，但辽兵又由耶律休哥率领追了过来。宋军此时已损失一万多人，溃不成军，

各奔生路去了。连皇帝的卫队也四散而逃。宋太宗无奈，打马再逃。天越来越黑，后面追杀声不断，太宗慌不择路，马掉进沼泽之中，越陷越深，难以自拔。

就在这危难的关头，见前面影影绰绰跑来一队人马，太宗以为是辽军追兵，暗忖今命休矣！军队来到近前，看清旗上有一"杨"字，才知是杨业的队伍，不禁狂喜。说来也巧，杨业押运粮草回来，路过此地，听见皇上呼救，忙奔过来，跃马跳进泥坑，将太宗拽起，再递交岸上的小将，然后又将御马拉上岸。

宋太宗绝路逢生，非常感激杨业，问他身边的小将是谁，杨业告诉他是自己的儿子延昭。太宗很高兴，把这父子俩夸赞一番。正在这时，有一股辽军追来，太宗又慌了，问道："敌军又追来了，怎么办？"杨业非常冷静地说："请陛下骑马先行，我父子去退敌兵。"可是，皇上骑的御马趴在地上，站不起来了。杨业让皇上骑自己的战马，太宗不肯，说："卿要退敌，不能没有坐骑。朕看有驴车，可腾出一乘，由朕坐着吧！"杨业立即命令部下找来一辆驴车，让太宗入座，由兵士们护卫着往回撤。

潘美一听，羞愧难当，命令杨业组织残兵迎敌。时间不长，有一队辽兵追到，为首的两位大将是兀环奴、兀里奚。杨业催马上前，挥刀大战二将。杨延昭怕父亲不敌二将，也打马出阵，挺枪相助，直逼兀里奚。

仅几个回合，便把兀环奴一刀劈死。兀里奚见兀环奴被杀，不免心慌，杨延昭趁机一枪，将他刺死落马。宋将见杨家父子斩了辽军两员大将，顿受鼓舞，纷纷上前助阵，辽军退走，宋军追杀一阵，抢回许多军用物资，才收兵。宋军回到定州（今河北定县），与皇上相遇。太宗命令几位大臣驻守河北几个州镇，自己带部分兵士返回国都汴京。

辽军获胜以后，辽主非常高兴，命令南京留守韩匡嗣和耶律沙、耶律休哥率 5 万兵马再次南下，扩大战果。辽兵攻至镇州（今河北正定），驻守真定的刘延翰得报，忙请来崔彦进、李汉琼几位守将商量御敌计策。崔彦进和李汉琼想出一个"献粮饷假意投降，诱敌深入而围歼"的办法，韩匡嗣以为宋军刚刚吃了败仗，损伤 10 万兵马害怕了，便信以为真；但耶律休哥不相信，怕其中有诈，命令自己的部下按兵不动。

韩匡嗣和耶律沙按商定入真定城受降，走到城门口没发现一人，这才怀疑有问题，然而为时已晚，一声炮响之后，城西杀出刘廷，城东杀出李汉琼。接着炮声再次响起，崔彦进率军杀出，阻住辽军退路，辽军大败。正在这时，耶律休哥带兵杀来，帮助耶律沙和韩匡嗣逃出重围，但损兵逾万。

宋太宗得到捷报，很高兴，派杨业驻守重镇代州（今山西代县），以阻止辽军南下。

陈家裕杨业被俘

杨继业归顺大宋后，宋太宗也十分喜爱杨业，仍然派他守卫边关。杨业任代州的刺史，是当地的最高长官。他带领着军队日夜不停地训练，以防止北边辽国的军队南下。

高梁河一战，辽军打败了宋军，辽景宗得意扬扬并扬言："朕要发兵，乘胜追击，一举灭掉大宋。"公元 980 年春，辽景宗不顾萧皇后以及其他人的阻拦，发兵 10 万直向雁门关扑来。

雁门关在代州的北面，杨业知道如果雁门关失守，代州肯定就保不住了。辽军 10 万大军，杨业才几千人马，他和手下的将领们商量，硬拼是不行的，应用计谋取胜。

辽兵到雁门关驻扎下来。天黑了，伸手不见五指，这时杨业带领几百士兵，骑着马绕到敌人后面，突然向辽兵杀了过来。宋兵边冲边喊，辽兵一个个睡得正香，听到外面喊杀声惊天动地，他们连东西南北都找不到了。辽兵只顾逃命，所以杨业没费多少人马就取得重大胜利。

宋太宗在京城听到消息，也兴奋得睡不着觉，太宗下令封赏杨业和其他将领。从此杨无敌的美名叫得更响，传得更远了。

杨业的胜利也引起宋朝中有些人的不满。潘美还偷偷上书给宋太宗，说了杨业的不少坏话。宋太宗也不在意，还把这些书信给杨业看了，杨业心里很感激宋太宗。

公元 982 年，35 岁的辽景宗死了。他的 12 岁的大儿子耶律隆绪继位，他就是辽代历史上有名的辽圣宗。30 岁的萧绰现在成了皇太后，因为辽圣宗还小，国家一切事务都由她处理。

宋朝得知辽朝小皇帝登基，就认为攻打辽朝的机会到了。

公元 986 年年初，宋军兵分三路向北进发。曹彬在东边，目标是幽州；田重进领中路兵，攻打河北西北部和山西东北部；西路军，由潘美为元帅，杨业为副帅，从雁门关出兵，攻占辽的西京——云州（今山西大同）。三路兵马一起出发，向辽国发动了全面的进攻。

开始的时候，东中西三路都节节胜利。杨业为先锋的西路军更是厉害，很快就打下寰（音 huán）、朔、应、云 4 个州，山西北部大部分地区包括大同府都被收复了。西京大同府一丢，辽圣宗也十分着慌了，杨业继续前进，准备和中路、东路宋军合兵一处共同打下幽州城。

曹彬率领的东路军曾经打到幽州城下，但是辽国大将耶律休哥用计谋在涿州把曹彬打败了。东路军是主力部队，它一败，中、西路宋军受到很大影响，宋太宗害怕宋军被全部吃掉，就急忙命令退兵。潘美在飞狐关（今河北涞源北）被辽将耶律斜轸打败，宋军被迫退出了寰、朔、应、云四州。但这四州百姓都是中原人，因此宋太宗命令把这四州百姓迁回内地。

杨业的军队掩护着百姓向后撤退，速度就更慢了。这个时候耶律斜轸和手下的副将萧挞凛已经派兵把宋兵的退路截断了。

这时的潘美只想冲出一条血路，马上回到雁门关。他对杨业说："杨副帅，看来我们只能拼命了，你带领精锐部队在前开道。"杨业一听，他摇摇头，想了一会儿，说："辽兵现在士气很盛，我们不能硬拼，再说我们还有这么多百姓，我们应该避开辽兵的主力，绕道走碣谷，然后再到雁门关。"

军中的监军王侁冷冷地一笑，"杨副帅，你可是杨无敌呀，怎么现在你都这么胆小啊。"潘美因为和杨业有矛盾，知道杨业说得有道理，他就支持王侁。

杨业一听王侁、潘美说这话，知道今天自己不打这一仗是不行了。他一边流泪一边说："愿主帅派兵在陈家谷口接应我。"说完头也不回，领兵向朔州方向走去。在队伍中有杨业的儿子杨延玉和岳州（今湖南岳州）刺史王贵。

在路上，杨业就和萧挞凛的部队交起战来。杨业尽管快60岁了，仍然勇猛无比，宋军也一个个拼命杀敌，辽兵死伤无数。但是辽兵越杀越多，而宋兵却一个个倒下了。杨业浑身上下都是血，只好领兵一边打一边后退，这一仗从天亮一直杀到天黑。

杨业领着100多名宋兵杀到了陈家谷口，那里静悄悄的，一个宋兵都没有。原来，潘美、王侁预先在谷口等着，等了大半天，也没有见杨业领兵回来，王侁对潘美说："看来杨副帅旗开得胜了，我们不能在这里等着。"他的意思是不能让杨业得头功。王侁领兵走了，潘美也拦不住，他也跟着走了。当他们得知杨业战败时，头也不回地逃跑了。杨业一看陈家谷口没有宋兵，就大叫一声："苍天啊！"眼泪哗哗地往下流。"各位将士，看来今天，我们只有一死了，大家拼吧！"大家一听，也都流下眼泪，"杨副帅，带我们杀吧！"杨业一举大刀"杀！"

杨业带兵左冲右杀，他身上也负伤了，最后这百十人来到了一片小树林中，他们本想休息一会，不料辽兵又冲上来了，小树林已经被团团围住了。70多岁的老将王贵用箭射死了几十个敌人，最后壮烈牺牲。杨延玉也杀死了许多辽兵，也献出了生命。杨业力尽被俘。

杨业被俘以后，辽将劝他投降，他一口回绝："我生是汉人，死是汉鬼，何来投降！"杨业不吃不喝，绝食3日壮烈牺牲。

杨业虽然牺牲了，他的后代继续守边关，抗敌兵。杨延昭早年跟随父亲杨业打仗，常常为先锋。后来他镇守河北边关，长达20多年，他的军队纪律严明，多次打败了辽国军队，立下赫赫战功。

杨延昭的儿子杨文广，也是将门虎子。他后来跟随范仲淹在西北同西夏国作战，立下战功。杨文广在河北做地方官时，曾经出谋划策攻取幽、云等州，但宋统治者没有采纳。杨家祖孙三代英勇杀敌的事迹，千百年来一直为人民所敬仰。

萧太后的功劳

辽国皇帝兀欲的次子耶律贤即位，即辽景宗。景宗幼年时经历过一次致命的遭遇，公元951年，察割发动政变，率众闯入宫帐杀死辽世宗和太后，年幼的景宗被深明大义的御厨用毛毡藏在柴火堆中。这次劫难后景宗落下顽症，做皇帝力不从心。但他的夫人萧绰皇后，却是个杰出的女强人。

萧绰字燕燕，应历三年（公元953年）出生，父亲是宰相萧思温。父亲非常喜欢燕燕这个女儿，曾把她许配给汉族重臣韩知古的孙子、韩匡嗣的儿子韩德让，但女儿17岁时被景宗耶律贤选为贵妃，不久立为皇后，与韩家亲事自然取消，但两家关系仍然和睦融洽。

乾亨元年（公元979年），宋太宗，赵光义，出兵北汉。辽朝得到消息，派使臣去宋朝，询问为何攻击北汉，宋朝皇帝太宗说："北汉不服大宋之命而割据，理该讨伐。如辽朝不援北汉，我们仍可保持友好关系；否则，那就只好开战了。"

辽朝使者回国报告这一情况，景宗犹豫不决，找萧皇后商量。皇后说："北汉与我朝修好多年，汉主还是我朝册立。宋朝进攻北汉，下一步就该攻我幽、云各州了，我们应即刻备战。"

二月，宋朝大军进攻北汉都城太原，萧皇后让耶律沙为帅救北汉，但由于监军耶律敌烈狂傲轻敌，招致兵败白马岭，阵亡大将五员，士兵无数。景宗闻讯大怒，要处置耶律沙，萧皇后说："兵败不全怪耶律沙，冀王敌烈只知冒进，不虑地形，强行开战，导致失败。"景宗听皇后这样说，觉得有理，不再坚持治耶律沙的罪，而让他戴罪立功。

宋太宗赵光义打败辽军，急于求成，不顾将士劳累，继续指挥北进，攻打辽朝占领的幽州。景宗得报非常害怕，萧皇后却镇定自若，说："宋朝攻幽燕本在意料之中，皇上不必担心，我已命令人去幽州，命耶律休哥和耶律斜轸增援。南京城坚池固，韩德让智勇双全，而宋军系孤军深入，南京一定能守住。"

萧皇后分析得很正确，这一仗，果然宋军大败，宋朝皇帝险些丧生，逃回汴京。

萧皇后又下令让韩匡嗣为都元帅，率耶律休哥军南伐宋朝，但韩匡嗣中了宋朝假投降诱敌深入之计，吃了败仗。景宗要责罚这些败将，幸好萧皇后为之讲情,才没有加罪。

又过了两年,景宗皇帝去世,他12岁的长子耶律隆绪即位,是为昭圣皇帝。萧皇后被尊为"承天皇太后",摄政军国大事。

萧太后是年30岁,整个辽朝的重担,压在她的肩上。她表现出成竹在胸、大智大勇的气魄,首先任贤用能,注意调动方方面面的积极性。她把韩德让、耶律斜轸召入宫中,让他俩辅佐朝政。他俩一一表示尽忠。萧太后则命令耶律休哥坐镇南京,总管南面军务。以后又任命韩德让为政事令、宰相等职。

为了让小皇帝学习政务,萧太后让隆绪亲自审理囚犯,在实践中得到锻炼。一天,小皇帝要从臣跟他去赤山狩猎,萧太后自然一起去了。在路上,小皇帝见耶律斜轸的青花马与他的银鬃马个头一样高,就说:"你的马和朕的马大小一样,不知谁的马跑得快,咱们比赛如何?"

耶律斜轸却说:"陛下是君,臣怎敢和君赛马呢?臣若赢了皇上,岂不是失大礼了?"小皇帝点了点头,说:"不过在战场上和打猎时,君臣的马跑来驰去,就难说什么失礼不失礼的啦!"

萧太后听见儿子和大臣的对话,笑着说:"论国礼,你们是君臣。今天咱们按契丹风俗,好朋友以交换马、弓为盟。你们俩就在我的面前,互换弓和马,结交朋友吧!"

耶律斜轸听了,虽然心中高兴,但嘴上却说:"臣不敢。"小皇帝拉着他的手说:"怕什么,太后已经下旨,不遵旨才是失礼呢!"

小皇帝命人将两匹马互换了,又把自己的弓送给耶律斜轸,耶律斜轸忙跪下接弓,然后把自己的弓矢送给皇上。在场的官兵一阵欢呼,敬佩萧太后这种热情待臣的做法。皇帝和耶德斜轸成了真正的朋友,耶律斜轸在以后的征战中,冲锋陷阵,立下了许多大功。

萧太后善于用人,而且肯吸收良臣们治国的好经验、好办法,如减轻百姓赋税、奖励生产、颁布禁止官吏受贿枉法的法令,不得敲诈百姓等等,深受广大平民百姓的欢迎。辽朝的政治经济形势、社会秩序等，发生了可喜的变化，可谓日新月异，比景宗在位时，有明显好转。这其中主要功劳，当然属于摄政的萧太后。她不仅是一位政治家，而且还是一位了不起的军事家。

元昊建立西夏

大宋朝没有能够统一整个中国，在它的北面有契丹族建立的辽国。在它的西北面还有一个国家，这就是西夏国。

西夏国是由党项族建立的。党项族是羌族的一支，羌族是我国一个古老的少数民族，直到现在羌族还是我国民族大家庭的一员。党项族原来居住在青海东南部和四川西北部，唐朝以后党项族人逐步向东北迁移。党项族也是一个以游牧为生的民族，在同汉人的交往中，他们的生产才有了发展。

党项族分为很多部落，有东山部落、平夏部落等等。平夏部居住在夏州（今陕西榆林市横山区）一带，属于拓跋氏。唐后期黄巢大起义的时候，平夏部曾经派兵帮助唐政府镇压起义，因此算是立了功。唐僖宗就任命平夏部的首领为难军节度使，册封为夏国公。从此后拓跋氏就改姓李氏。

五代时期，夏州党项李氏占领了西北，开始发展自己的力量。宋朝一建立，就想剥夺党项族的力量。宋太宗的时候，平夏部部落内部有了矛盾，一个叫李继迁的头目不想投靠宋朝。李继迁率领着部众逃往夏州东北 300 里的地斤泽（今内蒙古鄂尔多斯市巴彦淖尔），开始不断地向宋边境侵扰。公元 984 年，李继迁的部落被宋军偷袭了一次，被杀了 500 人，李继迁的母亲、妻子也被俘虏了。但是李继迁并没有灰心，他积极号召党项族同宋进行斗争。公元985年李继迁一举攻下银州，力量开始强大起来。当宋和辽战乱不休的时候，李继迁投靠了辽，向辽称臣，公元990年，封李继迁为"夏国王"。

宋真宗继位以后，李继迁仍然不断发兵攻打宋朝，公元1002年，李继迁打下了灵州（今宁夏灵武县），把它改为西平府，这就成了党项族的根据地。公元1004年，李继迁攻打吐蕃人的时候，中箭死亡。他的儿子李德明继位。宋朝封李德明为平西王，每年赐给他不少金帛和茶叶。在李德明统治的30多年里，党项族的经济发展很快。

李德明的儿子元昊，他看到父亲甘作宋臣，唯唯诺诺，很不高兴。他对李德明说："我们应该有骨气，不应向宋称臣，离开了它们，我们照样能活。我们虽然很穷，但我们可以训练兵马，等我们力量强大了，我们可以去夺取地盘，那时我们什么都会有的。"李德明被儿子的一席话感动了，但他是个稳重的人，虽然他有当皇帝的想法，但终究没有胆量。

李德明死后，元昊做了首领。元昊精通汉文和佛学，他希望自己成为至高无上的皇帝。元昊的叔父山遇看出了元昊的野心，对元昊说："大宋待咱们可不薄呀，咱们说什么也不能忘恩负义。"元昊看着山遇，点了点头，山遇以为元昊听进去自己的话呢，其实他是想办法治山遇呢。

元昊派手下人诬告山遇，说他要谋反。山遇一听，知道自己在元昊手下待不住了，就趁夜逃往宋朝。山遇逃到延州（今陕西延安市），宋朝的官员没有收留山遇，为了对元昊表示友好，竟把山遇抓起来送给元昊，元昊以谋反的罪名把山遇杀了。元昊不仅把亲叔叔杀了，而且把反对自己的人都毫不留情地杀了。

公元1038年，元昊正式宣布自己为皇帝。国号为大夏。因为大夏国在宋朝的西北方向，历史就被称为西夏。元昊就是夏景宗，都城在兴庆（今宁夏银川）。西夏控制着甘肃、宁夏、青海和陕西、内蒙古的一部分地方。

元昊仿照宋朝的制度建立了西夏的官制，另外在汉字的基础上，元昊发明了西夏文字。元昊是一个很有才干的人，在他的统治下，西夏的经济有了很大的发展。

西夏国建立的时候，宋朝的皇帝是宋仁宗。元昊上书要求宁仁宗承认西夏国，宋仁宗听罢勃然大怒。下令撤了元昊的官职，还命令边关贴下告示捉拿元昊。元昊一听此消息，就在公元1040年领兵攻打延州。

这时候宋在西北有军队三四十万，但这些军队很分散，驻扎在五路二十四州的几百个寨堡之中，他们互相都不联系，打起仗来根本不合作。守卫延州的是宋将范雍，范雍不敢出战，结果元昊用诈骗的办法使范雍放松了警惕，元昊派兵猛攻延州，宋军被打死了1万多人。延州的失败使宋仁宗很生气，他把范雍撤了职，命韩琦和范仲淹到西北指挥抗辽。

范仲淹是北宋有名的政治家和军事家，他到了延州以后，日夜操练兵马，宋军的战斗力大大提高了。在西夏营中有这样的说法："小范老子（指范仲淹）胸中有几万军兵，可不像老范老子（范雍）那么好欺负了。"元昊看到延州防守严密，知道不好攻打，他就不碰这个硬钉子了。

公元1041年，元昊亲自领兵攻打渭州（今甘肃平凉市）。宋朝大臣韩琦在那里指挥。范仲淹劝告韩琦以守为主，但韩琦却主张主动出击。

当西夏军将要逼近怀远城（今属甘肃平凉市）的时候，韩琦组织了一支1万人的军队，派大将任福指挥，前去迎敌。不料中了埋伏，宋军大败。元昊取得了胜利，还不罢休，他继续领兵攻打北宋，并取得一系列的胜利。

宋朝既然和辽作战，又不得不和西夏作战，并且都打了败仗。因此宋仁宗派人到西夏求和。由于元昊连年不断地打仗，党项族的生活也很困难，再加上闹灾荒，西夏人民不愿打仗了。元昊看到自己的力量灭不了北宋，也就同意议和了。

庆历四年（公元1044年），宋和西夏立下盟约，西夏对宋称臣，但宋每年要给西夏绢15万匹、银7万两、茶3万斤。元昊名义上是宋朝封的国王，而实际上就是西夏的皇帝。宋通过这种赏赐的办法来维护政权，而人民的生活则更加困苦了。

元昊建立的西夏国从宋朝得到不少东西，两国议和以后，在边境上开设了许多市场，西夏人通过市场和内地人做买卖，西夏的政权不断稳固。公元1227年，西夏被蒙古军队所灭，前后共统治了90年。

澶渊之盟

宋太宗时，辽朝从石敬瑭手中得到幽云十六州，此后，辽、宋两朝打打停停，战事不断。至宋景德元年（公元1004年）时，两朝都发生了很大变化。辽朝大将耶律休哥、耶律斜轸等相继去世，韩德让已升任大丞相，萧挞凛为南京（幽州）统军使；宋朝太宗皇帝已死，其次子赵恒继承皇位，史称宋真宗，寇准、毕士安为宰相。

这年秋天，萧太后为了结束长期战乱，决定发动一次大规模战争，迫使宋朝求和。出兵之前，她和皇帝耶律隆绪又指挥了传统的"射鬼箭"仪式。然后命令大军向南进发。

辽军攻势迅猛，宋军难以抵挡。辽兵所向无敌，连续攻下唐州、瀛州、祁州，十一月到达洺州（今河北永年县），然后向澶州（今河南濮阳西南）进兵。

辽军大举南下，宋朝一片恐慌。皇帝赵恒征求大臣们的意见。大臣王钦若说："辽军来势凶猛，已逼近澶州，威胁汴京。不如避其锋芒，迁都金陵（今南京市）。"陈尧叟也同意迁都，但认为迁往四川更好。因为四川易守难攻，适合做京都。王钦若的家在金陵附近，就建议迁都金陵；皇上不知按谁的意见办才对，征求宰相寇准的意见，寇准说："应该把建议迁都的人杀了，用他们的血祭鼓，然后击鼓出征，抵抗敌军！"寇准是我国历史上的著名人物，对抵御外敌入侵态度坚决。在当时，寇准在人民群众中的声望是很高的。

皇上赵恒问寇准，大敌当前，有什么办法退敌。寇准说："如果陛下御驾亲征，文臣武将必全力以赴，则不难退敌；如果坚守要地，辽兵孤军深入，不宜久战，亦能自行撤退；但是，一旦迁都，军民之心必乱，江山社稷将难保了。"皇上觉得寇准的话有道理，就否定了迁都的建议。一面命人去找王继忠，让他向辽朝转述宋朝求和之意，一面征求具体御敌之计。王继忠原为宋将，去年战败降辽。辽朝仍然起用他，宋朝有什么事也通过他向辽转达。

寇准向皇帝建议，应当派兵先守住天雄（今河北大名），王钦若带兵驻守天雄。皇上同意，使王钦若去要地天雄，王钦若吓得像丢了魂似的，但又不敢抗旨，只好硬着头皮接受了任务。

萧太后在逼近澶州途中，得到王继忠转达宋朝的求和之意，当即表示同意讲和。但命令辽军继续进兵，以增加和谈的分量。不久，辽军占据澶渊。

宋朝皇帝赵恒听说这个消息，忙派大臣曹利用到辽营议和，同时下诏宣告天下：他要御驾亲征。就在宋朝使臣曹利用来到辽营之际，萧太后得报：大将萧挞凛中箭身亡！萧太后大惊，眼泪涌上眼眶，但很快镇定了下来，与宋朝使臣谈判。

萧太后是个了不起的女人，她也想让边界两朝人民过安定的生活。倘若为了争夺这几个州城，战争何时才会平息？于是，萧太后又命令韩杞为使臣随曹利用去见宋朝皇帝，商谈议和条件。

宋朝皇帝赵恒已率大军到达澶州。他听说辽军就在附近驻营，吓得又提起迁都之事，寇准只得再次给皇上打气壮胆。赵恒勉强答应不迁都了，但坚持议和。

辽朝使臣韩杞来到澶州行宫谈判，赵恒皇帝让寇准负责和谈，可以贡钱百万。寇准对具体参加谈判的曹利用说："皇上虽然说可给辽百万，但你与韩杞谈判如答应给财帛过 30 万，我就立即杀你！"曹利用害怕寇准的权威，自然不敢多给，最后达成协议：宋朝每年送给辽白银 10 万两、绢 20 万匹；辽不再追索关南数州；辽帝称宋帝为兄，宋帝称辽萧太后为叔母。

澶渊之盟终于签订，辽朝与宋朝自此结束了多年的相互征战。统和二十七年（公元 1009 年）十二月初五日，辽朝承天皇太后萧绰在南巡路上病逝，是年 57 岁。从 17 岁嫁给景宗皇帝为贵妃算起，整整 40 年。这 40 年来，她显示出非凡的政治、军事才能。在治理国家方面功绩卓著，使辽朝的农业、畜牧业、文化、冶金、纺织等方面都得到发展。

"澶渊之盟"揭开了辽宋历史的新篇章，从此结束了双方兵戈相见的敌对局面，建立了睦邻友好，边境无干戈之忧。在此后的 120 多年间，双方没有发生过大的战争，民间互市，政府友好往来。

范仲淹实行新政

范仲淹，字希文，原籍陕西邠（音 bīn）州（今陕西彬县），后迁徙到苏州吴县。他不仅是个军事家，而且是宋代著名的政治家、文学家。范仲淹从小失去了父亲，因为家里贫穷，母亲不得不带着他另嫁到一个姓朱的人家。范仲淹在十分艰苦的环境中成长，他住在一个庙宇里读书，穷得连三餐饭都吃不上，天天只得熬点薄粥充饥，但是他仍能刻苦自学。有时候，读书到深更半夜，实在倦得张不开眼，就用冷水泼在脸上，等倦意消失了，继续攻读。这样苦读了五六年，终于成为一个很有学问的人。他以进士及第进入仕途。

范仲淹在朝廷当过谏官，宋仁宗对他比较信任。后来，仁宗赵祯下诏废郭皇后，范仲淹因率谏官、御史极力谏阻，被罢免职务，调去做了睦州知州，干了一年多，转任苏州知州。他在苏州时，恰值发大水，农民有田耕不得，他曾组织民众疏通五河，把太湖里的水疏导入海。后来，范仲淹被召还朝，任吏部员外郎，权知开封府。看到吕夷简滥用职权，任用私人，就向仁宗大胆揭发。这件事触犯了吕夷简，吕夷简反而说范仲淹交结朋党，挑拨君臣关系。宋仁宗听信吕夷简的话，把范仲淹贬谪到南方做了饶州知州，直到西夏战争发生以后，才把他调到陕西去。

范仲淹在陕西军中任职三年，采取了一系列切实可行的措施加强国防，颇有成效。宋仁宗觉得他的确是个人才。这时候，因为宋王朝腐败，加上在跟辽朝和西夏战争中军费和索赔支出浩大，财政发生恐慌。宋仁宗就把范仲淹从陕西调回京城，宋仁宗是位不错的皇帝，他看到国力衰弱的局面，也很着急，更想有所作为。派他担任参政知事（副宰相）。

当范仲淹一回到京城，宋仁宗马上召见，要他提出治国的方案。范仲淹知道朝廷弊病大多，要一下子都改掉不可能，准备一步一步来。但是，禁不住宋仁宗的一再催促，就提出了十条改革措施，它的主要内容是：

一、对官吏一定要定期考核，按他们的政绩好坏提拔或者降职；

二、严格限制大臣子弟靠父亲的关系得官；

三、改革科举制度；

四、慎重选择任用地方长官。

还有几条是提倡农桑，减轻劳役，加强军备，严格法令等等。范仲淹从当时的实际情况出发，说得很中肯。

宋仁宗看了范仲淹的改革方案，立刻批准在全国推行这十条改革措施。历史上把这次改革称为"庆历新政"（"庆历"是宋仁宗的字号）。

范仲淹为了推行新政，先跟韩琦、富弼（音 bì）等大臣审查分派到各路（路是宋朝行政区划的名称）担任监司（监察官）的人选。有一次，范仲淹在官署里审查一份监司的名单，发现有贪赃枉法行为的人员，就提起笔来把名字划去，准备撤换。

在他旁边的富弼看了心里不忍，就对范仲淹说："范公呀，你这笔一勾，可害得一家子哭了。"范仲淹严肃地说："要不让一家子哭，那就害了一路（路是北宋政区名称）的百姓都要哭了。"富弼听了这话，心里顿时亮堂了，佩服范仲淹的见识高明。

范仲淹的新政刚一推行，就像捅了马蜂窝一样。一些皇亲国戚、权贵大臣、贪官污吏，纷纷闹了起来，散布谣言，攻击新政。有些原来就对范仲淹不满的大臣，不停地在宋仁宗面前说范仲淹一些人交结朋党，滥用职权，别有用心。为此欧阳修还专门写了一篇《朋党论》支持范仲淹。

宋仁宗看到反对的人多，就动摇起来。范仲淹被逼得在京城待不下去，就自动要求回到陕西防守边境，宋仁宗只好应允了。

范仲淹一走，反对派便对改革派发动猛攻。宋仁宗碍于当时的阻力，就下命令把新政全部废止。

范仲淹为了改革政治，受了很大打击，但是他并不因为个人的遭遇感到懊恼。隔了一年，他的一位在岳州（治所在今湖南岳阳）做官的老朋友滕宗谅，修建当地的名胜岳阳楼，请范仲淹写篇纪念文章。滕宗谅与范仲淹一起在泰州治水，又在宋夏战争中共同抵抗西夏军入侵，两人感情很深。范仲淹挥笔写下了《岳阳楼记》。在那篇著名的文章里，范仲淹提到，一个有远大政治抱负的人，他的思想感情应该是"先天下之忧而忧，后天下之乐而乐"（意思是"担忧在天下人之前，享乐在天下人之后"）。这两句名言一直被后人所传诵，而岳阳楼也由于范仲淹的文章而更加出名了。

范仲淹一生多次被贬，但他正直高尚的性格却从来没有改变过。他为人善良，在家里孝敬自己的母亲，生活简单朴素；在外面，他家乡的族人和他做官任职的地方的人，都知道他的名字。在民间，关于范仲淹乐善好施、宽宏待人的故事很多，老百姓爱戴这位正直忠厚的好官。公元1052年，64岁的范仲淹去世时，数百名羌族首领痛哭流涕，为之斋戒三天。

狄青不怕出身低

宋仁宗宝元元年（公元1038年），党项族在我国西北部建立了西夏政权，并在首领元昊的统领之下，势力逐渐强盛起来。元昊撕毁了他父亲李德明在宋真宗景德三年（公元1006年）与宋朝订立的接受宋朝册封的和议，公开称帝，不断进犯北宋疆土。宋朝因为军政腐败，屡吃败仗，不得不大量增兵支援，一部分宫廷卫士也被派到前线。宫廷卫兵狄青在这时被派到延州（今陕西延安）担任指挥使，指挥一支大约有500人的军队。

狄青精于骑射，骁勇善战。从军西征后，他与畏敌避战的大多数将士不同，每次临阵作战，都披头散发，戴着狰狞的铜面具，只露出两只炯炯有神的眼睛，身先士卒，出入敌阵，所向披靡，被西夏兵称为"天使"。他在延州共 4 年，前后共参加大小战斗 25 次，其中有 8 次负伤，但仍坚持战斗。狄青勇猛顽强的作战精神深受当时主持陕西对西夏防御战争的大臣们的赞赏。有一次，陕西经略判官尹洙召见狄青，同他谈论兵事。狄青讲起带兵打仗来头头是道，得到尹洙的好评。尹洙便向经略使韩琦、范仲淹推荐，说："狄青乃良将之材"。韩琦、范仲淹遂召见狄青，询问战略，狄青对答如流，韩、范二人非常高兴，认为他是位难得的人才。范仲淹送给狄青一部《左氏春秋》，对他说："为将若不知古今，不过是匹夫之勇而已"，劝他认真读书。狄青深受感动，从此便经常利用战争的间歇时间刻苦攻读兵书，悉心研究秦、汉以来的将帅兵法，终于成为一位既能勇猛地冲锋陷阵，又精通兵法的将领。

狄青的名气也越来越大，他因功累升为西上阁门副使、秦州（今甘肃天水）刺使、泾原路副都总管、经略招副使、都指挥使。后来西夏称臣，西部平静，狄青奉召为侍卫步军殿前虞候。这时狄青虽身为大将，但脸上仍留着当士卒时刺下的字（目的是防止士兵逃亡）。有一次，宋仁宗对他说："你身为大将，脸上还有刺字，这很不体面，你还是想法敷药除去"。狄青说："皇上不嫌臣出身卑微，按战功提拔臣为大将。臣如果没有脸上这两行字，怎么能到达这样的高位呢？臣愿意留着刺字，以激励士卒上进。"仁宗说："你说得有道理，随你自便吧。"狄青被授为彰化军节度使，兼知延州后又擢升为枢密副使。

宋仁宗皇佑四年（公元 1052 年），广源州部族首领侬智高叛乱自立，僭称南天国，并率兵功破邕州（今广西南宁南），又沿江东下，连陷数州，且一度包围宋朝最重要的海外贸易港广州，岭南地区为之震动。宋仁宗屡派军队前往讨伐，但均无成效。刚刚升任枢密副使的狄青毅然挺身而出，自请披甲出征。狄青满怀信心地对宋仁宗说："臣起于行伍，若不从事战伐就无以报国。臣愿得蕃落（陕西边境少数民族）骑兵数百骑，再增禁兵万人，足可破敌。"仁宗听后，格外高兴，立即委派他为宣徽南院使，宣抚荆湖南北路，经制广南盗贼事，让他率军讨伐侬智高。宋仁宗还打破宋朝以往不专任武将掌兵、以文官牵制武将的惯例，没有给狄青配备副手，授予狄青统一指挥岭南宋军讨伐侬智高的全权，并下令岭南诸军将领都受狄青统辖节制。

狄青受命启程后，一方面先令前线各将士，不得妄与敌军作战，要占据要地，等候命令，一面率军驰赴岭南。狄青到宾州（今广西宾阳），会集孙沔、余靖各军，设立营栅，驻扎下来。在狄青未至之前，广西宋将陈曙，不顾狄青之命，擅自率兵出击，结果在昆仑关（今广西南宁西北昆仑山上）大败，部将袁用等人都狼狈逃遁。狄青闻陈曙溃败，勃然说道："号令不齐，怎得不败？"皇佑五年（公元1053年）正月初八日清晨，他召集诸将，当场把陈曙、袁用等30名对兵败负有直接责任的大小将官抓了起来，按军法论罪，推出军门处斩。诸将相顾失色，不敢仰视，军中肃然。从此军中令必行，禁必止，昼夜戒备，壁垒一新。

在诛杀陈曙等败军之将后，狄青并没有急于向敌军发动进攻，而是下令休息10天，兵士们都挺纳闷，敌方探子以为宋军不能进发，便报告了侬智高。其实，这是狄青迷惑敌军之计。正月十五日清晨，狄青下令全军迅速向昆仑关挺进，他亲自率领前军，让孙沔率次军，余靖率末军殿后，在当天晚上就全军抵达昆仑关下，并连夜夺取了昆仑关。侬智高听说宋军已向邕州扑来，一时乱了阵脚，慌忙派兵迎战。

先锋孙节与敌军先遇，展开搏斗。敌军来势凶猛，孙节不敌，中枪殒命。孙沔、余靖已率军赶到，遥见孙节阵亡，不觉大惊失色。正在这时，突然鼓声大震，只见狄青银盔铜面，手执白旗，指挥骑兵从两翼迅猛杀出，冲入敌阵，犹如蛟龙，忽纵忽横，忽开忽合，队伍井然有序，杀得敌军东倒西歪，作鸟兽散。

孙沔、余靖见之，慨叹说："狄青真乃名将，名不虚传，你看他的部下将士，生龙活虎，奋勇杀敌，我等赶快上去。"他们率军兵加入战阵。敌军大溃，狄青挥军追奔50余里，斩首数千级，杀敌将及官属157人，生擒敌人500余人。侬智高见大势已去，也不得不乘夜纵火焚城，逃出邕州，直奔大理（今属云南）。当时狄青不知侬智高已逃往大理，下令在邕州城查觅其下落。宋兵发现有一具着金龙衣的敌尸，众人认为是侬智高，准备上报朝廷。狄青却说："怎么知道这不是诈谋呢？我宁可失去杀死侬智高之功，也不能贪功而欺骗朝廷。"于是便如实上报。

在广西横行达一年之久的侬智高侵扰事件，因狄青善于用兵，很快便平息了。宋仁宗为了表彰狄青的功绩，不顾朝中一些大臣的反对，擢升他为枢密使，掌管全国军事。

铁面无私的包拯

范仲淹是一个正直无私的人，和他同一时期，有一个著名的清官。这个人常常在各种戏剧里出现，无论是大人还是小孩子都知道他。京剧里为了表现他断案大公无私的精神，专门给他画了一个大黑脸。这个富有传奇色彩的人，就是包公。

包公，真名叫包拯，字希仁，是北宋庐州合肥（今的安徽省合肥市）人，生于公元999年。他和范仲淹一样，一生做过许多官职，小到县令大到枢密副使。不管是做什么官，他都认真处理政事，执法如山，铁面无私。

包公曾经在天长县做过县官，处理过一个"牛舌案"。一天，一个农民急急忙忙地赶着一头牛到县衙门来告状，说那头牛的舌头被人割掉了。包公听完他的话，想了一会儿，说："既然你的牛的舌头已经被割掉了，你就把它杀了做成熟牛肉卖了吧。"

农民听了很生气，心里想，包公是不是糊涂了，他不久前不是贴出告示不准百姓私自宰杀耕牛吗？现在春耕农忙的时候怎么又要我杀牛呢？于是他回答："老爷，我怎么能杀掉呢？我是来求您抓住那个割了牛舌头的人的呀。"

"啪"，包公一拍惊堂木，气呼呼地说："叫你杀牛你就杀，一个牛舌头算得了什么？"

农民抹着眼泪走了，回家以后果真把牛杀了。

第二天，有一个人兴冲冲地跑来向包公告那个农民的状，说那个农民杀了牛，应该受到处罚。包公盯着那个人，眼睛一眨也不眨，直到他把话说完，然后大喝一声："你为什么要割掉他家牛的舌头，又来陷害他？"

那人听包公这么一问，吓得瘫倒在地上，乖乖地认罪了。

从此，老百姓都知道包公是个断案如神的官。

公元1041年，包公调到端州（今广东省高要市）做知州。端州是当时每年进献给皇帝的精美贡品之一端砚的产地，因为有利可图，以前的知州，都要趁机向老百姓征收多几十倍的端砚，送给朝里的大官们，换得升官发财的机会。

包公到端州以后，不但没有贪污一块端砚，而且立刻派人查清楚以前官吏贪污端砚的情况，然后规定要严格按每年20块的数量制造端砚，官员贪污的端砚一律交公，百姓制砚的工钱由官府付给等等。这些规定，解除了老百姓沉重的负担，同时也使官吏们失去了靠端砚发财升官的机会。

一个官，如果清廉正直，肯定会得罪其他的有权有势的贪官污吏。包公知道这一点，但他一点也不害怕。他后来被调到京城御史台，范仲淹那时正在推行"庆历新政"，侵犯了许多皇亲国戚和大官吏的利益，所以遭到他们的攻击。包公对范仲淹非常敬佩，对新政也很赞成，曾经写过文章表示支持新政，并且向范仲淹提了许多建议。

不久，包公当了监察御史。当时北宋朝廷积极与契丹妥协投降，文武官吏贪污腐化成风，包公对此很不满，不断向皇帝提意见。

有一个叫张尧佐的人，因为他的侄女得到仁宗的宠爱而做官，一直做到了三司使的高位，管理了全国的贡赋和财政事务。他贪婪得很，对老百姓大加搜刮，引起人们的强烈不满。有许多官员向仁宗告张尧佐的状，都被扣住了。

包公知道了这些情况，亲自去拜见仁宗，并且和几个大官联名上书，要求撤掉张尧佐的三司使的官职。在包公等人的强烈要求下，尽管心里不愿意，宋仁宗还是照办了。对权贵，包公从来都敢于站出来和他们做坚决的斗争，经他手处理的贪婪无能的官吏不计其数；对自己的亲戚，一旦有人犯了法，包公也照样不会轻易饶恕。

在庐州做官的时候，包公的一个舅舅依仗包公的权势干了违法的事，横行霸道，抢占农田。告发他的状纸叠起来就有厚厚的一大摞。包公六亲不认，亲自审问舅舅，在大堂上重打了40大板。看到包公执法如山，对亲戚犯罪不留丝毫情面，老百姓就更敬重他了。包公为民请命，廉洁无私的清官形象越来越高大，百姓似乎看到了天下有公理的希望。

有关包公的各种传说中，狸猫换太子的故事流传得很广。故事说包公奉旨到陈州放粮，途中遇一盲丐妇拄着拐杖拦路告状，向包公讲述了当年发生在宫中的一个秘密。真宗赵恒时，刘妃与内监郭槐合谋，用狸猫之皮换掉李宸妃所生的婴儿，并将婴儿丢弃。弃婴幸被宫人寇珠救起，在内监陈琳的帮助下，送与八贤王抚养，取名赵祯。而李妃被打入冷宫，刘妃册立为后。刘妃仍不甘心，她火烧了冷宫，李妃逃出，流落民间。

包公听盲丐妇讲得真真切切，凄凄惨惨，知其定是李宸妃，便将她带回朝辨冤。回朝后，包公借元宵节请已做了皇帝的仁宗赵祯观灯，并安排了雷劈不孝之子张继宝的演出。随后包公说出当年刘后、郭槐狸猫换太子，谋害皇帝生母李妃的实情。赵祯恍然大悟，斩了郭槐，并亲迎李后还朝。李后经多年磨难，见到赵祯又爱又恨，要包公替自己打他。包公想出一个两全之策，他脱下皇帝龙袍，用打龙袍表示治皇帝的不孝之罪。

类似这样的关于包公的传说还十分多，比如"盆儿鬼""灰阑记""三勘蝴蝶梦"等。在这些传说中，包公逐渐被塑造成一位能够日断阳、夜断阴的人神合一的人物，老百姓把他们对于清官形象的各种幻想附会在包公身上，表现了他们对生活的善良愿望。

欧阳修改革文风

欧阳修在我国文学史上占有重要的地位。他是北宋古文运动的领袖。他的散文、诗、词都写得很好，是一位具有多方面才能的作家。他一生写了大量的著作，除了诗文集《欧阳文忠集》150多卷外，还编写了《新唐书》《新五代史》两部史书。这两部史书，为后人研究历史提供了宝贵的史料。

欧阳修字永叔，庐陵（今江西永丰）人。他4岁的时候，父亲病死，母亲带着他到随州（今湖北随县）依靠他叔父生活。欧阳修的母亲一心想让儿子读书，可是家里穷，买不起纸笔。她看到屋前的池塘边长着荻草，就用荻草秆儿在泥地上划着字，教欧阳修认字。幼小的欧阳修在母亲的教育下，很早就爱上了书本。

欧阳修10岁的时候，经常到附近藏书多的人家去借书读，有时候还把借来的书抄录下来。一次，他在一家姓李的人家借书，从那家的一只废纸篓里发现一本旧书，他翻了一下，知道是唐代文学家韩愈的文集，就向主人要了来，带回家里细细阅读。

宋朝初年的时候，社会上流行的文风讲求华丽，内容空洞。欧阳修读了韩愈的散文，觉得它文笔流畅，说理透彻，跟流行的文章完全不一样。他就认真琢磨，学习韩愈的文风。长大以后，他到东京参加进士考试，连考三场，都得了第一名。

欧阳修20多岁的时候，他在文学上的声誉已经很大了。他官职不高，但是十分关心朝政，正直敢谏。当范仲淹得罪吕夷简被贬谪到南方去的时候，许多大臣都同情范仲淹，只有谏官高若讷认为范仲淹应该被贬。欧阳修十分气愤，写信责备高若讷不知道人间有羞耻事。为了这件事，他被降职到外地，过了4年，才回到京城。欧阳修仍然支持范仲淹新政。此后不久，韩琦、范仲淹、富弼等人相继罢去。一些权贵便罗织罪名诬陷欧阳修，朝廷又把欧阳修贬谪到滁州（今安徽滁县）。

滁州四面环山，风景优美。欧阳修到滁州后，除了处理政事之外，常常游览山水。当地有个和尚在滁州琅琊山上造了一座亭子供游人休息。欧阳修登山游览的时候，常在这座亭上喝酒。他自称"醉翁"，给亭子起个名字叫醉翁亭。他写的散文《醉翁亭记》，成为人们传诵的杰作。

欧阳修当了10多年地方官，宋仁宗想起他的文才，才把他调回京城，担任翰林学士。

欧阳修担任翰林学士以后，积极提倡改革文风。嘉祐二年（公元1057年），京城举行进士考试，朝廷派他担任主考官。他认为这正是他选拔人才、改革文风的好机会，在阅卷的时候，发现华而不实的文章，一概不录取。考试结束以后，有一批人落了选，对欧阳修十分不满。一天，欧阳修骑马出门，半路上被一群落选的人拦住，吵吵嚷嚷地辱骂他。后来，巡逻的兵士过来，才把这批人赶跑。经过这场风波，欧阳修虽然受到了一些压力，但是考场的文风却发生了变化，大家都学着写内容充实和朴素的文章了。

欧阳修在当时的文坛上，声望很高，但他并不骄傲。欧阳修不但大力改革文风，还十分注意发现和提拔人才。许多原来并不那么出名的人才，经过他的赏识和提拔推荐，一个个都成了名家。最出名的有曾巩、王安石、苏洵和他的儿子苏轼、苏辙。在文学史上，人们把欧阳修等 6 个人和唐代的韩愈、柳宗元合起来，称为"唐宋八大家"。

司马光编写《资治通鉴》

王安石变法的时候，司马光是作为反对派出现的。司马光是个有名的政治家，同时又是一个在历史方面很有成就的学者。他写过许多有分量的书，《资治通鉴》是就其中最有名的一部。

实际上，他和王安石在变法以前就是好朋友。司马光为人很朴素，而且耿直。他在仁宗的时候，京城里面他和王安石、韩维、吕公著 4 个人最合得来了。后来王安石搞变法，司马光却采取了反对的态度，那是因为他看到范仲淹的改革在大官僚的打击下失败了。

司马光是陕州夏县（今山西省夏县）人，字君实。司马光小时候特别聪明。在他 7 岁的时候，有一次他和小伙伴们在院子里玩捉迷藏，大家打闹着追来追去玩得很起劲。忽然，一个小伙伴不小心掉进了院子里的大水缸里。那个水缸比小伙伴还高，他在水缸里挣扎，大声呼救。小伙伴们急得很，却一点办法也没有。这时，司马光跑到院墙下，从墙角里搬来一块大石头，"哐"的一下把水缸砸破了。于是小伙伴得救了，大家都松了一口气。

司马光喜欢读历史书，五六岁的时候就能熟练地背诵《论语》《孟子》了。7 岁那年，他熟读了《左传》，并且经常讲给家里人听。《论语》是记录孔子和他的徒弟的言行的书，《孟子》则记录了孟子的思想和主张。《左传》记载了春秋时期鲁国从公元前 722 年到公元前 454 年的历史。这些书籍深深

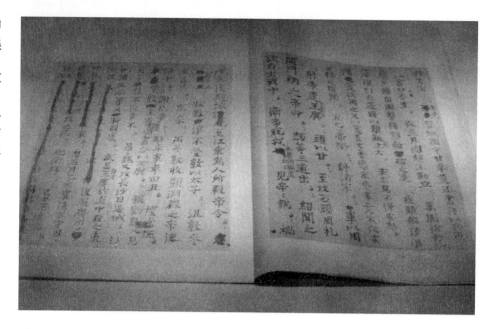

地吸引了小司马光，以后他能写出《资治通鉴》来，和这些书对他的影响是分不开的。

由于对历史有着浓厚的兴趣，司马光在考中进士做了官以后，继续钻研历史。在长期的研究中，司马光发现中国的历史书虽然很多，但记载从远古一直到当代的历史的书籍却一本也没有。为了让人们完整地了解历史，司马光决定自己动手编写一部。司马光给这本书取了个名字叫《通志》。

有一次，宋英宗召见司马光，问他编写得怎么样了。司马光回答说："皇上，我已经编完了八卷《通志》，写了从周烈王二十三年起（公元前403年）到秦二世三年（公元前207年），共195年的历史，请皇上看看吧。"

英宗翻了一会儿《通志》，看了一些目录和章节内容，很高兴，鼓励司马光继续写下去，并且建议司马光可以找一些熟悉历史的人合作。司马光听了英宗的指示，回去后马上组织书局，请了刘伊攽、刘絮、范祖禹等人，由他自己担任主编，其他人按朝代一人写一段历史。

不久，英宗病死，继位的神宗对《通志》的编写也很重视。神宗看到书里记载了不少前人的治国处事的经验，觉得十分有用，就建议司马光不如把《通志》改名为《资治通鉴》。司马光高兴地答应了。这就是《资治通鉴》

名字的由来。

从神宗即位到神宗去世前一年，司马光任职于西京留司御史台，在洛阳继续编写《资治通鉴》，这个时期正好也是王安石搞变法维新的时期。和拥护变法的"新党"相反，司马光是"旧党"，他极力反对变法，认为祖宗的法规不可以改变，攻击王安石搞改革是为了夺取富人们的利益。他曾经对皇帝说："我和王安石两个，就像冰块和火炭不能在一起，冬天和夏天不可能同时出现一样。"就说明他和王安石的关系是极端对立的。

为了推行自己的政治主张，司马光把他的看法用历史资料表达出来，所以《资治通鉴》是为大地主、大官僚说话的。这本书花费了司马光几乎全部的精力和心血，他每天不分白天黑夜地写，常常顾不上吃饭和睡觉。他害怕自己睡得过了头，动手设计了一个圆木枕头，只要脑袋稍微一动，枕头就会滚到一边，把他惊醒。司马光这种刻苦做学问的态度一直被后人所称赞。

《资治通鉴》的编写经历了英宗、神宗两代皇帝，前后共用了19年的时间。它根据丰富的历史资料，论述了从公元前403年到公元959年共1362年的史实，按照事情发生的时间先后，编写了一部294卷的编年史（按年月日顺序记载历史的一种体裁）。这本书详细地介绍了各个朝代重大历史事件的发生和发展，各种政治、经济制度和文化状况，对一些重要历史人物的事迹和言语也作了记录。司马光很耿直，在写书时也是这样。他在《资治通鉴》里面，不仅赞扬了每个皇帝做了好事的一面，也指出了他们残酷镇压老百姓、迷信荒唐的一面。这部书参考了300多种参考书，并且作了认真的考证，具有很高的历史资料价值，因此，后来的历史学家研究宋代以前的历史，都喜欢把《资治通鉴》拿来做参考。

《资治通鉴》是中国历史上一部伟大的著作，人们因此把司马光和写《史记》的汉朝史学家司马迁，合在一起叫做"两司马"。

王安石变法

宋朝建立以来经过太宗、真宗、仁宗、英宗，到神宗，是第六代皇帝了。宋朝的政治已经很腐朽，封建豪绅大地主阶级是政权的支柱。北宋为了保护这些人的利益，在政治上、经济上给予了畸形的优惠。比如，豪绅大地主占有国家半数以上的农田，但却不必向政府缴租税、服徭役。广大的农民和中小地主承担了全部的租税义务。这种政策带来了严重的后果，许多农民破产，经济发展停滞。阶级矛盾十分尖锐。另外，北宋在辽和后来建国的西夏的入侵面前一直反击无力，却年年扩充军队和增加岁币，国家的财政危机日益明显。

日益窘迫的处境使宋朝统治集团中的一些人开始意识到需要推行一些革新的政策。但朝中保守派的势力非常强大，改革派与保守派之间于是形成了长期的尖锐交锋。围绕着王安石变法，两种势力的斗争达到了高潮。

王安石，字介甫，抚州临川（今江西临川县）人，出身于一个地方官吏家庭里，他聪敏而好学，经由科举而踏上仕途。王安石是个饱读诗书、政治思想十分活跃的人，他一直有学以致用的愿望。从他考中进士，被派往扬州做幕僚开始，到从江东被召入朝，王安石一共在外路州县做了十六七年的官。这些年的为官使王安石积累了丰富的社会经验，对政治、经济、社会制度等方面的认识更为深入，同时，革新的思想也更清晰和具体了。

到京城后，王安石被任命为三司度支判官，任务是替国家理财。他当时曾给在位的宋仁宗呈上一份近万言的奏折，提出变法的主张，却未引起重视。王安石觉得孤掌难鸣。

实际上，在王安石以前朝中也有一些人提出了改革图新的尝试，最著名的是范仲淹、富弼等人主持的"庆历新政"，主要是以整治腐败的官僚制度为内容。但是"庆历新政"触犯了权贵的利益，遭到势力很强的保守派的联手反对，实施一年多后，范仲淹和富弼就被迫离开了朝廷。

公元 1067 年，年方 20 岁的赵顼继位，这就是宋神宗。他是一个很希望有作为的皇帝，想通过推行新法来扭转宋朝当时内忧外患的局面。宋神宗还是太子的时候，就素闻王安石之名，即位后便把变法的希望寄托在王安石身上。宋神宗起用王安石为翰林学士，允许他直接向自己陈述意见。而后按照王安石的建议，设置了主持变法的机构"制置三司条例司"，由王安石亲自负责。公元 1070 年，宋神宗再任王安石为同中书门下平章事（宰相）。久已有志于改革的王安石得到了宋神宗的信任，更是以兴天下为己任，全力进行变法改革。

王安石变法的内容主要分为理财、整顿军备和加强治安、培养选拔人才三大项。其中的措施有：

均输法：北宋设置了东南 6 路（淮南路、江南东、西路、两浙路、荆州南路、荆州北路）发运司，负责运送东南物产，供应京城及军队的需要。但长期以来，有关官吏不问实际情况，只按"簿书"催各地上交物产，极大地造成了物资的浪费。"均输法"对此进行改革。具体表现在设置发运使官，统筹安排东南 6 路赋入，将上贡物资"徙贵就贱，用近易远"，并且可将所需物资"从便变易蓄买"，存储备用，从而起到"国用可足，民财不匮"的作用。

青苗法：各地常平、广惠仓以现有的储存，遇粮价高时出粜存粮，遇粮价贱时收籴。所积本钱在每年春天青黄不接时，以较低利息贷款或借谷物给农民，秋收以后加二分或三分息偿还。青苗法的用意在于使农民避免遭受地主豪绅高利贷的盘剥。

农田水利法：鼓励各州官吏提出兴修农田水利的具体措施。如工程浩大，可依青苗法由官府借钱；官府借钱不足，允许当地富户出钱借贷按利付息。

農田水利法對推動生產的發展比較有益。

免役法：廢除鄉村各戶輪流服役的舊制，改為由政府出錢僱人服役。原來承擔差役的人戶按產業多少被分為等級而出錢代役，稱免役錢。原來不承擔差役的官戶、女戶、寺觀、未成丁戶等也要按定額的半數上交役錢，稱為"助役錢"。免役法使各種人戶都要出役錢，官僚、地主要出更多的錢，這就減輕了農民的差役負擔。

方田、均稅法：政府出面重新丈量土地，查清以前官僚大地主大量兼并土地而又隱瞞田產、逃避稅收的問題。政府根據土地情況收稅，官僚、地主不得例外。

保甲法：鄉村民戶 10 家組成 1 保，50 家為 1 大保，10 大保為 1 都保，民戶中財富最多的人充當保長、大保長和都副保正。主客戶有兩丁以上者均要抽一人作保丁，習藝練功，戰時編入軍隊。各大保每夜差保衛巡邏，發現"盜賊"立即追捕。同保犯罪必須檢舉，否則株連。

改革科舉：廢除以前只考背誦經文的考試制度，改為以考經義論策和殿時策（時論）為主，這比起死記硬背的舊法在當時無疑是一個進步。舊太學為保守派把持，改革派因此對太學加以整頓，把反對變法的學官趕走，代之以擁護新法的人。

王安石實施的新法經過一段時間收到了顯著的效果，農業得到了發展，人民得到了一些實惠，國家的財政收入也增加了。

新法在許多方面觸及了官僚大地主的利益，以司馬光為代表的保守派認為祖宗之法更改不得，紛紛對王安石的新法加以攻擊。

一天，宋神宗把王安石找來，告訴他現在人們說朝廷以為天變不足懼，人言不足恤，祖宗之法不足守該如何應對。王安石回答說："陛下親管朝政，沒有沉溺於享樂，就是懼天變。人言固有不足恤，但如果給予義理，又怎麼樣呢？仁宗皇帝在位時數次修改宋朝法令，如果祖宗之法當世代遵守，為什麼還會去屢次更改祖宗傳下來的法令呢？"這幾句話的意思充分顯示了王安石坚定的变法态度，同时也得到了宋神宗的认可。

变法就这样在王安石的坚决和宋神宗的支持下不断地推进，一度达到高潮。但保守派的反对从来都没有停止，他们寻找一切机会阻止变法，甚至把有的地方发生旱灾也归咎于变法触犯了天条。保守派的势力越来越强大，对新法形成围攻之势。两个太后——仁宗的曹后和英宗的高后也站出来支持废除新法。同时，随着变法的继续，改革派内部发生了分裂，一些人站到了对立的立场上，还有一些人一开始就是抱着投机的企图，为自己捞一把利益，然后看哪边势力大了就投靠哪边。在这种局面下，宋神宗逐渐发生了动摇，他不再像以往那样支持王安石了。

王安石的变法步履维艰。尤其是皇室后族的大力攻击，使王安石陷入空前的困难境地之中。王安石先后两次被罢相，第二次以后再没有回朝。改革派的力量终于没有敌过保守势力的围攻，变法随着王安石的罢相而失败。宋神宗死后，高太后执政，反对派的代表司马光上台，把新法一项项废掉了。至此，王安石变法结束了。

王安石变法是统治阶级自上而下的改良行为，不可能从根本上解决北宋社会存在的种种危机，所以，他的变法遭到失败是必然的。

苏东坡诗词绝伦

宋代的诗、词和散文，在文学史上有重要地位，特别是词，具有独特的时代特色。唐朝五代时期，词的创作已经很成熟，到了宋代，词的创作达到高峰。诗，以唐诗成就最大；词，以宋词成就最大，所以，史有"唐诗宋词"之美称。开创宋词新局面的是宋代文学家苏轼。

苏轼（公元 1036—1101 年）字子瞻，号东坡居士，眉州眉山（今四川眉山）人。眉山是个文化很发达的地区，南宋大诗人陆游称眉山为"千载诗书城"。苏轼出生在书香门第，祖父苏序是一位诗人，父亲是有名的文章大家苏洵。

宋仁宗嘉祐三年（公元 1058 年）苏洵率领 21 岁的大儿子苏轼和 19 岁的小儿子苏辙上京参加进士考试。

主考官欧阳修，特别注意从考生中物色有才华的人。第一场考试结束以后，他在阅卷的时候，看到一篇文章，高兴得拍案叫绝。那时也和现在一样，考卷都是密封着的，上面没有考生的名字。欧阳修心里想，能写出这样好的文章，一定是文坛上的能手。他反复看文章，觉得从文章的风格看，很可能是他的学生曾巩所做。他本来应该把这篇文章评为第一，但因为他怕人们说偏袒自己的学生，于是从严要求，把这篇文章评为第二。发榜那天，欧阳修才知道写精彩文章的不是学生曾巩，而是苏轼。

苏轼考取以后，按当时的规矩，要去拜见主考官欧阳修。欧阳修跟他谈了一阵子，觉得他气度不凡，才华出众，从心眼里喜欢，后悔自己有顾虑未把他的文章评为第一。苏轼走了以后，欧阳修同他的老朋友说："像苏轼这样出众的人才的确难得，我真应该让他高出一头。"

欧阳修这番话一传出去，一些读书人听了都不服气。京城里人才济济，难道比不上一个初出茅庐的小伙子。后来，人们读了苏轼才气横溢的诗歌文章，才不得不服气。

这次考试，弟弟苏辙也考取了进士。兄弟二人双双得中，他们的父亲苏洵的高兴劲就不用说了。他知道欧阳修是最重视文才，就把自己几年来写的20 多篇文章托人送给欧阳修，请他指教。欧阳修一看苏洵的文章老练、别具风格，就向宰相韩琦推荐，宰相看了以后非常赞赏。后来，没经过考试，破格任命他为秘书省校书郎。这样，苏洵父子在京城出了名。后来人们把他们合起来称为"三苏"。

宋神宗执政时，有许多大官在攻击王安石搞变法，说王安石改革改得太快了，苏东坡也是这么认为。他从"庆历新政"中吸取了经验教训，认为改革不能急于求成。于是，有一次他在神宗召见他的时候说："皇上，任命文武官员，不怕他们不聪明、不勤奋、不果断，而是怕他们处理公事太急躁，听取太多的劝告，用人容易激动。希望您能使他们镇静下来，自然轻松处理政事。"他话里提到的"他们"，指的是以王安石为代表的变法派。

神宗看到苏东坡能够大胆地说出自己的看法，心里很高兴，就对他说："我要好好想一想。"

就在这一年夏天，苏东坡离开京城去杭州做通判，帮助杭州的长官处理职务。

杭州的西湖是一处风景优美的名胜，可是在苏东坡那时却不是这样。西湖水经常在暴雨过后涌出来，淹没附近的农田。苏东坡到任之后，召集当地的老百姓，在西湖上修了一条堤，控制了西湖水的泛滥。为了纪念他，人们把这条堤称为"苏堤"。

有一次，苏东坡到山上游玩，来到了一座道观。观里有一个道士，看见苏东坡穿得很朴素，态度就很冷淡。他指着一张椅子，冷冷地说："坐！"又对小童说："茶！"在随便交谈了几句话以后，道人发现这个人不像普通人，为了表示尊敬，他亲自摆下一张椅子，说："请坐！"接着又叫道"敬茶"。苏东坡一点也不生气，继续和道士说话。道士又问苏东坡的名字，苏东坡说："我是杭州通判苏轼。"道士听后大吃一惊，连忙站起身来，请苏东坡到他的客厅去，十分恭敬地说："请上座！"又吩咐小童："敬香茶！"苏东坡看到这个道士很势利，心里想要骂他一下。临走前，道士让苏东坡写字留念，苏东坡想也不想写了一副对联：

坐请坐请上座

茶敬茶敬香茶

看了这副对联，道士的脸"腾"地一下红了。

后来，有一次苏东坡在给皇帝的答谢表里说了一些反对新法的话，遭到变法派和一些仇人的弹劾，神宗下令把苏东坡抓到京城关起来。仁宗活着的时候曾说过：我今天得到了苏轼、苏辙两个文人，可惜我已经用不上他们了，那么我把他们留给我后代，不是很好的事情吗？因此，神宗决定免去苏东坡的死罪。把他贬到黄州（今湖北黄冈）。

在黄州，苏东坡一家生活过得很清苦，靠种一个朋友送给他的几十亩地养活一家老小。他把这块地取名为"东坡"，自己取号为"东坡居士"，这就是"苏东坡"的名字的由来。

苏东坡一生受到的打击和遭遇的挫折很多了，但他生来就是个乐观风趣的人。当时宋朝写词的人大都喜欢写一些清秀的词，主要描绘朋友之间的依依不舍的离别，还有悲伤或者欢乐的男女之间的爱情，而且常常受到音乐方面的限制。苏东坡却不是这样，他的词写得一点也不哀婉，而是雄浑、豪迈、奔放，很有男子汉的气概。苏东坡是宋代豪放派词人的先驱，他的词对后世影响很大。

苏轼的散文，在唐宋八大家中与韩愈、柳宗元、欧阳修并称，文章佳作甚多。苏轼的诗歌数量多达2700多首。对他来说，简直是无事不可入诗，凡是世间大事小情，街谈巷议，鄙俚之言，一经其手，就像神仙点石成金一样，自有妙处，成为好诗。

苏轼的词在文学史上有着特殊的地位，他扩大词境，改变词风，技巧称绝，开创了宋词创作的新阶段。在苏轼以前的词作，意境较窄，风格缠绵，摆脱不了绮罗香泽之态。苏轼开拓了词的意境，描写了博大的场面，抒发了热爱祖国大好河山和忧国忧民的情感，词风极为豪放。

苏轼词最突出的代表作是《赤壁怀古·念奴娇》。词句如下：

大江东去，浪淘尽千古风流人物。故垒西边，人道是三国周郎赤壁。乱石穿空，惊涛拍岸，卷起千堆雪。江山如画，一时多少豪杰。

遥想公瑾当年，小乔初嫁了，雄姿英发。羽扇纶巾，谈笑间，樯橹灰飞烟灭。故国神游，多情应笑我，早生华发。人生如梦，一樽还酹江月。

这首词气魄宏大，非常豪放，绮罗香泽之旧态一扫而光。

苏轼多年在地方做官，接触到社会下层各方面的实际情况，关心人民的疾苦，使他的创作触及了比较广泛的社会生活，写下了一些反映人民生活、思想和感情的优秀诗词，他对后来诗词写作的影响是非常深远的。

沈括与《梦溪笔谈》

沈括是北宋时期的政治家，也是世界上著名的自然科学家之一。他博学多才，精通天文、方志、律历、音乐、医药、卜算。他的名著《梦溪笔谈》共26卷，内容包括故事、辩证、艺文、技艺、器用等17类。沈括通过长期研究，在科学技术、历史、考古和文学艺术等方面获得了丰硕的成果。

沈括出生于浙江钱塘（今杭州），其父考中进士后，在许多地方当过地方官。少年的沈括跟随父亲到过四川、福建、河南、江苏等许多地方，领略了各地的风土人情，接触到社会矛盾的许多方面，这些对他的成长和世界观的形成都有着深远的影响。

公元1055年，25岁的沈括参加了地方行政工作，当上了沭阳县（今江苏沭阳）的主簿，他亲自主持了修治沭水工程，完成了治理任务。以治河为起点，他的科学技术研究开始了。公元1063年，33岁的沈括，考中了进士，留在京城，被派到昭文馆参加编校图书工作，同时他对数学、天文学发生了兴趣，开始了研究。

宋

朝

公元 1072 年，沈括被提举为主管天文历法的长官司天监。在任时期，他深入研究天文、历法，两次去浙江一带考察水利、差役情况。这年，他又接受了治理汴河的艰巨任务。在实际工作中积极推行王安石新法中的"农田水利法"，取得了一定的成绩，也获得了水利方面的科研成果，他的《圩田王说》就是农田水利方面的科学著作。

沈括被提举为司天监时，司天监原来的人员，大多是市井平民，根本不懂得天文、地理，对法象图器缺乏起码的知识，一问三不知。沈括到任后，创置了浑天、景表、五壶浮漏等天文仪器，并招引卫朴撰造新历书，均为后世所采用。

公元 1075 年，宋神宗派沈括出使辽国上京（辽朝京城，今内蒙古巴林左旗）进行边界谈判。出使前，沈括首先收集了许多地理资料，自己做了很好的研究，并且叫随从的官员都背得烂熟。到了上京，辽朝派宰相杨益戒跟沈括谈论边界，辽方提出的问题，沈括和官员对答如流，有凭有据。沈括不失尊严地完成了出使任务。沈括带着随员从辽朝回来，一路上，每经过一个地方，就把那里的大山河流、险要关口画成地图，还把当地的风俗人情，也调查得清清楚楚。回到汴京，把整理的资料献给神宗皇帝。宋神宗认为沈括立了大功。

在出使辽国的前前后后，沈括对军事学、物理学、数学、地理学、地图学等做了深入的研究。这期间，他完成军事科学著作《边州阵法》的写作，制造了铁甲，研究了熟铁和钢铁的性能。根据军事工程计算的需要，创造了求积的新方法和等差级数的求和方法。

沈括为了实行社会改革而从事各种学科研究活动，并且在所涉及的各个领域里都取得了杰出的成就。但是，由于北宋封建政权的腐朽，他与王安石一样，政治革新的活动也失败了。公元 1082 年，沈括离开政界，晚年定居润州造梦溪园（今镇江市东部），开始从事著书立说，举平生见闻和科研成果，完成了《梦溪笔谈》30 卷的写作。

《梦溪笔谈》的内容十分丰富，涉及范围很广，包括政治、经济、文化、科学技术，共有609条。其中有关科学技术方面的内容，占全书的三分之一，包括数学、天文历法、气象、地质、地理、物理、化学、农业、水利、建筑、医学、药物学等。这部书除了记载作者自己在科学技术方面的成就之外，大部分是反映11世纪我国劳动人民在科技方面的巨大成果的。

在地质学方面，他研究华北平原的成因是由黄河等许多河流夹带泥沙的冲积而形成的。这是对冲积平原成因的最早科学解释。另外，沈括断言我国的石油分布地区非常广，藏量非常多。在物理学上，沈括的成就是多方面的。他研究了声学的共振现象和光学的直线传播、小孔成像、各种反光镜的成像、月亮的盈亏以及虹的成因。在磁学范围，提出了地磁偏角的理论，他在《梦溪笔谈》里论证说，用磁石磨针尖，针尖就自动拐向南方，但是常常稍微偏东，不是完全正南。这是世界上最早发现地磁偏角的记录，比欧洲哥伦布的发现要早400多年。

《梦溪笔谈》记录了沈括一生的科研成果，囊括了自然科学许多领域内的科研结晶，有许多论述和制作在当时世界上都处于领先地位。

《梦溪笔谈》在世界科学史上有很高的地位。英国科学家李约瑟博士在他的《中国科学技术史》第一卷中，称赞《梦溪笔谈》是"中国科学史上的坐标"。

《清明上河图》

北宋时候出现了许多著名的画家，例如宋初的范宽画山水，下笔雄健老硬，山峰折落有势，与他齐名的有李成、郭熙。北宋中晚期的米芾和米友仁父子，运用泼墨法画山岚树木，独创一格。而北宋时的李公麟，以画佛道和人物故事著名。这些大画家有不少出自当时的宫廷画院。

早在五代时候，西蜀和南唐统治者就曾经设立宫廷画院，集中一些画家，专门在画院中作画。北宋王朝一建立，就仿照这种做法，也设立了宫廷画院——翰林图画院，搜罗了很多画家，还授予他们各种职称，由于政府大力提倡，宋代的宫廷绘画有很大的发展。在中国绘画史上，把宋代画院以及后来一些宫廷画家的作品，称为"院体画"，又称"院画"。

宋代院画在宋徽宗时达到极盛，一批杰出画家各领风骚。宋徽宗的作画造诣很深，他的《柳鸦卢雁图》和《鞭蓉锦鸡图》等，笔墨精炼，形神俱备。宋代的绘画，题材内容相当广泛。除人物画、山水画、花鸟画以外，还出现了很多前所未有的描写城乡生活和社会风俗画，其中以张择端的《清明上河图》最为优秀，最为出名。

张择端是东武（今山东省诸城市）人，曾在汴京学习绘画，后来在翰林图画院任职。他擅长画舟车、街市、城郭、桥梁，他的画自成一家，别具风格。

张择端的画大都散失了，只有《清明上河图》完好地留存下来，现在收

藏在北京故宫博物院里。这幅画高 25.5 厘米，长 525 厘米，整幅画描绘了清明时节汴京的繁荣景象。

北宋时的汴京，不仅是当时的政治中心，也是一座繁荣的商业城市。城中有许多热闹的街市，街市上开设着各种店铺，营业的时间很长，甚至出现了夜市。逢年过节，城中更加热闹，为了突出清明时节汴京的繁荣情景，这幅画着重描绘了汴京水陆运输和市面繁忙的景象。呈现的画面，是从汴京新城东水门 7 里外的郊区，经过热闹的城区，一直到西水门外皇家花园金明池的汴河两岸风光。

画的中心是由一座虹形大桥和桥头大街的街面组成，这里大概是汴京当年最热闹的地方。随意看去，只见人头攒动，杂乱地挤在一起。再仔细辨认，就可以看出，这些人从事着各种不同的行业，各有各的活动，是经过画家精心安排的。

大桥两侧有一些摊贩和许多游客，货摊上有卖刀剪的，有卖杂货的，有卖茶水的，还有看相算命的。游客大都凭着桥侧的栏杆，指指点点，在观看河上来往的船只。大桥当中是行人来往的通道：有坐轿的，有骑马的，有挑担的，有赶着毛驴运货的，还有推独轮车的……形成一条熙来攘往的人流。

大桥的南面和大街相连，街道两边各种商号店铺林立，茶楼、酒馆、当铺、作坊、屋宇相接，显示着汴京工商业的兴盛。街旁空地上还有不少张着大伞的小商小贩，他们给人们提供歇脚和饮食的方便。街道向东西两面延伸，一直延伸到城外比较冷静的郊区。可是街上还是行人不断，有挑着东西赶路的，有驾着牛车送货的，有赶着毛驴拉货的，还有停车路旁观赏汴河景色的。

汴河是汴京的水运要道，河上来往的船只很多。有的停泊在码头附近，有的正在河中行驶。有的大船由于载负过重，雇了很多纤夫吃力地拉着纤绳行进。有只满载货物的大船，已驶近大桥桥下，很快就要穿过桥洞。全船的

宋 朝

船夫显得十分忙乱，有的站在船篷顶上，落下风帆，放倒桅杆；有的在船舷上使劲撑篙，有的用长竿顶住桥洞的洞顶，使船能顺着水势，安全通过。这一紧张的场面，吸引了桥上游客和邻舟船夫的关注，他们也从旁呼喊帮忙。情景十分逼真，更增添了画面的生活气息。

《清明上河图》把北宋的都市生活形象地再现在我们的面前。它是汴京当年繁荣的见证，同时也是北宋城市经济情况的写照。通过这幅画，我们不但可以了解北宋的城市面貌，而且还可以了解当时各阶层人民的生活。所以，它有很大的史料价值。

这幅画的艺术水平很高。内容丰富，众多人物都集中在一个画卷上面，规模之大，可以说是空前的。画面疏密相间，有条不紊，从宁静的郊区一直画到热闹的城内街市，处处引人入胜，充分显示了张择端的高度概括能力。

在北宋以前，我国的人物画主要以宗教和贵族生活为题材。张择端在《清明上河图》中突破了这一范围，画了大量各式各样的人物。而且，对每个人的动作和神情，都刻画得非常逼真生动，这充分说明他观察的细致和技巧的熟练。《清明上河图》还反映了宋代商业、运输和阶级关系的侧面，张择端开创了现实主义作品的先河。

毕昇发明活字印刷术

北宋庆历年间（公元 1041—1048 年），平民出身的伟大发明家毕昇发明了先进的活字印刷术。据沈括的《梦溪笔谈》记载，毕昇是一位平民，多年来在印刷作坊做工，他有一定的文化功底，常年从事雕刻书籍的工作，使他对印刷业工作有着丰富的经验。自从东汉蔡伦发明造纸术以来，我国出现了雕版印刷业。

毕昇发明的活字印刷术，分制字、排版、印刷、回收活字等四道工序。

关于制字很有意思。毕昇曾经试验过用木头做活字，但是发现用木头做的活字因受木纹疏密的影响，沾水以后就会膨胀，以致版面高低不平，后来他就用胶泥来做活字。毕昇用胶泥刻成如铜线一样薄的单字，然后用火烧硬。一般常用的字，要制若干个同样的活字。像"之""也"之类的常用字，就刻几十个，以便在排版遇到重复字时应用。平时用木头贮藏活字，按照古代韵的次序排列，并且贴上标签。

排版很别致。首先弄一块具有一定规格的铁板，在铁板上敷上松脂、蜡和纸灰等合制而成粘胶物，作为固着剂，然后再把铁制的框放在铁板上，在框中间排胶泥活字，这就是排版。排成一页书版之后，用火烘烤，待固着剂稍稍熔化时，就用平板按压版面，使之平整。到此，排版这道工序结束。

印刷比较简单，把排好的版印在纸上就可以了。通常要准备两块铁板，一板在印刷时，另一板就已排好字，两板交替使用，印刷的速度就加快了。

最后一道工序是收回泥活字。当印完了页书后，再用火把固着剂烤化，用手轻轻指动，泥活字就会自行从铁板上脱落，然后按韵放回原来的木格保存。

这就是活字印刷术的新工艺，它比起雕版印刷术来进步很多，节省了原材料和大量雕刻的劳动量，泥活字可以重复使用，少数冷僻字可以临时刻好烘成，印书的数量又多又快。

毕昇创造的泥活字原物和印成的书籍虽然未能流传下来，但是他的这套活字印刷方法却对后代发生了很大的影响。后人曾根据他的经验，先后制成过陶活字、木活字、锡活字，直到铅活字。毕昇发明活字印刷术，在印刷事业上是一个划时代的技术创新，是我国劳动人民对世界文明的重大贡献。

受毕昇的影响，朝鲜在 12 世纪时铸成了铜活字，15 世纪时又铸成了铁活字。日本又从朝鲜传入活字印刷术，我国的活字印刷术又经由新疆传到波斯和埃及，再传入欧洲。欧洲最早的活字版制造者是德国人谷腾堡。他于公元 1444—1448 年期间，用铅、锡、锑的合金制成了欧洲拼音字母的活字，但他的创造比毕昇晚了 400 年。

六贼乱政

元符三年（公元 1100 年）正月，宋哲宗病死。哲宗没有儿子，皇位由宋神宗的第十一个儿子、哲宗的弟弟端王赵佶继承，这就是宋徽宗。

徽宗即位以后，并不是立刻就掌握了政权的。向太后总管国家大事半年以后，认为徽宗可以掌握政权治理国事了，这年七月才把皇权交给了他。

宋徽宗做了 25 年的皇帝，整天花天酒地，不理朝政，是个昏君。他有 6 个非常宠信的人，就是蔡京、王黼（fǔ）、童贯、梁师成、李彦和朱勔（miǎn），这些人陷害忠良，剥削压迫老百姓，做尽了坏事，老百姓非常恨他们，把他们叫做"六贼"。

宋徽宗经常不关心朝政，对六贼的行为也不加管束。在徽宗的纵容下，六贼把整个朝廷搞得乌烟瘴气，北宋已经走向灭亡。

蔡京是六贼之一。他原来也是变法派，徽宗当皇帝以后，他曾经被贬到杭州去做知州。蔡京是个反复无常的人，司马光上台后反对变法，要废除免役法。这时蔡京任开封知府，他在 5 天里就把开封府所管的各县的免役法废除，恢复了差役制度。后来，司马光死了，蔡京便去讨好新掌权的变法派了。他就是这样变来变去，想保住他的官位。

在杭州做知府，蔡京整天在想怎样才能重新得到朝廷的重用。正好，这时童贯被朝廷派到杭州办公事，蔡京认为机会来了，就使劲地讨好童贯。实际上童贯是到杭州为皇帝采办书画和古玩的。蔡京得知徽宗喜欢书画，便凭借自己会画画的手艺，画了许多图画，并且收集了一批名人的书画。冒充他自己画的，让童贯带给徽宗。

童贯回到京城，在徽宗面前便不断地说蔡京是个能干的人，应该重用。与此同时，童贯还让徽宗身边的一些人帮蔡京说话。蔡京又送了许多东西让童贯去收买宫里的太监和妃子。这样一来，人人都说蔡京是个好人，徽宗也相信了。于是，徽宗让蔡京当了大名府知府，靠近了京城。但蔡京的野心很大，一个知府是不可能满足他升官的愿望的。蔡京和朝廷里的一个姓邓的人是好朋友，就请他替自己向徽宗推荐，让徽宗答应他做宰相。徽宗果然提拔蔡京做了宰相。

蔡京靠着卑鄙的手段当上了宰相，为了报恩，极力地让徽宗高兴。而且，那些为他做宰相立下汗马功劳的人，都得到了他的重用。为排挤不利于自己的人，蔡京对和他不和的守旧派和变法派同时进行打击。蔡京还举行隆重的封建尊孔孟活动，大祭孔丘、孟子，重修孔庙、孟庙，甚至给孔丘、孟子的后代封官，以此讨徽宗的欢心。

徽宗迷信道教，蔡京因此就建议编道史，设道学，让道士参加考试做道官。于是，开封和全国许多大城市里都修建了许多道观，还设置了道官26等，和政府官员同样拿官俸，享受大官的待遇。这样一来，本来多得不得了的官员就更多了，在徽宗当皇帝以后不过七八年，就比以前多了近10倍。北宋政府支出的官俸和兵饷，在神宗元丰年间每月是36万贯，到了徽宗宣和二年（公元1102年）每月已经达到120万贯了，这使人民的负担更加沉重了。

"六贼"对皇帝的脾气很熟悉。他们知道徽宗根本不理国家大事，一心享乐游玩，就趁机打着皇帝的旗号，做了许多坏事，实际上掌握了北宋政府的实权。

"六贼"提出了一个"丰享豫大"的口号，就是要把政府以至宫廷的场面搞得富丽堂皇，以满足徽宗腐化奢侈的生活习惯。为此，他们在苏州、杭州等地设立了"造作局"，集中了几千个能工巧匠，制造各种工艺品；不久，又设置了"应奉局"，向东南各地居民搜刮花石竹木和珍奇的物品，"应奉局"由"六贼"之一朱勔主管。朱勔本来是苏州的一个流氓朱冲的儿子，朱冲起初因犯了罪被关起来了，后来从监狱里逃出来，回苏州开了一座专卖膏药、药丸的店铺，慢慢地成了一个大富人。他用钱广泛地结交有权势的人。蔡京被贬到杭州以后，一次到苏州去，认识了朱冲父子俩。朱冲帮助蔡京讨好皇帝，成了蔡京的爪牙。

朱勔把搜刮来的花石，用大船载往京城开封，规定每 10 只船编成一纲，称为"花石纲"。"花石纲"为"六贼"赚取老百姓的钱财创造了机会，但是由于他们奢侈浪费，使国家的财政出现了入不敷出的局面，政府一年的收入只够八九个月的使用。为了更多地搜刮钱财，蔡京恢复了"榷茶法"和"钞盐法"，就是由卖茶卖盐的大商人先向政府购买"茶引""盐钞"（买茶、买盐的凭证），然后才能去买茶买盐来卖。这样，商人们的利益受到打击，他们就提高茶叶和食盐的价钱，把负担转嫁到老百姓头上。

蔡京还设置了一个"西城括田所"，明里是政府要把一些没有主人的田地没收，作为公用，实际上是要强占老百姓的肥沃的土地。除此之外，"六贼"还向老百姓征收各种苛捐杂税，靠残害百姓发财致富。

"六贼"打着皇帝的旗号，从国库里领钱，向老百姓强制掠夺，实际大部分的钱财都被他们自己拿走了。他们在广大人民饥寒交迫的时候，却在自己的家里过着腐化奢侈的生活。

方腊、宋江起义

徽宗在位的时候，公元1102—1105年，全国许多地区闹蝗灾，蝗虫吃光了庄稼，人民难以生存。公元1117年，黄河突然决口，有100多万人被夺去了生命。自然灾害的横行，再加上贪官污吏搜刮民膏，致使百姓生灵涂炭。

睦州青溪（今浙江淳县）地方，出产各种花石竹木，朱勔的应奉局常常派差人到那里，搜刮花石。当地有个叫方腊的人，家里有个漆园。方腊平时靠这个园里出产的花石勉强度日。自从朱勔办了花石纲以后，方腊家也遭到勒索。方腊恨透了那些官府差役，又看到当地农民兄弟受尽花石纲的苦，就决心把大家组织起来，造官府的反。

公元1120年的一天，几百个苦大仇深的农民聚集在方腊的漆园里，方腊激动地跟大家说："现在官府赋税劳役那么重，那些大官们还要敲诈勒索。老百姓好容易生产了柴漆、纸，也被他们搜刮得精光。我们一年到头劳苦，结果一家老小受冻挨饿，连一餐饱饭都吃不上，你们看怎么办？"大伙儿高声嚷起来说："请您下命令杀官贼吧，我们要争个公道！"

方腊受到农民的拥护，就打起杀朱勔的旗号，发动起义。方腊担任起义军的统帅，自称"圣公"。将士们带着各色头巾，作为标志。愤怒的起义将士，杀死那里的官吏，焚烧他们的住宅。青溪附近一带的百姓都被官府害苦了，纷纷响应方腊起义军。没到10天，起义军就聚集了几万人马。

当地官军将领派兵镇压，被起义军打得落花流水，两名宋将被杀死。起义军乘胜攻进青溪县，赶跑了那儿的县官。接着，又接连打下了几十座县城，很快打到了杭州。战报传到东京，把宋徽宗吓昏了。宋徽宗赶紧派童贯带领

15万官军到东南去镇压起义。童贯到了苏州，知道花石纲引起的民愤太大，立刻用宋徽宗的名义下了一道诏书，承认错误，并且撤销了专办花石纲的"应奉局"，把朱勔撤职。东南的百姓看到朝廷取消了花石纲，罢免了朱勔，总算出了一口气。童贯却在这时候，加紧部署镇压起义的兵力。

童贯集中各路大军进攻，方腊不得不退回青溪，据守在山谷深处的帮源洞坚持战斗。官军不知道山路，没法进攻。不料，起义军里出了奸细，给官军引路。官军终于摸到帮源洞，方腊没有防备，被俘虏了，没多久，被押解到东京，惨遭杀害。

方腊起义虽然失败了，但是给了北宋王朝一次沉重的打击。和他同时期，在北方也爆发了大规模的起义，起义领袖宋江等36人从山东起兵，在青州、齐州、濮州（都在今山东省）流动作战，每次都痛击宋军，威胁着宋朝廷。

宋江起义也被称为京东起义，发生地点在郓州梁山泊（今山东梁山县）。梁山在郓州寿张县南35里。北宋初年，黄河决口，淹没了梁山附近很多田地，形成了一个方圆数百里的大湖泊，被称为梁山泊。附近的农民纷纷来到这里，靠打鱼、采蒲为生。

宋徽宗时官府强占土地良田，梁山泊被朝廷收归"国有"，规定凡农民到湖中打鱼、采蒲均要缴租纳税，且数额巨大，遇荒年也不例外。当地的农民无法正常生活下去，只得起来造反。梁山山势险峻，易守难攻，交叉纵横的梁山泊水路又是天然的屏障。于是很早就有人上了梁山，占山为王，求一条生路。官府不断镇压，农民不断地往梁山上跑。终于，造反农民的势力越来越大，有36位身怀武艺的农民首领都聚到了梁山泊。他们推举宋江作为总首领，举起了起义的大旗。

宋江这个人的名字在史书上多次被提到，被称为"京东贼"，但没有生平的详细记载。据说他曾是一个地位卑微的小吏。宋江虽本人不是农民，但在农民中的号召力很大，他拉起梁山起义的大旗后，附近许多农民都投到他的旗下。

以宋江为首的36位农民首领被当地人称作梁山好汉。他们以梁山之险、湖泊水路之纵横作为保护，建立了一个稳固的根据地。官兵来时，他们凭着对水路的熟悉穿梭诱敌，以少胜多，出奇制胜。梁山起义军还四处出击，打官府，杀豪强，劫富济贫，主要活动地点在现在的山东、河北一带。北宋朝廷大为震惊，连忙派人镇压。没想到起义军以36位首领为核心，一直保持少量人数，采取流动作战的方式，并且每到一处都受到当地农民的拥护和支持。北宋军队人数虽众，却被这种流动战术搞得晕头转向，疲惫不堪。

结果起义军越战越勇，越战越富有经验。而前来镇压的官兵没有占到任何便宜，而且产生了恐惧心理，生怕梁山好汉们说不定什么时候就从身后杀将出来。梁山起义军就这样用他们特殊的方式坚持战斗，声名越来越显扬。

宋徽宗不断听到官兵吃败仗的消息，心中既恼且烦，这时候，有一个叫侯蒙的官员向徽宗献上一条计，他说："陛下，宋江以36人横行河港之地，官兵虽万众竟不可抵挡，可见宋江颇有些本领。陛下不如对宋江实行招安政策，让他去打在江南起义的方腊，如果取胜，不追究以往造反之罪，给宋江加官进爵。"徽宗同意了。于是，徽宗特命侯蒙亲办此事。但是侯蒙未到任即病死，没能实施他借刀杀人的计策。不过，宋徽宗心里却有了招安宋江的主意。

这时候，宋江起义军仍在继续杀敌。他们在两年多时间里进攻了濮、单、齐、青州，又从青州打到沂州，一路取胜。公元1121年初，起义军自京东驾船渡海，先后进攻沭阳和淮阳，继而向海州、楚州进发。

梁山起义军已进入海州境内，他们抢到了十几只大船，装满了粮草衣物等，正准备启航。张叔夜派人刺探到起义军的行踪，设下埋伏，决定用声东击西之计拿下起义军。夜里，一队官兵首先向海边起义军满载货物的大船袭来。宋江下令歼灭这支官兵以保护船只。起义军向官兵围过来，双方交战片刻，官兵败阵而逃，起义军追将过去，愈战愈勇。没想到这时埋伏在海边的另一部官兵乘起义军追击之时悄悄点燃了起义军的大船。宋江回头见到冲天火光，急呼"中计"，无心恋战令大队人马掉头返回海边。

结果，四面埋伏的官军霎时间杀了出来。起义军被团团围住，完全乱了阵脚。起义军与官兵在人数上寡众悬殊没有突围的可能。这时，张叔夜拿出了徽宗招安的旨谕高声宣读。

宋江无奈，为求生存，只好接受招安，向宋朝屈膝投降了。在宋江降宋后梁山泊的起义军仍然坚持斗争。渔民张荣后来领导梁山泊起义，曾形成过一支有数百只船只的水军，不懈地与官府战斗。到金朝南侵时，梁山泊仍是农民起义的根据地，并且还曾向女真贵族的军队发起过攻击。

金将擒辽帝

公元1118年，宋辽金三国并立。这年宋徽宗赵佶打算与金联合，共同灭辽，借以收复幽云十六州，他派使臣前往金的都城会宁见阿骨打，阿骨打也愿意与宋通好，两国商定：灭辽时，如果宋军攻下辽南境的州城，州城就归宋。

辽一次次遭到金的攻击，大片土地沦陷，境内又闹起饥荒，真是天灾人祸岌岌可危，天祚帝为了缓和同金的关系，封完颜阿骨打为"东怀国至圣至明皇帝"，可阿骨打并不领情，以没封他"大金皇帝"为由亲率大军攻打辽国。天庆十年（公元1120年）辽上京失陷，天祚帝慌忙逃到西京。

保大二年（公元1122），继续北逃的天祚帝与南京失去了联系。奸臣李处温便以"主上蒙尘在外，朝中不可一日无君"为由拥耶律淳为帝。耶律淳做皇帝后自称天赐皇帝，改元建福，任李处温为太尉，把天祚帝降为湘阴王。这时候，宋为收复失地，同金联合后，派宦官童贯为宣抚使，率军自雄州北进。不久宋徽宗又派蔡攸为河北、河东宣抚副使去助童贯。这两人妄自尊大，以为收复幽州是轻而易举的事。童贯分兵两路，直取幽州。

辽是宋的北邻，本已结盟多年，如今宋乘危攻辽，引起辽人愤怒。耶律淳派耶律大石和萧干分别迎战两路宋军，辽军士气振奋，结果宋军大败，慌忙班师回朝。耶律淳原是天祚帝的叔辈，年已六十，打退宋兵后不久就病了，恰在这时得到天祚帝要发兵讨伐他的檄文，年老体弱的耶律淳，病情加重，很快便命归黄泉了。耶律淳死后，耶律淳之妻萧氏为皇太后，参摄朝政，改元兴德，李处温怕万一天祚帝真的杀回来自己性命难保，便和儿子商量，要挟持萧太后降宋，萧太后知道此事后把李处温父子全杀了。

耶律淳的死讯传到宋朝后，宰相王黼准备发兵再次攻辽，朝中宇文虚中、宋昭等有识之士都上书指出辽宋澶渊之盟后，辽并无违盟之处，今宋助金灭辽是宋先背盟，并且金野心勃勃，若灭辽后恐对宋不利，王黼只想收复幽州，那还听得进这些话，干脆贬了他们的官。又对金许诺：灭辽后，宋便把给辽

的岁币全部给金。宋派 10 万大军再次出师杀向幽州，刘延庆任主帅，郭药师为先锋。刘延庆并未从上次宋军的失败中吸取教训，自恃兵多，军纪散漫，在良乡县萧干率兵来战，一开战就被萧干击败。先锋郭药师是辽国降将，对幽州形势比较了解，他请求刘延庆派 5000 精兵去偷袭幽州，刘延庆答应了并派大将高世宣、杨可世一同前往，可惜偷袭失败，郭药师和杨可世逃了回来，高世宣被斩，5000 人马被杀得落花流水。萧干为了全面击退宋军又设下一计，他故意让宋军俘虏听到辽 30 万大军将至，以火为信号攻打宋军的消息，然后又让他们逃走，消息自然很快传到了刘延庆的耳朵里。这时只见辽营火光冲天，刘延庆以为是辽营 30 万人马杀来了，赶紧下令，放火烧营，迅速撤退。萧干见宋军中计，又一路追杀，宋兵死伤无数。

天祚帝耶律延禧被金兵紧逼，一路逃亡，在途经桑乾河时竟把传国玉玺给弄丢了，这时他才明白当初不该听信萧奉先赐死晋王而惹起内忧外患，可为时已晚，一怒之下赶走了萧氏父子，萧奉先父子没走多远就被金兵抓了去，金兵杀了萧奉先的儿子，把萧奉先打入囚车，准备交给阿骨打处理，可巧途中又碰到一伙追寻天祚帝的辽军把他又抢了回来，天祚帝知道许多人对萧奉先都恨之入骨，不能再放他，于是赐他自尽了。萧奉先虽然死了，可天祚帝的境况并没有改观，西京已被金攻占，他节节败退，还得继续跑。保大二年十二月阿骨打已攻占南京，耶律大石押着萧太后追天祚帝去了，萧干则带着一队人马到了西部，自立为帝。

第二年正月，天祚帝率残部到了天德军（今内蒙古巴彦淖尔市五原以东，乌拉特前旗之北）耶律大石押萧太后在此见到了天祚帝，天祚帝杀了萧太后，念在耶律大石带兵前来，没给他定罪。金兵对天祚帝仍是紧追不舍，在青冢的一场血战金兵把天祚帝的家眷、从臣给俘虏了，天祚帝只好继续西逃，跑到了西夏境内，西夏国王李乾顺很欢迎他，天祚帝终于暂时有了个栖身之所。还有一件令他高兴的事是那个自称皇帝的萧干被部下杀死了。保大四年，天祚帝得到阴山宣韦部首领谟葛失的援助，他觉得加上耶律大石和自己的人马已经有足够的力量收复失地了。耶律大石劝他先养精蓄锐，若贸然出击恐会再次受挫。天祚帝不听，耶律大石看透了天祚帝根本没有治国安邦的才能，于是心里暗自盘算离开天祚帝到辽北大漠地域重整河山。他召来心腹萧翰里剌、耶律松山、萧剌阿不和耶律术薛商议，得到了他们的支持，当晚便带200精骑，向西北进发。

天祚帝听了耶律大石离开的消息，气得直哆嗦，说："没他我照样收复云燕。"天祚帝出兵阴山，倒也收复了一些失地，可没多久就应了耶律大石的话，碰上了金军劲旅，被杀得丢盔解甲，大败而逃。保大五年（公元1125年）天祚帝在应州余覩谷被金将完颜娄室擒获，最后死在金国。

耶律大石到漠北后，自立为王，他凭借自己的精明才干，扩充疆域，并派出官员治理所管辖的各个地方。公元1131年，38岁的耶律大石在守思干西的起儿漫受百官册立做了皇帝，号格尔干，汉尊号为天祐皇帝，改元延庆，天祐帝耶律大石在守思干建立河中府，定都于虎思斡耳朵，这就是历史上的西辽，是辽的延续，西辽的疆域很大，东接西夏，西至阿姆河。天佑帝的统治开明，西辽的社会安定经济繁荣，各族人民安居乐业。

天佑帝死后，感天皇后、辽仁宗、承天皇后、辽末主先后执政，天禧三十四年乃蛮部屈出律篡位，当了七年皇帝。公元1218年，西辽被元太祖的军队所灭，从此辽便在历史上消亡了。

靖康之耻

从公元1118年起，北宋以向金国买马为名，派人渡海与金国统治者接洽，表达自己联金伐辽的愿望。金感到此举有利于灭掉辽国，便同意了北宋的要求。北宋大臣中有人向宋徽宗提出了女真是虎狼之心，不可结交，不如早作防范准备的建议，但被宋徽宗当做了耳旁风，一心去结交野心极大的金国。公元 1120 年，宋金订下所谓"海上之盟"，即宋、金同时出兵攻辽；灭辽后，长城以南州县归北宋管辖，而宋将以前贡献辽国的岁币如数转交金国。"海上之盟"实际使北宋继续处于屈辱地位，但宋徽宗却应承下来。

金兵攻占燕京后，宋、金双方开始交涉幽云地区的归属问题。按照"海上之盟"这一带应归北宋所有，但金以北宋没有发兵两面夹攻等种种借口为由，不愿履行约定。最后，由于考虑到新占领的大片地区还处于动荡之中，各种不稳定因素随时都可能爆发，如果贸然对宋宣战没有取胜的把握等几方面原因，金答应把燕京和涿、易、檀、顺、景、蓟 6 州归还宋朝。但是，金乘机向宋勒索巨额岁币，随后又将 6 州之地的财富外加二三万居民席卷而去。

宋朝自开国以来一直抱定收复幽云 16 州的心愿，现在却名义上收回了燕京及 6 州土地，实际上却只得到了 7 座空城，北宋哪还有半点颜面可言？但是徽宗却认为自己胜利了，回朝以后大肆庆贺，并给童贯、蔡攸加官晋爵，甚至立"复燕云碑"表功。徽宗一如既往地挥霍无度，无心加强边防，整治军队。北宋已走上了穷途末路。

金国阿骨打死后，其弟吴乞买即位，是为金太宗。金国稳定下来后，把目标瞄准了北宋。终于，公元 1125 年，金以宋招纳金的叛亡之徒为借口，分兵两路大举南侵。

金兵一路势如破竹，由颜宗望率领，攻燕京。先后攻下太原、燕京两城，直奔东京逼来。毫无准备的宋徽宗不得已之下，他依照大臣李纲的建议宣布把皇位让给自己的儿子赵桓，也就是宋钦宗，自己则做了太上皇，南逃躲避战乱去了。

新即位的宋钦宗也是个不中用的皇帝，几次想弃东京南逃，多亏了抗战派大臣李纲等的多方劝阻才被迫留下。李纲被封为"亲征御营使"，带领东京军民痛击攻城的金兵。由于宋钦宗并没有真正抗击金兵的决心，北宋很快又去找金议和，被金索以 500 万两黄金、5000 万两白银等，并要求宋称金国皇帝为伯父。宋钦宗不仅接受了金的要求，还听信谗言罢免了李纲。

消息一传开，东京城内群情激愤。太学生陈东等上书皇帝要求罢免奸臣李邦彦，恢复李纲的官职，许多军民前来声援，还痛打了准备上朝的李邦彦。宋钦宗怕扩大事态，只好恢复了李纲的官职。李纲复职后立刻下令痛击金兵，军民们斗志昂扬地准备迎击金兵的来犯。金感到形势不利，撤退而走。

金兵撤走后，南逃的宋徽宗又回到了东京，继续他享乐无度的生活。李纲被排挤出京城，各地赶来的援军也被朝廷遣散回原地。半年之后，金太宗再次集结大军，南下侵略北宋。金兵仍分作两路，攻城拔寨，分别渡过黄河，一起进逼东京。宋钦宗仍想和第一次一样投降乞和，不作积极军事准备，结果更便利了金兵的进攻。公元 1126 年底，金兵再次将东京团团围住。

这时东京城内还有 7 万宋兵，但宋钦宗依旧没有放弃求和的幻想。并且他不让开封军民应战，反而任命一群市井无赖组成的所谓"神兵"守城。结果，这群乌合之众一开城门出战，就被金兵击溃。金兵乘机登城，东京失守了。城破之后，东京军民仍有和金兵展开巷战、一拼到底的要求。但软弱的宋钦宗却派人前去金营求和。金兵首领宗翰、宗望说："我们没想灭掉宋朝，但要退兵，宋钦宗必须来商议割地之事。"

宋钦宗竟然真的带上几个大臣，亲赴金营，交上降表。他心里想，只要能退兵，什么条件都可以答应。然而，金收了北宋降表后，并没有撤兵的意思，这时才提出早已决定下来的要求：废除钦宗帝号，另立宋国国君。宋钦宗这时才明白，金国要的不只是金银布帛，还要他北宋的江山！他失声痛哭，后悔不该屈膝求和，将好端端的北宋拱手送与他人。

东京完全置于异族的铁蹄之下。金兵不断进行大肆掠夺，北宋百姓生活在恐怖之中。东京城内的米一升暴涨至 300 线，许多人靠吃树叶、野草求生。天气又正值寒冬，冻死、饿死街头的尸首比比皆是，无人收殓。北宋统治者的投降政策使国家蒙受灭顶之灾，人民饱尝欺凌之苦。

公元 1127 年春天，金兵把宋徽宗、宋钦宗关押至金营。金太宗下令废掉徽宗、钦宗二帝。随后，徽宗、钦宗、太后、皇后、妃子、公主、驸马、亲王大臣等共 3000 多人被装上囚车，运送回金国当奴隶。

经历了 160 多年的北宋被金国灭亡了。这个事件发生在北宋靖康年间，因而在历史上被称为"靖康之耻"。宋徽宗、钦宗因为昏庸、软弱和屈膝投降被后世人永远地耻笑。徽宗和钦宗掠到金朝后，受尽屈辱，分别于 1135 年和 1161 年先后死于金朝。

宗泽三呼"过河"

北宋灭亡以后，原来留在相州的康王赵构逃到南京（今河南商丘）。公元 1127 年夏，赵构在南京应天府即位，康王赵构是宋徽宗的第九个儿子，他的年号为建炎，这就是宋高宗。这个偏安的宋王朝，后来定都临安（今浙江杭州），历史上称作南宋。

宋高宗即位以后，在舆论的压力下，不得不把李纲召回朝廷，担任宰相。但是实际上他信任的却是黄潜善和汪伯彦两个亲信。李纲提出许多抗金的主张。他跟宋高宗说："要收复东京，非用宗泽不可。"

宗泽是一位坚决抗金的将领。他自幼豪爽有大志，元祐六年（公元 1091 年）登进士第，历任馆陶尉、龙游令、知掖县和通判登州。北宋灭亡之前，宋钦宗曾经派他以少卿当和议使，到金京议和。宗泽跟人说："我这次出使，不打算活着回来。如果金人肯退兵就好；要不然，我就跟他们争到底。宁肯丢脑袋，也不让国家蒙受耻辱。"

宋钦宗一听宗泽口气那么硬，怕他妨碍和谈，就撤了他和议使的职务，派他到磁州去当地方官。

金兵第二次攻打东京的时候，宗泽领兵打击金兵，一连打了 13 次胜仗，形势很好。他写信给当时的康王赵构，要求他召集各路将领，会师东京；又写信给 3 个将领，要他们联合行动，救援京城。那些将领却不愿出兵，宗泽没办法，只好单独带兵作战。有一次，他率领的宋军遭到金军的包围，金军的兵力比宋军多 10 倍。宗泽对将士说："今天进也是死，退也是死，我们一定要从死里杀出一条生路来。"将士们受到他的激励，以一当百，英勇作战，果然杀退了金军。敌军阵亡数千人，被迫后撤了 10 余里。仗虽然打赢了，但金军数倍于我的实力并未改变。倘若敌人再战，那可就危险了。宗泽毫不迟疑，黄昏时便带领部队迅速转移，安全撤出重围。当天夜晚，金兵集合大批铁骑向宗泽发动了突袭，但冲进他的驻地一看，方知是一座空营。自此以后，一提起宗泽，金人就害怕，再也不敢轻易同他交锋了。

宋高宗早就了解宗泽的勇敢，这次听了李纲的推荐，就派宗泽为开封府知府。这时候，金兵虽然已经撤出开封，但是开封城经过两次大战，城墙全部被破坏了。金兵经常在靠近开封的黄河北岸活动。开封城里人心惶惶，秩序很乱。

宗泽在军民中有很大的威望。他一到开封，先下了一道命令："凡是抢劫居民财物的，一律按军法严办。"命令刚发出去时，城里仍旧发生了几起抢劫案件。宗泽杀了几个抢劫犯，秩序就渐渐安定了下来。河北人民忍受不了金兵的掠夺烧杀，纷纷组织义军，打击金军。李纲竭力主张依靠义军力量，组织新的抗金队伍。宗泽到了开封之后，积极联络义军。河北各地义军听到宗泽的威名，自愿接受他的指挥。

河东有个义军首领王善聚集了 70 万人马，想袭击开封。宗泽得知这个消息，单身骑马去见王善。他流着眼泪对王善说："现在正是国家危急的时候，如果有像您这样的几个英雄，同心协力抗战，金人还敢侵犯我们吗？"王善被他说得流下了感动的眼泪，说："愿听宗公指挥。"其他义军像杨进、王再兴、李贵、王大郎，都有人马几万到几十万。宗泽也派人去联系，说服他们团结一致，共同抗金。

这样一来，开封城的外围防御巩固了，城里人心安定，存粮充足，物价稳定，恢复了安定的局面。但是，就在宗泽准备北上恢复中原的时刻，宋高宗和黄潜善、汪伯彦却嫌南京不安全，准备继续南逃。李纲因反对南逃，被宋高宗撤了职。宗泽十分焦急，亲自渡过黄河，约河北各路义军将领共同抗击金兵。他在开封周围，修筑了24座堡垒，沿着黄河设立营寨，互相连接，密集得像鱼鳞一样，叫做"连珠寨"，加上河东、河北各地义军民兵互相呼应，宋军的防御力量，越来越强了。

宗泽一再上奏章，要求高宗回到开封，主持抗金。但是奏章到了黄潜善等人手里，这批奸人竟取笑宗泽是个狂人，把他的奏章扣了下来。过了不久，宋高宗就从南京逃到扬州去了。没有多久，金兵果然又大举进攻宋王朝。金太宗派大将兀术（又叫宗弼）进攻开封，宗泽事先派部将分别驻守洛阳和郑州。兀术带兵接近开封的时候，宗泽派出几千精兵，绕到敌人后方，截断敌人退路，然后又和伏兵前后夹击，把兀术打得狼狈逃走。

在宗泽带兵与全兵冲杀时，有一个叫李景良的将领因为战败逃跑了。后来，宗泽派兵捉拿到李景良，责备他说："打仗失败，本来可以原谅；现在你私自逃走，就是目中没有主将了。"说完，下令把李景良推出斩首。

有一位贪生怕死的将领郭振民向金军投降之后，宗翰派了一名金将跟郭振民一起到开封，劝宗泽投降。宗泽在开封府大堂接见他们，对郭振民说："你如果在阵上战死，算得上一个忠义的鬼。现在你投降做了叛徒，居然还有什么脸来见我！"说着，喝令兵士把郭振民也斩了。

宗泽又回过头对劝降的金将威严地说："我守住这座城，早准备跟你们拼命。你是金朝将领，没能耐在战场上打仗，却想用花言巧语来诱骗我！"金将吓得面无人色，只听得宗泽吆喝一声，几个兵士上来，把金将也拉下去杀了。

宗泽一连杀了3人，表示了抗金的坚定决心，大大激励了宋军士气。他号令严明，指挥灵活，接连多次打败金兵，威名越来越大。金军将士对宗泽既害怕，又钦佩，提到宗泽都称他为宗爷爷。宗泽依靠河北义军，聚兵积粮，认为完全有力量收复中原，接连写了20多道奏章，请高宗回到开封，但没有回应。

宗泽已经是快70岁的老人了，朝廷敷衍了事，他焦灼得背上发毒疮病倒了。部下一些将领去问候他，宗泽病已经很重。他张开眼睛激动地说："我因为国仇不能报，心里忧愤，才得了这个病。只要你们努力杀敌，我死了也没有遗憾了。"

将领们听了，个个感动得掉下热泪。大伙离开的时候，只听得宗泽念着唐朝诗人杜甫的两句诗："出师未捷身先死，长使英雄泪满襟！"接着，又用足力气，呼喊："过河！过河！过河！"才阖上眼睛。时为建炎二年七月。开封军民听到宗泽去世的消息，没有一个不伤心得痛哭流涕。

宗泽去世后，宋朝派杜充做东京留守。杜充是个昏庸残暴的人，一到开封，就把宗泽的一切防守措施都废除了。没多久，中原地区又全都落在金军手里。

八字军奋起抗金

公元1128年，金军开始向南宋的江淮地区进攻，金太宗吴乞买还下令要捉拿赵构。这时候，宋高宗和奸臣汪伯彦、黄潜善等人正在扬州寻欢作乐，一点都不管国家大事和人民的死活。

在这个国家大乱的时候，有一些贪图功利的人却想乘机捞一把。山东的刘豫就是一个这样的人。他想利用这个时候，把金国当做靠山，自己来做皇帝。

刘豫本来是南宋的济南知府，这时候，他就把济南的宋将关胜杀掉，暗中投降了金国。他请求金国让他做皇帝，答应要死心塌地地为金国服务。这很合金国的心意。就让他在大名府即位做了皇帝，国号叫做大齐。这时正是1130年。南宋百姓知道刘豫投降了金国并做了大齐国的皇帝之后，非常痛恨他，骂他是卖国求荣的可耻汉奸。

就在金军入侵的时候，黄河南北的很多南宋的百姓都自动地组织成一支支的起义军，在各地勇敢地打击金军。使金军受到了很大的损失。

抗击金军的著名将领李纲和宗泽都联合起义军一起和金军打仗。他们发给起义军钱和武器，还把起义军编成正规军。起义军和南宋的官军配合很好，一起打了很多胜仗。

抗击金军的起义军都是由各种各样的人组成的，有农民、逃兵、小商人、小工匠，还有和尚和道士。因为金军总是欺负他们，所以他们也起来反对金军。这时候，参加起义军的人很多很多。他们打仗很勇敢，金军非常害怕。

在众多的起义军当中，太行山的八字军最厉害。他们的首领叫王彦。他很擅长指挥战斗，曾经立过功劳。带领一支几千人的军队和金军打仗作战，取得了多次胜利。金军对八字军非常害怕。

王彦领导的八字军纪律严明，作战很勇猛。战士们的脸上都有这样的八个字："赤心报国，誓杀金贼"。这8个字都是用针刺出来的，然后再涂上一种墨，就再也掉不了。它的意思是说战士们要与金军战斗到底。

王彦很关心他的士兵，和他们同甘共苦。所以，士兵们都很爱戴他，愿意和他在一起打金贼。八字军的队伍人数多，作战又勇敢，所以金军很怕他们。有一次，金军的首领把他们的将领叫到一起，要他们去攻打王彦的八字军，还要活捉王彦。将领们一听，都吓得赶快向首领求饶，说："王都统的营地就像铁一样坚固，我们实在没有办法攻破它，您就放了我们吧。"金军的首领没办法，只好另外派出一支很厉害的精锐骑兵，要想把八字军运输粮食的的通道切断。王彦一听到这个消息，就亲自带领起义军去拦住金军，很快就把他们杀得大败。

在汴京的宗泽，一听说王彦打了个胜仗，就主动邀请他到汴京来，和他一起商量怎样打败金军，宗泽还写了一份奏书，向宋高宗汇报了王彦领导的八字军打败金军的情况。他请求宋高宗召见王彦，还推荐他亲自到汴京来指挥战斗。可是，对惧怕金军的宋高宗这时候已派人去和谈了。他没有召见王彦，也不询问黄河流域百姓抗金的情况，只封给王彦一个没有实权的空头衔，叫御营平寇统。王彦听说御营的头领范琼是个投降过金军的人，非常生气。他假装生病，请求回家养病。

八字军一直在太行山区和金军作战，使得金军只得留下大量的兵力和八字军打仗。这样，金军就没办法全力向南面进攻，他们也就没办法把南宋消灭掉。

后来，有个叫张浚的大将军让王彦做了他的军队的前军统制。王彦就把太行山的八字军的一些人带到四川和陕西地区，去和金军打仗。这样，八字军就分别在东西两个地方和金军打仗了。

和八字军一起抗击金军的起义军，还有红巾军、五马山义军和梁山泊水军等，他们也很勇敢。红巾军的战士头上都包着一块红布，所以叫红巾军。他们这样做是为了和敌人分开。红巾军打仗很英勇。有一回，红巾军偷偷地去攻打金军的大寨，差点把金军的左副元帅宗翰活捉回来。从这以后，金军也很害怕红巾军。他们出动大军去攻打红巾军，但都没法把红巾军的主力消灭掉。

当各地起义军都在和金军打仗的时候，宋高宗赵构却和一帮奸臣逃到南方去了。他们在南方寻欢作乐，一点都不把国家的事情放在心上。

岳飞抗金报国

在南宋风起云涌的抗金斗争中，岳飞和他的"岳家军"战绩特别突出。"岳家军"是一支纪律严明，能征善战，深受百姓爱戴的抗金军队。

岳飞（公元 1103—1142 年），是南宋时期著名的将领。岳飞生活的年代是在北宋被金所灭，南宋守着半壁河山不断受到金国侵犯的时期，岳飞把他短短的一生，都献给了抗金斗争。

岳飞字鹏举，出生在相州汤阴（今河南省北部）一个以务农为业的家庭。少年岳飞虽沉默少言，但志向远大。他随义父周同学习武艺，研读兵书。因为刻苦勤奋，很快练就了一身过人的本领。

公元 1122 年，20 岁的岳飞怀着他的少年壮志投军，当了一名敢死战士。他在队伍中初显身手，做了小军官，还参加过决定北宋命运的太原保卫战。随后，岳飞还乡看望母亲。岳母是一个性格坚强、深明大义的女性。她鼓励岳飞不要牵挂家里，要为了那些死难的乡亲去前线抗击金兵。岳飞在家中逗留了一段时间，便从此踏上了报国的征程。临行前，岳母在岳飞背上刺下"尽忠报国"4 个大字。

岳飞先后投靠过河北招抚使张所，张所部部将有王彦、东京留守老将宗泽等。岳飞参加了河北西线作战，曾在胙（音 zuò）城、汜水大破敌军，击退过伙同金兀术南侵的宋叛将李成。岳飞跟随宗泽时所受的教诲，对他日后的治军起了一定的影响。

公元 1129 年，金军举兵南侵。宋军丢失了江北的大片领土。金兵随后分东、西两路大举过江。岳飞在被动的局面下孤军奋战，退守钟山后以寡敌众，毙敌数以千计。这是岳飞在江南抗击金兵的开端。金兵渡江后占据了建康，岳飞领兵继续战斗，自成一军，从此开始了独当一面的抗金活动。

岳飞独自领兵后，首先取得的一次大胜利就是在牛头山（今南京市南）设伏，大破从临安回撤的金兀术，收复了建康，迫使金兵北退。至此，岳飞声望与日俱增，并被朝廷授予通、泰镇抚使之职，地位陡然提高。

从公元 1130 年至公元 1133 年，岳飞的部队愈战愈勇，捷报频传，战斗实力不断增加。岳飞的名字在百姓中已广为传颂。由于在南方抗金的功劳显赫，高宗召见了岳飞，并亲笔手书"精忠岳飞"四字，加授他为镇南军承宣使、江南西路沿江制置使，后改神武后军统制。至此，岳飞已从一个普通的将领升为一个抗金大将，统领 4 万人的军队，号称"岳家军"。

公元 1134 年，金与其设立的傀儡政权伪齐共同南下。宋高宗与大臣们对是否北伐犹豫不决。岳飞主动请战，得准。这年夏天，岳飞第一次率军挥师北伐，从武昌渡江，进军郢州。北伐是岳飞和将士们多年的愿望。岳飞面对滔滔江面动情地说："这次如果不能打胜仗，我决不再渡回江南去！"全军将士听了群情激昂。威猛擅战的岳家军一举攻下郢州，又乘势收复襄阳、邓州和唐州。岳飞率军继续扩大结果，一年多以后，收复了湖北北部和河南南部的广大地区。这是南宋立国以来第一次取得局部反攻的胜利。

公元 1136 年，岳飞第二次北伐，攻下虢州，获粮 10 万石，降金兵数万。进而岳家军在唐州大败伪齐的部队，直奔蔡州境内，离东京已经不远了。岳飞踌躇满志着筹划收复北宋故都，他对将士们说："总有一天，我要直抵黄龙，与诸君痛饮！"

北伐战局对南宋十分有利，但高宗却在这时下诏，不许岳飞率兵继续北进。公元 1137 年，金国向南宋诱降。高宗本来就只想保住自己手中的半壁河山，立刻答复说只要金兵许和，一切条件皆可接受。并任命秦桧作右相，准备向金投降。秦桧是南宋有名的卖国求荣的奸臣，他上台后，便开始谋划除掉岳飞的阴谋。

岳飞数见高宗，请求不要与金议和，再商北伐之策，并说："金人不可信，通过与金和好来保全南宋是靠不住的。"可是，岳飞的进谏不仅没得到支持，还使宋高宗从此记恨于他。公元 1139 年，宋金达成议和。岳飞看着自己出生入死收复的河南等地又落入了金人手中，不禁痛苦地仰天长叹。

公元 1140 年，金统治集团发生内讧。兀术执政后，破坏议和，集金国全部兵力向南宋扑来。宋高宗只得派岳飞统兵迎敌。宋、金之间在郾城展开了空前的激战。兀术的部队中有一队士兵个个身穿重甲，看上去如铁塔一般，称"铁浮图（铁塔）"。左右两队骑兵，三人一联，称"拐子马"。兀术指挥着"铁浮图""拐子马"向岳家军扑来。岳飞命令将士手持长斧上砍敌兵，下斩马足，顿时打乱了金兵的阵势。岳家军将领岳云、杨再兴等冲入敌阵欲捉兀术。兀术拍马而逃，待回头看时，自己多年训练的"铁浮图""拐子马"已溃不成军，死伤惨重，不禁痛哭流涕。金兀术制止不住败退的兵士，他一边逃，一边不由地感叹道："撼山易，撼岳家军难！"

岳飞乘胜进军朱仙镇，距东京只有 45 里。就在这胜利指日可待的时候，高宗却在秦桧的指使之下，连下 12 道金牌，令岳飞撤兵。在兀术密信的指使下，秦桧和高宗以"莫须有"的罪名，在风波亭上杀害了岳飞父子和张宪。同时韩世忠也被罢职免官，含恨离朝。岳飞父子死后，岳家军不久就解散了，抗金力量受到了很大的损失。

岳飞为恢复中原，抵抗金兵的事迹，在民间广为流传，鼓舞着后世之人。杭州岳飞墓是为追慕和凭吊岳飞而修建的，而跪在墓前的秦桧夫妇只能永遭世人的唾弃。

女词人李清照

金兵南下的残暴掠夺及宋王朝的腐朽昏庸，给人民带来了无尽的苦难，许多家庭遭受了家破人亡的痛苦。北宋著名女词人李清照，也有同样的悲苦遭遇。

李清照号易安居士，历城（今山东济南）人，我国著名女词人。李清照的父亲李格非是个文学家，在宋徽宗时期做过著作佐郎等官，因为为人正直，又是苏轼的学生，受到蔡京的打击。李清照从小受父亲的熏陶，十分爱好文学，喜欢吟诗作画，特别在作词方面，有很高的造诣。18岁那年，她与太学士赵明诚结了婚。夫妻俩志同道合，除都能诗善文外，还有一个共同的爱好，就是收藏金石（古代铜器和石碑上镂刻的文字书画）。这些文物既是我国古代的精湛艺术，又保存着丰富的历史材料。

赵、李两家虽然都担任不小的官职，但不是豪富人家，没有多余的钱让他们购买文物。这并不影响他们对金石的追求。每逢初一月半，赵明诚请假回家，就拿了些衣服到当铺里去押半吊钱，到大相国寺去。大相国寺是东京最大的佛寺，那里经常举行庙会，在庙会上，摆满着各种商品，也有卖书籍、古玩和碑帖字画的。赵明诚在那里，看到中意的碑文字画，就买下来。回到家里，和李清照一起细细整理、欣赏。夫妻俩把这件事当做他们生活上的最大乐趣。

过了两年，赵明诚当了官，他把所得的官俸几乎全花在购买金石图书上，他的父亲有一些亲戚朋友在国家的藏书阁里工作，那里有许多外面没有流传的古书刻本，赵明诚通过这些亲友，千方百计把它们借来摹写。这样日积月累，他们家收藏的金石书画越来越多。李清照建立了书库大橱，编好目录整理好。

经过将近20年的努力，赵明诚完成了一部记载古代历史文物的著作，叫《金石录》。

在国家动荡的年代，要埋头整理文物已经不可能了。东京被金兵攻陷的时候，李清照和赵明诚还在淄州（今属山东省）。不久，风声越来越紧，李清照跟着赵明诚到了建康。夫妻俩把最名贵的金石图书，随身带走了15件。后来金兵攻下青州，李清照留在老家的十几间房中文物，竟被战火烧成一堆灰烬。

到了建康以后，赵明诚接到诏令，被派到湖州当知府，那时候，兵荒马乱，李清照不可能跟他上任。临走时候，李清照问丈夫说："万一金人再打过来，我该怎么办？"赵明诚坚定地说："瞧着办吧。实在不行，你把家具衣被先放弃了；再不行，把书画古器丢了；但是有几件珍贵的古代礼器，你可一定得亲自保护好，要看作自己的生命一样。"

想不到赵明诚这一去，就得了一场疟疾死去了。李清照失去了丈夫，她非常伤心。但是最要紧的还是继承丈夫的遗志，把文物保护好。赵明诚有个妹婿在洪州（今江西南昌），那时候李清照身边还有图书两万卷，金石刻本两千卷，就托人带到洪州。没有多久，金兵打到洪州，这些文物又不知去向。

赵明诚病重的时候，有个名叫张飞卿的学士来看望他，随身带着一个玉壶。李清照是善于鉴别文物的人，一眼就看出那玉壶并不真是玉制的，而是一种玉石制品。后来，张飞卿把那个壶带走了。赵明诚死后，有人捕风捉影说赵明诚把名贵文物送给了金朝人。这种谣言使李清照大为冤屈，她想找朝廷申诉，但是宋高宗的小朝廷已经逃之夭夭了。

李清照为了逃难，到处奔走。到她有固定居所的时候，她身边的文物散失的散失，被偷的被偷，只剩下一些残简零篇了。

国家山河的破碎，珍贵文物的散失，对李清照的打击实在太大了。她把国破家亡的痛苦写成了许多诗词，她的词在艺术上有很高的成就，有的还富有爱国精神。她在一首诗里表达了她对南宋统治者渡江南逃的不满。诗中说：

> 生当作人杰，死亦为鬼雄，
>
> 至今思项羽，不肯过江东。

李清照现存的作品有词78首、诗15首，她在文学史上的地位与南宋词人辛弃疾齐名。

黄天荡大捷

宋高宗和黄潜善、王伯彦等投降派不仅不让李纲、宗泽等人领导南宋官军抗击金军，他们也不让各地的起义军和金军打仗，并强迫他们解散。这样，由于南宋投降派的破坏，起义军一个个地失败了。宋高宗军投降派的这些行为，使金军很高兴。公元 1129 年，金国军队在兀术的带领下大举向南宋袭来。高宗听到金国已大兵压境的消息，急忙从建康跑到镇江，又从镇江逃到常州，最后，来到杭州。

南宋小朝廷出逃之前，著名抗金将领韩世忠曾极力谏阻，说"国家已失两河、山东，如果再放弃江淮地区，哪里还有存身之地呢？"韩世忠等抗战派将领的话没能改变高宗逃跑的主意，但是却迫使高宗被迫下令做出一些防御准备。只是防御活动准备得太仓促了，又逢金国南侵初期士气正锐，南宋的守军一与金兵交战便接连吃败仗，沿江防线很快崩溃。

江南战场的金兵分作两路南下，准备渡江。西路金兵由黄州渡江，江东宣抚使刘光世望风而逃。金兵顺利进入江西、湖南、湖北，横行几千里，如入无人之境。东路是兀术亲率的主力军，由建康府西南的马家渡过江，并占领了建康。

高宗听到消息，又慌忙从杭州逃到越州，从越州逃到明州，从明州逃到定海，然后乘船在大海上漂泊。南宋小朝廷哪还有颜面可言。金兵对退避逃跑的南宋政权穷追不舍，先后占领杭州、明州，直奔高宗而去。

金军在进兵过程中一路烧杀掠抢，使江淮一带这个宋朝最富庶的谷仓遭受无情的战火，损失极其惨重。

金兀术的军队自渡江以后遇到南宋将士和人民大众的抵抗，逐渐成了强弩之末。兀术怕出现意想不到的局面，遂决定挥师北撤。岳飞、韩世忠等此时开始布兵设伏，准备阻击金兵，予敌人以重创。其间，发生了韩世忠和他的夫人梁红玉共同指挥下的赫赫有名的黄天荡大战。

韩世忠，字良臣，绥德（今陕西延安）人。他 18 岁从军，气力过人，英勇善战，在战斗中屡建战功，曾受封武胜昭庆军节度使。他的夫人梁红玉，是个女中豪杰，通晓兵书武艺，能够协助韩世忠指挥军队，共同作战。

韩世忠听说金兀术北撤的消息以后，开始思索战斗计划，截击金兵。当时，韩世忠手中部队不过 8000 余人，不能硬拼，只可巧战。韩世忠冥思苦想之后，心中生出一条妙计。他把军队分作三部分，一部分进驻青龙镇（今上海市青浦区北），一部分进驻江湾（今上海宝山区南江湾），一部分进驻海口。其实，这是一个虚设的布置，韩世忠的策略是诱惑金兀术，逼其从镇江撤退，然后调集自己的军队至镇江，给敌人以出其不意的阻击。

公元 1130 年元宵节，韩世忠得知金兵已到，命令手下张灯结彩，庆祝元宵，以麻痹敌人。同时，不动声色地将主力部队转移到镇江，在那里设下天罗地网。

兀术听了探子的报告，果然中计。他决定从镇江渡江北上。一方面，他不想让处在急于撤退时的己方军队与宋兵过多纠缠，所以取道镇江，以为那里没有韩世忠的部队。另一方面，他手握 10 万重兵，想即便碰上韩世忠的区区 8000 军队取胜也不在话下，轻敌思想十分严重。

金兵大队人马上了船，来到镇江境内。兀术上船一看，猛吃一惊：江面上到处是韩世忠的战船，船上旌旗密布。但一想到对方兵士数目与自己相差悬殊，兀术又很快稳住情绪。他下令金兵开船冲过去。可不料韩世忠早已将战船层层排开，万箭齐发。金兀术看到一时无法冲破宋兵防线，自己反而一下子损失了不少兵将，便下令收兵。兀术只想尽快撤兵，他修书给韩世忠，愿留下掠夺来的金银财宝，让韩世忠放他过江，遭到严词拒绝。金兀术只得与对手议下交战日期。韩世宗和夫人梁红玉商议后，听取了梁红玉的建议，把金军引到黄天荡予以歼灭。

第二天，宋金双方如约在江上对阵。随着"咚咚"的战鼓，宋军箭矢疾飞，无数金兵中箭落水。宋兵又把点着的火把扔将过去，许多金船冒起了浓烟。金兀术见此状，已无心恋战，慌忙之中向一条岔河驶去。他哪里知道，这条路是韩世忠和梁红玉特意为他留的，岔河后面，就是黄天荡。

金兀术领兵进了黄天荡，以为找到了逃路，拼命向更深处开船驶去。但船驶了一段时间，金兀术一看周围地形才如梦方醒，大呼上当。原来，这黄天荡是个断头港，形状如梨一般，那条岔河是进出黄天荡的唯一通道。韩世忠、梁红玉此时早已率军把岔河堵得严严实实，金兀术这回是插翅难逃了。

金兀术无奈当中，再派人到宋军中求和，说只要放金兵一条生路，多少财宝都乐意奉献。韩世忠听了一声冷笑，他对使者说："回去告诉你的主帅，金兵侵犯中原，毁我江山。放你们过去，只有两个条件：一还我徽、钦二帝，二还我中原疆土。否则，从我这里，你们休想过江！"。

金兀术听说之后很沮丧。他身边的谋士出了一个主意，用重金悬赏当地村民，说不定还能找到出黄天荡的方法。金兵悄悄派人潜上岸，带着财宝向附近村民求计。万万没想到，村民之中真有一个卑鄙小人，为了钱财向金兵献计："黄天荡还有一条小岔河，只因日久淤塞，早已废弃。如果将其淤泥挖开，可以出去。"

金兀术大喜过望，用钱打发走献计之人，随即令士兵连夜暗中开通那条旧的河道。就这样，被困黄天荡48天，伤亡惨重的金兀术之军逃了出来。韩世忠本想困死金兀术，没想到功亏一篑，后悔莫及。

黄天荡一战，韩世忠以8000名兵士重创金兀术10万大军，狠狠地打击了侵略者的气焰，扭转了南宋一味逃窜的颓势，意义非同寻常。梁红玉在战斗中擂鼓战金兵，巾帼不让须眉，成为我国古代女将的一个代表人物。梁红玉的故事后来被改编成戏曲，多年来盛演不衰，她的英勇抗敌的精神更是被后人敬仰。黄天荡一战后，韩世忠又接连在几次战役中击败金军。之后，韩世忠驻军楚州10余年，金人不敢南犯，但他手下的军队，其实仅只有3万人。

韩世忠后来官拜枢密使、福国公。他为人憨厚正直，岳飞遭冤枉，被捕入狱，朝廷大臣无一人敢出来替他辩白，唯独韩世忠曾亲自质问过秦桧。韩世忠一生久经战场，曾多次负伤，10个手指头仅保全下了4个完整的。

中华上下五千年

钟相、杨么起义

南宋王朝一面对金朝屈辱求和，一面加紧对人民剥削，加重税捐，使老百姓遭到重重灾难。公元1130年，金兵攻占了潭州，抢掠了一遍又一遍。接着，有一个被金兵打败的宋朝团练使孔彦舟，带着一批败兵残卒又在潭州趁火打劫，催粮逼租。当地百姓忍无可忍，在钟相带领下举行了起义。

钟相是鼎州武陵（今湖南常德）人，在金兵南下的时候，他曾经组织过抗金民兵，没得到朝廷的支持，就回家乡组织农民自卫。它用宗教的形式在农民中宣传，自称"天大圣"，能够解救人民的疾苦。他说："现在的朝廷把人分成贵贱贫富，这不是好法。我行的法，就是要不分贫富贵贱，人人平等。"一些受尽官府、地主压迫的农民，听到这些话，怎么不高兴？大家把钟相称作"老爷"，要求入"法"的人就越来越多。

当孔彦舟的骚乱激起民愤的时候，钟相就宣布起义。他自称楚王，建立政权。附近各县的农民纷纷参加起义军，钟相分派起义军攻占城池，焚烧官府，打击豪强大户，不出一个月，起义军就占领了洞庭湖周围19个县。

南宋朝廷十分恐慌，任命孔彦舟担任捉杀使，镇压起义军。孔彦舟知道正面攻打敌不过钟相，就先派一批奸细，假装成贫民，混进钟相起义军队伍。公元1130年，孔彦舟发起进攻，埋伏在内部的奸细里应外合，起义军措手不及，打了败仗，钟相和他的儿子钟子昂被捕，遭到杀害。

钟相被害后，起义军推杨么当首领，继续和官军作战。杨么原来名叫杨太，因为他年纪轻，当地群众亲密地称他叫杨么（"幼小"的意思）。起义军在杨么的领导下，在洞庭湖沿岸建立营寨，又在湖里和各个港汊上集中了大批

宋朝

|815|

船只，平时生产，战时打仗，队伍越来越壮大。

南宋王朝又派程昌寓担任镇抚使，镇压起义。程昌寓到了鼎州，不惜工本制造了大批车船，每船可装载水军1000人，由人踏车就可以使船进退。有一次，程昌寓指挥水军使用车船攻打起义军水寨，水寨滩头水浅，车船开进港汊，搁在浅滩里动弹不得。起义军趁势发起攻击，官军兵士丢了车船逃走，车船全部落在起义军手里。

杨么起义军在洞庭湖建立了据点，队伍发展到20万人，占领的地区也越来越广。公元1133年，杨么拥立钟相的儿子钟子仪做太子，杨么自称大圣天王，在起义军占领的地方，宣布免除百姓的一切劳役赋税，人民生活出现了兴旺气象。

南宋王朝把杨么起义军看作心腹大患，非把他们镇压下去方肯罢休。宋高宗又派王躞带兵6万进攻。王躞不敢再用大船，改用小船进攻。起义军用车船迎战，车船高的有几丈，来往如飞。他们又在船身前后左右都装上了拍竿，拍竿上缚着一块块大石。官军的小船一接近，他们就摇动拍竿，发出大石，把敌船打沉。车船上还发出用硬木削尖的"木老鸦"，和弓箭一起发射，打得官军叫苦连天。

有一天，洞庭湖边的江上，忽然出现了几只大车船，船上既不见旗帜枪械，也不见一个兵士。王躞的水军将士见了，以为起义军在上游被官军打败，这几条船是顺流漂下来的，就指挥船只靠近空船。兵士们争先恐后地撑篙拉纤，把空船带着往上游驶去。哪料到到了湖面宽广的地方，几只大船里突然发出一阵擂鼓声、呐喊声，船舱里钻出来的起义兵士踏动车船，横冲直撞，把官军的几百只小船全部撞碎沉没在水里，两名将领落水丢了性命。其余留在沙滩上的官军步兵也遭到起义军攻杀。仅这一天，就消灭了官军一万人，缴获了大批武器盔甲。

这时候，王躞在大营里等待消息，忽然来了100多个穿新衣的农民军，一面走，一面打着鼓板，吹着笛子，后面还有人用竹竿挑着一卷文书。官军以为一定是起义军接受招安，送投降书来了，忙命令兵士不要放箭，派人把文书接过来。宋将把文书打开一看，里面是被起义军缴获的官府告示和印章。穿着新衣的起义兵士看他们上了当，哈哈大笑说："你们的一万水军，前天晚上已经被我们杀得精光，衣甲、刀枪、旗号、钱粮，都是咱们的啦！"说着，都乐呵呵地又吹笛打鼓走了。王躞知道了，气得直翻白眼。

刘豫的伪齐政权在襄阳的官员李成，听到起义军节节胜利的消息，派人带着金帛文书，到杨么大寨游说，要起义军联合进攻宋朝，说只要攻占州县，就封他们做知州、知县，被起义军拒绝。李成又派了35个人带了官诰、金带、锦袍来诱降，起义军不再饶恕，把35名伪齐使者用酒灌醉后全部杀死。

南宋王朝和伪齐政权的"围剿"诱降，都没有使杨么屈服，直到公元1135年，也就是起义的第六个年头，宋高宗派宰相张浚亲自督战，又从抗金前线抽回了岳飞军队。由于起义军将领有人动摇叛变，杨么大寨被官军攻破，杨么被俘后遭到杀害，坚持6年的起义终于失败。

完颜亮迁都北京

完颜亮是个很有才干的人，一心想干出一番事业来。在他堂兄弟完颜亶当皇帝的时候，他被封为海陵王。

完颜亶是金国的第三个皇帝。他是金太祖阿骨打的孙子，16岁的时候就做了皇帝。历史上称他为金熙宗。由于他很年轻，国家的大权都控制在兀术等老女真族的贵族手里。

公元1184年，兀术死了，金熙宗也已经31岁了。他已经能管理自己的国家了。可是，那些女真贵族还是不把权力还给他。于是，他联合他的亲信，把一些对他不利的大臣和他们的全家都杀光了，还把他们的金银财宝全都没收起来。很多大臣以为金熙宗下一个将杀他们，心里非常害怕，更加怨恨金熙宗。

海陵王完颜亮一看有机可乘，非常高兴。公元1149年的一天夜里，完颜亮联合一些怨恨金熙宗的大臣，带领着几个士兵冲进皇宫。杀死了金熙宗。完颜亮做了皇帝。他成为金国第四个皇帝。

于是，海陵王就决定杀掉那些想和他争做皇帝的人和那些跟他一起杀害熙宗的人。这时候，很多大臣还蒙在鼓里。他们认为他们帮海陵王做皇帝，海陵王一定会对他们很好。

为了巩固自己的地位，完颜亮杀掉一些同他不和的老贵族，权力就全部掌握在他自己手里了。他认为汉族的文化比女真族的文化先进多了，就开始进行改革。以前，皇帝要和大臣坐下来一起讨论国家大事，这叫议事制度。完颜亮认为这样很麻烦，会妨碍他做事情，就把这项制度废除了。皇帝自己一个人作决定，不再和大臣们一起商量了。他规定，在中央政府里只设尚书省和枢密使。这两个机构都要听皇帝的指挥。海陵王还让一批有才干的汉族人和契丹人到朝廷当官，完颜亮自己很努力地学习汉族的文化。

金国的都城在上京会宁府（今黑龙江省阿城区南部）。这地方偏僻，离南宋很远，他向南宋发动进攻。完颜亮决定把都城迁到燕京（今北京市）。

海陵王让人把营建新都城的规划图献上来给他看。古代的人有一种习惯，做什么事都要符合阴阳五行。有人就按照阴阳五行绘制了一张营建燕京宫殿的规划图，献给完颜亮。这个人说只有按照阴阳五行去建造宫殿，国家才会兴旺发达。海陵王一听就不高兴了。他对大臣们说："国家的前途是好是坏，要看皇帝是不是英明，而不在于是否符合阴阳五行，即使修建宫殿的地方很好，让夏桀和商纣这样的暴君住进去，国家也要灭亡的，像尧和舜这样好的领袖，不管他的宫殿在哪里，国家都会兴旺发达的。"海陵王不要那张按照迷信绘出来的规划图。不久，海陵王派了贤明的张浩去燕京主持营建新都城，限定他要在 3 年之内把新都城修建好。

张浩在朝廷里做尚书右丞。他的老家是渤海郡。张浩也和完颜亮一样，对汉族文化很感兴趣而且很有研究。他特别擅长建筑。海陵王知道张浩能干，所以就派他去负责这项艰巨的工程。

张浩修建的燕京城在今天的北京西城区以及偏西的地方。公元 1153 年，燕京城就修好了。燕京城是正方形的，四周总长为 9 里 30 步，大概等于 4550 米。分内城和外城，内城就是皇宫，它的正门叫通天门。宫殿共有 9 重 36 殿。最前面的叫大安殿，是皇帝接见外国客人的地方。大安殿的后面有座太庙，是祭祀皇帝祖先的地方，西面是大臣们工作的地方，叫尚书省。外城是官吏贵族居住的地方和做买卖的地方。外城共有 12 个城门，还建造了一些宾馆，让来金国的南宋使者和西夏使者居住。城外还修建了供皇帝和他的亲人们游玩的花园。花园里有些东西一直保留到现在。现在北京北海的琼华岛、瑶玄楼就是那时候修建的。

燕京城的南面有一条叫卢沟桥的河流，总是发大水，淹没旁边的农田和村庄。完颜亮想要把它治理好，不让它再给人民造成灾难，而且还要在上面修建一座桥梁。海陵王没来得及修，就去世了。后来，金章宗才把卢沟桥建好。这是一座石桥，桥的栏杆上有很多石狮子，千姿百态，雄伟壮观。桥头还有两头石头大象，顶柱了栏杆。现在卢沟桥还横在卢沟河上，已经好几百年了。"芦沟赏月"也成为老北京一景。

公元 1153 年，燕京城刚竣工，海陵王就把都城从上京迁了过去，把燕京命名为中都，把开封定为南京。中都设有大兴府，意思是说他的国家要在这里兴旺发达。

完颜亮不仅把皇宫迁到燕京，他还命令女真族人也往南迁到河北、河南这些地方去居住。为了帮那些迁走的人安家，海陵王还分给他们土地，给他们钱财。这样，女真族人就和汉族人居住在一起了，女真族人学习汉族的先进文化，把金国建成了一个封建国家。

完颜亮对促进女真文化发展做出了贡献，但他迁京的目的是为攻打宋朝，却是不可取的。

书生虞允文退敌

绍兴和议以后，宋金双方有 20 年没有发生战争。宋高宗和一批投降派大臣对于这个偏安的局面十分满意，在临安修筑起豪华的宫殿府第，过着纸醉金迷的生活，把收复失地的事忘记得一干二净。

在这段时间里，金朝统治集团发生内讧，贵族完颜亮杀死了金熙宗，自立为帝，历史上称为海陵王。完颜亮把金朝的京都从上京迁到燕京，一心想发动战争，消灭南宋。

完颜亮准备发兵的风声，传到临安。有些官员要朝廷早作准备，反而被宋高宗斥责是造谣生事。有一次，金朝派使臣施宜生到临安，宋高宗叫大臣张焘接待。张焘想从施宜生那里探听消息。施宜生原来是宋朝的官员，也想透露点消息给张焘，但是旁边有金朝的随从官员，不好明说，只好暗示说："今天北风可刮得厉害啊！"又拿起几案上的笔说："笔来，笔来！"（"笔"和"毕"同音，"毕来"，就是都来的意思。）

张焘得到施宜生的暗示，连忙把金兵要大举南下的消息告诉宋高宗，但是宋高宗只当耳边风。

公元1161年秋，完颜亮做好一切准备，发动全国60万兵力，组成32个军，全部出动，进攻南宋。出发之前，完颜亮趾高气扬地跟将领们说："从前梁王（指兀术）进攻宋朝，费了多少时间，没取得胜利。我这次出征，多则100天，少则一个月，一定能扫平南方。"

完颜亮的大军逼近淮河北岸，防守江北的主帅刘锜正在生病，派副帅王权到淮西寿春防守。王权贪生怕死，听到金兵南下，根本没想抵抗。完颜亮渡过淮河，王权还没见到金兵的人影儿，早已闻风逃奔，一直逃过长江，到采石才停下来。

宋高宗听到王权兵败，才害怕起来。他把王权撤了职，另派李显忠代替王权的职务，并且派宰相叶义问亲自去视察江淮守军。叶义问不敢亲自上前线，改派一个中书舍人（文官名）虞允文，慰劳采石的宋军将士。

虞允文到了采石，王权已经走了，接替他职务的李显忠却还没到。对岸的金兵正在准备渡江，宋军没有主将，人心惶惶，秩序混乱。虞允文到了江边，只见宋军兵士三三两两垂头丧气地坐在路旁，把马鞍和盔甲丢在一旁。

虞允文问他们说："金人都快要渡江了，你们坐在这里等什么？"兵士们抬头一看，见是一个文官，没好气地说："将军们都跑了，我们还打什么仗？"虞允文看到队伍这样涣散，十分吃惊，觉得等李显忠来已经来不及了，就立刻召集宋军将士，告诉他们说："我是奉朝廷的命令到这里来劳军的。你们只要为国家立功，我一定上报朝廷，论功行赏。"

兵士们见虞允文出来做主，也打起精神来了。他们说："我们吃尽金人的苦，谁不想抵抗。现在既然有您做主，我们愿意拼命作战。"有个跟随虞允文一起去的官员悄悄地对虞允文说："朝廷派您来劳军，又不是要您督战。别人把事办得那么糟，您何必背这个包袱呢？"虞允文气愤地说："这算什么话！现在国家遭到危急，我怎么能考虑自己的得失，逃避责任。"

虞允文是个书生，从来没有指挥过战争。但是爱国的责任心使他鼓起勇气。他立刻命令步兵、骑兵都整好队伍，排好阵势，又把江面的宋军船只分为 5 队，一队在江中，两队停泊在东西两侧岸边，另外两队隐蔽在港汊里作后备队。

宋军布置刚刚结束，金兵已经开始渡江。完颜亮亲自指挥军队。几百艘金军大船迎着江风，满载着金兵向南岸驶来。没有多少时间，金兵已经陆续登岸。

虞允文命令部将时俊率领步兵出击。时俊挥舞着双刀，带头冲向敌阵。兵士们士气高涨，拼命冲杀。金兵进军以来，从没有遭到过抵抗，一下子碰到这样强大的敌手，全都垮下来了。

江面上的宋军战船，也向金军的大船冲去。宋军的战船虽小，但是很坚实，就像尖利的钢刀一样，插进金军的船队，把敌船拦腰截断，敌船纷纷被撞沉。敌军一半落在水里淹死，一半还在顽抗。太阳下山了，天色暗下来，江面上的战斗还没有结束。这时候，正好有一批从光州（今河南潢州）逃回来的宋兵到了采石。虞允文要他们整好队伍，发给他们许多战旗和军鼓，从山后面摇动旗帜，敲着鼓绕到江边来。江上的金兵听到南岸鼓声震天，看到山后无数旗帜在晃动，以为是宋军大批援兵到来，纷纷逃命。

金军遭到意料不到的惨败，气得完颜亮暴跳如雷，一肚子怒气全发泄在兵士身上，把逃回去的兵士全拷打死了。

虞允文料想完颜亮不会甘心失败。当天夜里，就把战船分为两队，一队开到上游，一队留在渡口。第二天天刚蒙蒙亮，完颜亮果然又派金军渡江，虞允文指挥两队战船夹击。金兵尝过虞允文的厉害，没心思反抗。300只大船被困在江心和渡口，宋军放起一把火，把敌船全烧了。

完颜亮在采石渡江不成功，又把他们的兵士乱杀了一批，才带着留下的人马到扬州去，想到那里去渡江。

宋军在采石大胜之后，主将李显忠才带兵到达。李显忠了解到虞允文指挥作战的情况，十分钦佩。虞允文对李显忠说："敌人在采石失败之后，一定会到扬州去渡江。对岸镇江那边没准备，情况很危险。您在这儿守着，我到那边去看看。"

李显忠马上拨给虞允文一支人马，由虞允文率领前往镇江。

镇江原来是由老将刘琦防守的。那时候，刘琦已经病得不能起床了。虞允文到了镇江，先去探望刘琦。刘琦躺在床上，紧紧拉着虞允文的手，心情沉重地说："国家养兵 30 年，没有立过一点战功，想不到立大功的还是靠您这位书生，我们当将军的实在太惭愧了。"

虞允文安慰他一阵，就回到军营。他命令水军在江边演习。宋军制造了一批车船，由兵士驾驶，在江边的金山周围巡逻，来回像飞一样。北岸的金兵看了十分吃惊，赶快报告完颜亮。完颜亮大怒，把报告的人打了一顿板子。这时候，金兵打了几次败仗，都害怕作战。有些将士暗地里商量逃走，完颜亮发现后，下了命令：兵士逃亡的杀死将领，将领逃亡的杀死主将；并且宣布第二天全军渡江，畏缩不前的处死。

金军将士对完颜亮的残酷统治再也无法忍受，还没等完颜亮发出渡江命令，当天夜里就拥进完颜亮的大营，把他杀死了。完颜亮一死，金兵就撤退了。

完颜亮带兵南侵的时候，金朝内部也引起内讧。一些不满完颜亮统治的大臣，另外拥戴完颜雍为皇帝，这就是金世宗。采石大战后，金世宗为了稳定内部，派人到南宋议和，宋金战争又暂时停了下来。

辛弃疾文武双全

辛弃疾，字幼安，别号稼轩居士，山东历城（今山东济南）人。辛弃疾是中国古代有名的文学家，以词的成就最大，和北宋的苏轼并称"苏辛"。同时，他还是一个坚决抗金的爱国志士。

辛弃疾 1140 年出生在一个世代仕宦的家庭，他少年师从蔡伯坚，刻苦读书。同时他的思想也成熟起来，为国家为民族报仇雪恨的信念越来越坚定。

这时候，南宋小朝廷依然偏安临安，把中原大片领土拱手让与异族。辛弃疾的家庭遭受着金国女真贵族的统治，人民生活在水深火热之中。公元1161年，辛弃疾22岁时，在自己的家乡组织起两千多名群众抗金。随后他率众投靠农民起义军，来到了自号"天平节度使"的起义军首领耿京面前。耿京发现辛弃疾是个文武双全的人，就任命他作掌书记，负责管理整个起义军的印信和重要文书。辛弃疾自然把他分内的工作做得很好。投奔起义军的人越来越多，队伍中也混进一些浑水摸鱼的人。有一个和尚叫义端，也拉着一支1000多人的队伍来到了耿京旗下。

义端过去认识辛弃疾，他不断和辛弃疾来往，并通过辛弃疾悄悄收集耿京军中的机密。原来，义端一直想投降金国，他投奔耿京的目的不过是希望趁机拉走一部分起义军，窃取起义军情报以作为自己降金的本钱罢了。有一天义端带上部分人马并偷了义军的大印偷偷跑掉了。耿京勃然大怒，以为辛弃疾和义端有勾结，要将辛弃疾斩首治罪。辛弃疾表示了自己的抗金立场，并请耿京给自己3天时间抓回义端，如果抓不到，再请治罪。辛弃疾骑上一匹快马，判断义端一定向最近的一支金兵驻地逃跑。他飞驰急追，终于在半路上擒住义端，并且毫不犹豫地砍下了他的头，带回耿京大营中。从此，耿京对辛弃疾格外器重。

公元 1161 年，金军南侵失败，金统治集团内部发生政变。南宋朝廷在这种形势下准备北上伐金。

这时候辛弃疾对全局进行了分析，他认为单凭义军力量与金作战利少弊多，不如与南宋朝廷联系，以期共同抗金。耿京听了辛弃疾的建议仔细思考起来。以前他对于南宋朝廷一味求和，置中原丢失领土于不顾的政策十分不满，现在看到南宋终于有了与金国决战的意向，便同意了辛弃疾的意见。

公元 1162 年，耿京令辛弃疾等人，南下奉表归宋。南宋朝廷听辛弃疾陈述了耿京义军在后方的抗金活动，以及山东、河北一带的形势十分高兴，授耿京为天平节度使，辛弃疾为右承务郎、天平节度使掌书记，并任命了其他大小官员共 200 多人。辛弃疾还奉命回去通知耿京把队伍带到南方来，听命于朝廷，共同抗金。但是没想到在这段时间里，耿京的起义军内部发生了巨大的变化。

原来，金国为了除掉起义军这个心腹之患，采用了分化瓦解的诡计。起义军本是由多方人马组成的，良莠不齐，在金国的重金奖赏之下，张安国竟然残忍地杀害了耿京。起义军群龙无首，元气大伤，不少人纷纷离开，又回家种田去了。

辛弃疾一行走到海州（今江苏连云港市），才得知耿京被杀的消息，不禁大惊失色。同行的人有的主张在发生了这么大的意外的情况不如先就地停下来，看看形势发展再作进一步打算。但辛弃疾说："我们的任务本是请耿京带队伍去朝廷那里，现在耿京被杀，我们应该做的是严惩凶手，为耿京报仇。"于是，辛弃疾约定了猛将王世隆等，仅仅带了 50 名骑兵，准备去偷袭金营，杀掉贼人张安国。

辛弃疾等日夜兼程赶到济州（今山东巨野县）金兵的驻扎地。金兵大队人马正在安营休息。辛弃疾等趁着夜色潜入张安国的帐中，以迅雷不及掩耳之势把正在与金将饮酒的张安国生擒过来，将其捆绑到马上，然后杀出一条血路，向南奔去，金兵高喊"有人劫营"，可当主将集合大队人马追赶的时候，辛弃疾等早已风驰电掣一般跑得无影无踪了。

卑鄙无耻的叛徒张安国被押至临安，朝廷下令斩首示众。辛弃疾立功升官，同时他夜闯敌营、生擒叛徒的英雄行为传遍了大江南北，鼓舞着人们的抗金斗志。从这以后，辛弃疾一直留在南方，再没有回过他的家乡山东。

辛弃疾南归的第二年，南宋北伐失败，朝廷内部投降派的势力又占据上风。辛弃疾不顾自己官位卑下，写了一篇《美芹十论》上呈皇帝。论文的前3篇分析了北方人民对金朝统治者的痛恨和金内部的尖锐矛盾；后7篇具体提出了南宋应该如何抗金、收复失地的计划。然而，《美芹十论》递上去后如石沉大海。以后辛弃疾又写了《九议》呈献上去，仍未被朝廷理睬。

辛弃疾的报国之志难酬，他在政治上也始终没有被朝廷所重用。他先后任过滁州知州、江西提点刑狱、知隆兴府兼江西安抚使、知潭州兼荆州南路安抚等职。公元1181年，他因得罪当权人物而辞官，闲住于江西上饶。晚年，辛弃疾一度被当做主战元老重新启用，但很快再次被罢。

公元1207年，文武双全但最终没有实现凌云壮志的辛弃疾忧愤而死。南归之后的辛弃疾一直郁郁不得志，便把心中的无限感慨都灌注于笔尖，落在文上。辛弃疾的创作以词为主，他的集子《稼轩词》存词600多首，包括许多传世名篇。

生活在南宋的辛弃疾，用自己的一腔热血写词创作。他的词是一个爱国志士的心声，既有对抗金斗争的颂扬，也有壮志难酬的无奈，还有对南宋苟且求和的不满等。

暮年的辛弃疾将自己的郁郁不满的情怀写进了一首《永遇乐·京口北固亭怀古》之中。他临别人世之前的所有复杂心情都在这首他最有名的词中体现出来：

千古江山，英雄无觅孙仲谋处。舞榭歌台，风流总被雨打风吹去。斜阳草树，寻常巷陌，人道寄奴曾住。想当年，金戈铁马，气吞万里如虎。

元嘉草草，封狼居胥，赢得仓皇北顾。四十三年，望中犹记，烽火扬州路。可堪回首，佛狸祠下，一片神鸦社鼓！凭谁问：廉颇老矣，尚能饭否？

辛弃疾用词这种形式来抒发自己渴望战斗的热情和壮志未酬的悲愤。在创作艺术上，他继承了苏轼开创的豪放词风，并且加以发展。他不仅打破了诗与词的界限，而且打破了诗与散文的界限，创造性地融汇诗歌、散文、辞赋等多种文学形式，丰富了词的表现手法与语言技巧，从而形成了辛词的独特风格。

爱国诗人陆游

陆游是南宋著名的爱国诗人，写了一万多首诗，是中国历史上写诗特多并且流传下来特多的诗人之一。

陆游字务观，浙江江阴人，陆游幼年的时候，正是北宋灭亡、南宋苟安的年代，金兵在江南烧杀掳掠，江南人民处在水深火热之中。陆游从小就饱尝了国破家亡的痛苦，同时，也看到和听到了江南军民抗击金兵的许多可歌可泣的故事，于是在他幼小的心灵里，就立下了报国之志。

陆游少年时代，在家庭的影响和父亲的教诲下，勤奋地学习，能写一手出色的文章，得到师长的称赞和好评。29岁的陆游，参加了两浙地区的举人考试，出类拔萃，夺得第一名的桂冠。这次会试，秦桧在考试前就暗示主考官，要让自己的孙子得第一名，主考官很正直没有买他的账，而是秉公办事，以才取人，让陆游中了第一名，这件事使秦桧十分恼火。

到第二年，陆游参加京城考试，主考官发现陆游的文才，又想让他名列前茅。秦桧得知此事，更是恼火，蛮横地命令主考官取消陆游的考试资格，还要追究两浙地区考试官的责任。秦桧妒才嫉能，从此对陆游怀恨在心，不让他步入仕途。后来，秦桧死去，陆游才得以以才取仕，到京城临安担任枢密院的编修官。

陆游积极支持北伐抗金，不断地向朝廷提出合理建议。这时北伐主将张浚缺少指挥才能，出军没有多久，就在符离（今安徽宿县北）打了败仗，北伐失败。被一贯主张求和的大臣大肆攻击，皇帝又不能分清是非曲直，主将张浚被排挤出朝廷，陆游也被迫罢官了，统治者昏庸到了极点。

陆游虽辞去了官职，但他的才能和政治见解，越来越被人们所认识。又过了10年，统领川陕一带的军事将领王炎仰慕他的才华，把他请到汉中去，做他的幕僚。这时汉中是抗金前线，陆游认为到那里有机会参加抗金斗争，报国机会来了，他要为收复失地贡献自己的一分力量，就高兴地接受了这个任命。

陆游到汉中上任之后，为了解当地的军事情况，他常常骑马到大散关边城一带，观察金人占领的地区。在衙门里他还亲眼看到金军占领区的老百姓生活的疾苦，及冒着生命危险奋勇抗金的战士。这些情景使他对收复失地充满了希望。他经过调查研究之后，提出了一个作战计划。他提出，恢复中原一定要收复长安，以汉口为基地积蓄军粮，训练队伍，做好准备，以随时进攻。但是，这时朝廷没有北伐的打算，陆游的计划也自然落空，这使他非常失望。

不久，王炎被调走，陆游也被调到成都，在安抚使范成大部下当参议官。

范成大是陆游的老朋友，虽说是上下级关系，并不讲究一般官场礼节。在这里陆游的抗金志愿没法得以施展，常常喝酒写诗，来抒发自己的爱国感情。这当然被一般官场上的人所看不惯，说他不讲礼法，思想颓废放荡。其实一般人哪里知道陆游的心情呢！陆游听了也不辩解，索性给自己起了一个别号，叫"放翁"，取不拘小节而豪放的意思。后来，人们就称他为陆放翁。他表面放荡不羁，而内心仍然壮志不已。

嘉泰二年（公元 1202 年），陆游受命参与修撰孝宗、光宗（赵惇）的《两朝实录》及《三朝史》。3 年后，两书告成。

公元 1206 年，韩侂胄担任了南宋的宰相，他发动一次大规模的北伐，这使陆游十分高兴。但是这次北伐，由于缺乏应有的准备，加上朝廷内部矛盾重重，又失败了，皇帝和投降派大臣，杀害了韩侂胄，并把他的头献给了金朝，订立了屈辱可耻的和约。

陆游一生渴望的收复失地、统一祖国的强烈愿望，始终没有实现，只有用他的诗歌来表达对祖国的热爱和民族的忧虑。陆游在川陕生活的 9 年，是他一生中的重要时期，也是他诗歌创作收获最多的时期。这也是后来陆游把自己的全部诗歌题名为《剑南诗稿》，把自己的文集编为《渭南文集》的原因。

陆游一生辛勤地从事诗歌创作，是古代创作能力极为旺盛的作家，在同时代的作家中也是杰出的。他在诗、词和散文方面都很有很大成就，尤其是诗歌方面贡献最大。他说自己"六十年间万首诗"，至今还有 9300 多首保存下来。在历代诗人中，他写诗的数量名列前茅的。他的诗有一个鲜明特点，就是充满爱国精神。

公元 1210 年，陆游病重，在临终的时候，他把儿孙叫到床边，念了他最后一首感人肺腑的《示儿》诗：

死去原知万事空，但悲不见九州同，

王师北定中原日，家祭无忘告乃翁。

陆游在死之前唯一感到悲哀的是南宋还没有统一中国。儿孙们为他的爱国热情所感动，无不声泪俱下。

陆游86岁抱恨辞世了，但他留下的诗篇却成为一位爱国诗人赤子之心的写照。

陈亮与辛弃疾

陈亮是南宋时期的一位杰出思想家，曾被誉为"人中之龙，文中之虎"。他是永康（今四川省灌县）人，青少年时期便喜读兵书、研究军事，所以有许多独到的见解。他积极主张抗金，反对投降卖国，屈辱苟安，斥责秦桧的议和是邪议。多次上书议论时政，被当权者视为"狂怪"，一生3次被诬入狱。

公元1178年，陈亮向孝宗皇帝上奏道："朝廷自南渡以来，仍循祖宗旧法，赵鼎等人不懂变改的道理。秦桧破坏抗战、残害忠良、谄媚外敌，死有余辜……"孝宗将陈亮的奏书贴在朝堂，让群臣过目，目的是要大臣们学习陈亮的精神，更好地为朝廷做事。但是，一些大臣对陈亮的直言快语难以接受，寻机反攻。

有一天，陈亮同几位朋友在家饮酒闲谈。因他多次上奏皇帝未见回音，心中不快，此时借着酒劲讥讽儒生们："今世的儒生们，自命不凡，整日高谈阔论什么人性、天命，其实他们懂什么是性命？为什么在敌人面前奴颜婢膝……"

不料，这些话传到一位儒生耳中，他马上到刑部告发，说他辱骂当朝。

刑部逮捕了陈亮，斥问道："好大胆的陈亮，竟敢辱骂本朝，图谋不轨；快快从实招来！"陈亮据理力争，答道："儒生们阻挠抗战，鼓吹苟且偷安，不是图谋不轨，而我要求抗战，保卫江山社稷反倒有罪？这是什么天理王法？"

刑部审官见陈亮不认罪，命令狱卒严刑拷打。陈亮被打得浑身是血，仍不服软。大理寺便以"谋为不轨"的罪名报送孝宗皇帝批准。孝宗皇帝知道陈亮的才华与众不同，所以见到大理寺要求治罪的奏折后很生气，说："秀才吃醉酒说点狂话，有什么罪？"然后孝宗将奏折撕碎扔在地上。

大理寺的官员见皇帝动了怒，哪里还敢治陈亮的罪，只好不情愿地将他释放。陈亮出狱以后，仍然到处演说他的政治观点，朱熹听到后又气又怕，他的门徒便设法诬陷陈亮。

朱熹是两汉以来封建社会影响最大的唯心主义哲学家，著有《四书集注》《通书解说注》等书，理学造诣极深。他以维护三纲五常为由，反对抗战。他年轻时也赞同抗战，中年以后则发生了变化。公元1183年，陈亮又被陷害入狱，但关押两个月找不到证据，只好再次无罪释放。陈亮出狱后，朱熹给他写信，劝他不要与儒生做对，要用儒道约束自己，不然得罪人太多，不会有好下场。陈亮坚持自己的主张，回信予以反击。辛弃疾却十分赞赏陈亮、支持陈亮。公元1188年，陈亮前往罢官的辛弃疾家探望辛弃疾。老友相见，话语投机。不论政治观点还是学术论点完全吻合。辛弃疾的创作以词为主，他的词集《稼轩词》爱国思想和战斗精神是其主要内容。他的词中，大量地表现了国耻未雪、壮志未酬的无限感慨。陈亮对辛弃疾的人品词风，非常钦佩。

两人谈得很投机并一同游览鹅湖山，并且邀请朱熹出来游玩。目的是要说服他。可惜朱熹没来。陈亮一直在辛弃疾处住了10来天，才依依不舍地离去。

陈亮走后不久接到辛弃疾寄来的词，其中有一句把陈亮比做诸葛亮："看渊明风流酷似，卧龙诸葛"。陈亮也写词回赠："二十五弦多少恨，算世间那有平分月……"

陈亮虽然是"人中之龙，文中之虎"，但在软弱无能腐败透顶的南宋朝廷统治下，无法实现自己的抱负，难有用武之地。在百般无奈之中，陈亮隐居乡间专心著书，过着清贫而充实的生活。陈亮的著作编为《龙川文集》，其学说为永康学派。他以朴素的唯物主义立场对朱熹的唯心论说进行了有力的批判。

成吉思汗统一蒙古

当韩侂胄北伐的时候，金朝内部也已经十分腐败。北方的蒙古族却逐渐强大起来。公元 1206 年，蒙古各部落首领在斡难河（今鄂嫩河，斡音 wò）边，举行了一次盛大的集会，公推铁木真做全蒙古的大汗，并称他为成吉思汗。

铁木真本来是蒙古族孛儿只斤部酋长也速该的儿子。铁木真的祖先俺巴孩就是被金朝皇帝杀害的。他幼年的时候，金王朝统治者对蒙古族人民实行残酷统治，各部落之间也互相争斗，蒙古族人民的生活十分苦难。

铁木真 9 岁那年，也速该把铁木真带到一个朋友家定亲。他把铁木真留在朋友家里独自回家，赶了一段路，肚子饿得慌，想找点东西吃，正好看见有一批塔塔儿部人在草原上举行宴会。他下马走进人群，按照当地风俗，参加了塔塔儿人的宴会。塔塔儿部和孛儿只斤部有过争斗。也速该没想到这一层，塔塔儿部却有人认出了也速该，偷偷地在也速该吃的食物里放了毒药。也速该在离开宴会回家的路上，肚子疼得支不住，他忍着疼痛赶回家里就毒发身亡了。

也速该一死，孛儿只斤部就没了首领，原来归附也速该的泰亦赤部脱离了他们，还带走了不少也速该的奴隶和牲畜。泰亦赤部的首领怕铁木真长大后向他们报仇，就带领人马捉拿铁木真，想把他杀害。铁木真得到消息，连忙逃到一座森林里。

躲在森林里的铁木真忍住饥饿，走了出来。他一出森林，就被泰亦赤人抓住了。后来，泰亦赤部的首领和百姓都在斡难河边举行宴会，只留了一个年轻的看守监视他。铁木真趁看守不防备，举起木枷把看守砸昏了，逃了出来。铁木真和他的母亲、弟、妹又躲进深山里，靠捉土拨鼠、野鼠当饭吃，日子过得更艰苦了。

年轻的铁木真为了恢复父亲的事业，想尽办法，渐渐把他们部落失散的亲属和百姓聚集扰来。在消灭了几个部落之后，铁木真的力量逐渐壮大起来。

铁木真跟另一个部落的首领札木合是朋友。他俩常常白天在树荫下举行宴会，晚间睡在一起，要好得像亲兄弟一样。但是，后来铁木真力量强大了，札木合部下有人投奔铁木真，札木合很不高兴。有一次，札木合的弟弟抢夺

铁木真的马群，被铁木真部下杀了，双方发生了冲突。札木合集合了他统治的13部一共3万人马攻打铁木真。

铁木真也不肯示弱，把部下的3万人马分成13支队伍，抵抗札木合的进攻。双方在斡难河边的草原上展开了一场大战，铁木真抵挡不住，败退了。札木合把抓住的战俘成批杀害。这件事引起札木合部下的不满，纷纷脱离札木合投奔铁木真，铁木真虽然打了败仗，实力反而更壮大了。铁木真没有忘记杀害他父亲的仇人塔塔儿部首领蔑古真。没有多久，蔑古真得罪了金朝，金朝派丞相完颜襄约铁木真配合进攻塔塔儿部。铁木真认为这是个报仇的好机会，就和金兵一起攻击塔塔儿部，把塔塔儿部打得全军覆没，俘获了大批人口和牲畜、辎重。

金王朝认为铁木真立了功劳，封他做前锋司令官。以后，铁木真又经过几次战斗，陆续消灭了蒙古高原剩余的几个部落，终于统一了全蒙古。

成吉思汗即位以后，建立了军事和政治制度，使用了蒙古文字，使蒙古成了一个强大的汗国。但是金朝还把蒙古当作它的附属国，要成吉思汗向他们进贡。成吉思汗立志要改变这种屈辱的地位。金章宗死后，太子完颜永济即位，派使者到蒙古下诏书，要成吉思汗下拜接受。成吉思汗问使者新皇帝是谁，使者告诉他是永济。成吉思汗轻蔑地吐了一口唾沫，说："我原来以为中原主人是天上人做的，像这种庸碌无能的人也配做皇帝？"自那以后，成吉思汗就跟金朝决裂了。

公元1211年，成吉思汗决心大举进攻金朝。他选了3000名精锐骑兵南下。金将胡少虎带了30万金兵抵抗，被蒙古军打得一败涂地。接着，蒙古兵又打进居庸关，围攻金朝的中京（今北京市）。成吉思汗跟他的4个儿子分兵几路，所向无敌。

此时，金朝内部十分混乱，金主完颜永济被杀，新即位的金宣宗不得不向成吉思汗求和，献出大批金帛，把公主嫁给成吉思汗，成吉思汗才撤兵回去。自此，蒙古兵力更强大了，成吉思汗称霸天下的野心越来越大。

成吉思汗死后，他的儿子窝阔台接替他做大汗。窝阔台按照成吉思汗的遗嘱，向南宋借路，包围金朝京城开封。公元1233年，蒙古军攻破开封，金哀宗逃到蔡州（今河南汝南）。蒙古又联合南宋围攻蔡州。

金哀宗派使者向宋理宗（宋宁宗的继子，名叫赵昀）求和，说："金朝被灭，下一步就挨到宋国了；如果跟我们联合，对金、宋两国都有好处。"宋理宗没有理睬他，金哀宗走投无路，只好自杀，公元1234年，金朝在蒙、宋两军的夹攻下灭亡了。

慷慨殉节的金将

公元1236年，金灭亡已经一年了。可是西北的巩州（今甘肃陇西）城上，仍飘着大金的旗号。坚守此城的人叫郭虾蟆，他是会州人，早年参军，骁勇善战，被升为临洮路兵马都总管。郭虾蟆为人忠义耿直，坚决不向蒙古投降。绥德州（今陕西绥德县）帅汪世显归降蒙古后，派过20几个使者来劝降，都被郭虾蟆命人乱棍打了出去。蒙古军见劝降不成，便开始往巩州调兵。郭虾蟆知道一场生死存亡的大仗即将来临，他积极备战，为了守城，郭虾蟆在城东北角的空地上搭了一座炼炉，收集城中所有的金属用来铸炮。

郭虾蟆亲自把熔化的金属倒进沙模里，终于又一门新炮铸成了。众人欢呼雀跃，这时城中掌管杂物的判官术甲巴图鲁来报："大帅，卑职已收集了附近所有的粮食，也只有10余车。"郭虾蟆说："蒙古鞑子已从临洮、秦州向我扑来，我军粮草不足，实在令人担心，你去把城郊的牛、羊、马匹统统赶进城来，以备充粮。"术甲巴图鲁立即照办了。

很快蒙古军便包围了巩州城，但几次攻城都被城上的火炮打退了。郭虾蟆亲率人马追杀，双方对峙了近一个月，伤亡都很惨重。由于城里的粮食不足，士兵们已经开始吃马肉了，郭虾蟆知道蒙古不攻下巩州是不会收兵的，他心情沉重地回到了帅府。郭虾蟆的夫人井氏是个深明大义、性格刚烈的女子，她见郭虾蟆回来，吩咐下人摆上酒饭。井氏举起酒杯对郭虾蟆说："妾身敬老爷这杯酒，愿老爷杀敌报国。"郭虾蟆心中一热，拿起酒杯一饮而尽。这时传来蒙古军攻城的消息，郭虾蟆便匆匆应战去了。

又是一场浴血奋战，金兵个个勇猛抵抗，但伤亡更加惨重了，郭虾蟆第二日才回到府中，老远他听到府中传出哭声，一股不祥之感涌上心头，他进了后衙，看到堂中停着具尸体，竟是他的夫人，不禁泪如雨下，下人拿过来井氏留下的血书，郭虾蟆打开一看，上面写着8个字：妾不累君，殉节先去。郭虾蟆草草埋藏了井氏后，他又召来守城诸将说："鞑子攻城，如今我们有两条路可走，或死，或降，你们自己选择吧。"众将异口同声："宁死不降。"蒙古军又攻城了，城墙已经残破不堪，他们从豁口涌了进来，攻到帅府处，这时剩下的金兵都红了眼，拼命与蒙古兵厮杀，可蒙古兵不断涌进城来，金将士已所剩无几，郭虾蟆和将士们只好跳入熊熊烈火之中。

宋镇江府（今江苏镇江）的监狱里，关着一个叫毕资伦的囚犯，他本是金泗州城守将。宋军攻泗州，他想跳城自杀，可没有死，只摔断了双腿，被宋军俘虏。宋朝廷想招降他，可他誓死不降。每隔几天，他就被提审一次，而且问着同样的话："毕资伦，你还是降了我大宋吧，保你高官厚禄，享不尽的荣华。"开始他还破口大骂，后来干脆就不吱声了。这次他又被带到堂上，有所不同的是，这次狱官改了说辞，对毕资论说："毕大人如此忠心为国，想必对金国的消息一定感兴趣。"毕资伦冷冷地看了他一眼，道："有话快说。"狱官说："你们大金已经亡国了，皇上都上吊自杀了，你还硬撑着什么。"毕资伦一听，犹如五雷轰顶，呆立半晌，对狱官说："我愿归降，可要容我去江边拜祭。"这下可乐坏了狱官，他赶紧向上级禀报去了。等到毕次伦到江边拜祭完之后，他就跳入了江中慷慨殉国了。

红袄军起义

公元 1211 年，金内政混乱，又遭蒙古军不断攻击，人民流离失所，山东境内的农民纷纷起义。有个叫杨安儿的人，是山东益都府人，原以贩卖马鞍为生，后又联合一伙人占山做了强盗。被金军讨伐，便归顺了朝廷，后来杨安儿见金朝大势已去，危在旦夕，便悄悄回到了山东，与他的结拜兄弟张汝楫一起召集旧部，竖起反金大旗，杨安儿让义军以穿红袄为标志，所以被称为红袄军。红袄军在山东一带攻下了许多州县，杀官斩吏，开仓赈贫，河北、山东的小股义军也纷纷响应。杨安儿的妹妹杨妙真又名四娘子，武艺高强，有智有谋，是杨安儿的得力助手。

杨安儿为了扩充实力，派杨妙真去淮河邀那里的红袄军头领李全共商大事。到了李家寨，杨妙真见到李全后，两人谈得颇为投机，李全见杨妙真虽为女流，但举手投足间却显出勃勃英气，心中暗生爱慕。

贞祐三年（公元 1215 年），金朝为剿灭红袄军，派山东路统军抚使仆散安贞来到益都，仆散安贞到益都后，立即发兵出击，由于红袄军没有准备，仓促应战，虽有 3 万多人马，但被偷袭的金军给隔离成小块，经过一夜的血战，杨安儿和杨妙真，率军突围向北去了，仆散安贞派人马继续追击。

杨安儿在去往登州的路上，边与金军作战边召集余部，又有许多奴隶和平民也来投靠，红袄军的人马很快又壮大起来，莱州和登州刺史先后投降，杨安儿在莱州自称皇帝，设置官署。任耿格为相，方郭三为元帅。方郭三很快攻下密州（今山东诸城），李全和刘二姐的红袄军也与之相呼应，一时间闹得天翻地覆。

金帝完颜珣被眼下的乱世搅得心神不宁。凑巧的是皇宫降德殿的鸱尾被大风刮了下来摔得粉碎，完颜珣命散留家为左翼军，以完颜讹论为右翼军，自己率中路大军，杀向莱州。杨安儿命徐汝贤出城迎战，红袄军人数虽多，但多数是新招的农民，战斗能力差，两军在昌邑城东相遇，经过一场混战，义军死伤数万，徐汝贤带领剩余人马向东北退去。红袄军大将史泼立率20万大军在莱州城东列阵，也被金军击败，退守城中，杨安儿见出兵不能取胜，便紧闭城门，命徐汝贤守东面，史泼立守西面，杨妙真守北面，耿格守南面，鼓励士兵齐心抗敌。

仆散安贞率军在城外扎营，他见莱州城高大坚固，怕是一时攻不下来，便施下一计，派手下几个原来莱州城的士兵做奸细，结果很快就里应外合，攻下了莱州。

杨妙真血染战袍，率领3000多红袄军杀出重围，到了密州境内，打算与方郭三会合，不料方郭三已壮烈牺牲，无奈只好又向南行，一路上不断传来坏消息："泰安红袄军首领刘二姐被擒处死""李全失守穆陵关"。声势浩大的红袄军如今被杀得七零八落。越过营州境后，她遇到了李全的部下，得知李全现已到了磨旗山，她这才稍稍松了口气，他们很快来到了磨旗山，李全率一支红袄军列队相迎，二人并马进山。

杨妙真和李全情投意合，结成了夫妻，两队人马合并后，又扩大了义军的力量，磨旗山便成了红袄军的据点。不久杨妙真得知：哥哥杨安儿在岠嵎山遭叛徒曲成袭击，坠水牺牲。杨妙真悲痛万分。立志一定要为哥哥报仇，她与李全一起攻下了营州城。一日，他们夫妻二人正在谈论如何才能重振红袄军，却收到了黑旗军李旺的求援信，李旺是李全的本家兄弟，也是红袄军的一支，在胶西县一带活动，因为他打的旗是黑色的，所以又称黑旗军。李全和杨妙真商量后决定出兵援助，第二日一早，李全请点了一万人马，日夜兼程，赶往胶西。

胶西是个小县城，城里本来粮食就少，李旺和他的军队已被困在这里两个多月了，如今粮草皆空，李旺犹如笼中的困兽，在县衙大堂中踱来踱去。

这时金派人到胶西城劝李旺投降，李旺大怒，命人绑了来使，押到县衙对面的空场上，他把百姓和官兵都召集到这里，李旺站在高处，对大家说："各位兄弟父老，我们胶西城被金狗围困，如今粒米皆无，纥石烈牙吾塔派人来劝降，大家说我们降是不降？"军民一片呼声："不降，我们宁死不降！"于是李旺割了来使的耳朵和鼻子，让他回去报信。

纥石烈牙吾塔见自己的手下变成这个模样回来，勃然大怒，下令攻城，李旺率众拼死抵抗，终因寡不敌众，壮烈阵亡。

李全人马还未及赶到，听说胶西被攻破的消息，只好退兵，金军乘胜攻打营州，李全与杨妙真带兵归顺了南宋。

红袄军的另一支队伍由刘二姐领导，活跃在鲁南泰安、临沂一带。刘二姐于1215年于沂蒙山牺牲，部将彭义斌领导起义军继续战斗，曾发展到数十万人，至大二年（公元1225年）彭义斌在内黄王马山（河北赞呈县）与蒙古军战斗中被俘牺牲，红袄军最后失败。

误国殃民的贾似道

贾似道，浙江台州人，南宋末年误国权奸。他少年落魄，整天游荡，饮酒赌博，不务正业。后来依靠父荫，当了个嘉兴司仓（掌管仓库）的小官。他的姐姐被选入宫中，成为宋理宗宠爱的贵妃后，贾似道当上了"国舅"，从此官运亨通。在公元1234年以后的几年当中，贾似道被陆续提拔为籍田令、太常丞、军器监、太宗正丞等京官。

公元1259年夏，忽必烈领兵大举渡江，把鄂州（今湖北武汉市武昌）围住。宋理宗十分恐慌，紧急命令各路宋军援救鄂州；又任命贾似道担任右丞相兼枢密使，到汉阳督战。贾似道到战场上不久由于害怕蒙古军的猛烈进攻，就私下派遣宋京出使到忽必烈军营求和，表示愿意称臣，交纳岁币。

忽必烈不允。是年冬，蒙古内部出现争夺汗位的斗争，忽必烈闻讯，急于脱身返回漠北，去争汗位，贾似道探知，再次遣宋京联络忽必烈，忽必烈这时答应贾似道的请求：划江为界，南来向蒙古称臣，每年向蒙古输银20万两、绢20万匹。

第二年蒙古军撤回北方。鄂州兵解，贾似道无耻地隐瞒了私自求降订约的真相，却抓了一些蒙古兵俘虏，吹嘘各路宋军取得大胜，宋理宗不辨真伪，专门下一道诏书，赞赏贾似道奋不顾身、指挥有方，加封他为少师、卫国公。

第二年，忽必烈即了汗位。他想起了在鄂州跟贾似道订下的和议，就派使者郝经到南宋去，要求履行和约议定的条件。贾似道一听郝经要到临安来，怕他的骗局露馅，赶快派人把郝经等使者扣阻在真州（今江苏仪征境内）途中。忽必烈听到这个消息，非常生气。因为那时候，蒙古内部发生了内讧，忽必烈需要全力对付内部的敌对势力，没有精力与南宋论理。

这样一来，贾似道靠欺骗过日子，居然做了10多年的宰相。宋理宗死后，贾似道拥立禥（音qí）做皇帝，就是宋度宗。宋度宗荒淫昏庸，整天沉湎于酒色，把朝政完全交给了贾似道，称他为"师臣"，拜魏国公，地位高得没人能跟他比。宋度宗还特许贾似道3天上朝一次，处理政事，后来改为每6天一次、10天一次。平时由吏人抱文书到贾公馆请示，这个时候的贾似道跟皇帝已没什么两样了。

贾似道专权以后，闭口不谈兵事，他白天出入清楼酒肆，西湖泛舟，通宵不返。公元1270年，正当襄、樊被围困，南宋前线形势十分危急的时候，贾似道却悠闲地躺在葛岭私宅中，过着极端腐朽的生活。他还纳宫女、娼妓、年轻貌美的尼姑为妾，日夜玩乐。贾似道又请来从前的赌友，关门赌博，不许别人偷看。他的一个侍妾的哥哥，来贾府探看妹妹，正站在大门口想进去，被贾似道看见，立即将他捆起来投入火中。

贾似道不仅荒淫、好赌，还爱养蟋蟀、斗蟋蟀。一次他正在与众多的侍妾蹲在地上兴致勃勃地看斗蟋蟀。一位狎客对他开玩笑说："这也是相国的军国大事吗？"贾似道只是笑笑，一点也不感到耻辱。贾似道对斗蟋蟀很有研究，他著有《蟋蟀经》一书，专门介绍他养蟋蟀的经验，后人痛恨地称他为"蟋蟀宰相"。

贾似道还特别爱好珍宝、古玩。他将搜刮来的珍宝、古玩集中起来，特意建造"多宝阁"储存，每天他都要去观赏一次。为了搜刮这些东西，贾似道不择手段，他听说已故兵部尚书余玠有一条价值很高的玉带，专门派人去访求，当他听说这条玉带已随余玠殉葬之后，居然命人掘墓弄了出来。

公元 1271 年，忽必烈称帝，改国号叫元，这就是元世祖。元世祖借口南宋不执行和约，还扣留蒙古使者郝经一行人，派大将刘整、阿术领兵进攻襄阳（今湖北襄樊市），宋军连战连败，襄阳城被困了 5 年。贾似道把前线的消息封锁起来，不让宋度宗知道。有个官员上奏章向宋度宗告急，奏章落在贾似道手里，那个官员马上被革职了。

一天，宋度宗从一个宫嫔那里得到襄阳被围的消息，十分惊异。他询问贾似道，贾似道却当面掩盖事实说："蒙军已经退走，陛下怎么知道襄阳被围？"宋度宗告诉他是身边的一宫女说的，贾似道马上捏造一个罪名，将那名宫女处死。从那以后，宋度宗再也听不到元军进攻的消息了。

由于贾似道长期延误宋元战事，公元 1273 年初，樊城被元军攻破。襄阳被围多年，粮尽援绝，城中拆屋当柴烧，缝纸币做衣服穿，宋将吕文焕不断向朝廷告急。军情如此危急，贾似道不能不有所表示。但他又很怕死，因此他一面假惺惺地向皇帝要求亲临前线，一面又暗地里指使人上奏皇帝，把自己留在朝中。二月，吕文焕献襄阳城投降了元朝，消息传来，贾似道对度宗说："如果早让我去前线，决不会造成今天这种局面。"这样，贾似道既巧妙地把襄阳失陷的责任推给了别人，又乘机表现了自己的"爱国热忱"。

正当困难当头之际，贾似道的母亲胡氏活到 83 岁老死了。贾似道身为执政宰相，不仅不积极组织抗元，反而乘办丧事的机会，大摆排场，炫耀自己的权位。朝廷赐给他水银、龙脑各 500 两，银一万两，绢一万匹，田 6000 多亩，度宗亲自前去祭奠。贾似道回台州治丧，动用皇帝的仪仗送葬。下葬那天，整天下雨，山洪猛涨，所有送葬的官员都站立水中，连动也不敢动一下，整个丧事耗费无法计算。

元世祖看到南宋腐败到这种地步，决定一鼓作气消灭南宋。他于 1274 年夏派丞相伯颜率领大军，水陆并进，由襄阳顺汉水而入长江。沿江重镇郢、汉阳、鄂州相继攻陷。是年底，伯颜用 4 万人守鄂州，自己率领大军与元军阿术的队伍一同东下，向临安进发。在此之前，度宗已于七月去世，年仅 4 岁的赵㬎继位，这就是恭帝。皇太后垂帘听政，贾似道仍想乞求议和，元丞相伯颜没有理睬。后来元军在长江两岸发起进攻，宋军全线崩溃，贾似道狼狈逃到扬州，没有一人愿去追随他。经过这一次交战，宋军主力丧失殆尽。

贾似道回到临安，皇太后降旨罢免了他，并将他流放循州（今广东惠州）。在流放循州的路上，贾似道被押送的县尉郑虎臣杀死，一代权奸就此结束了罪恶的一生。贾似道遭贬斥后，他的爪牙也大多被杀或受到别的惩罚。

文天祥起兵抗元

南宋王朝的统治越来越黑暗，统治者的昏庸和无能逐渐使南宋面临着严重的社会危机。

在南宋与金长期对峙的同时，13世纪时期，蒙古族在我国北方发展、强大起来。蒙古族的首领成吉思汗（铁木真）领导和完成了各部落的统一，使蒙古族从氏族公社制度向封建制度过渡。公元1206年，也就是南宋宁宗开禧二年，成吉思汗在斡难河边建立蒙古族的汗国。从这时起，蒙古族凭借自己强大的军事力量，积极向外扩张。先后发动了数十次战争。蒙古族强悍的骑兵，一度纵横欧亚地区，无人可挡。

公元1227年，成吉思汗在征战途中病死，但是蒙古的对外战争一天也没有停止过。公元1229年，成吉思汗之子窝阔台继位为大汗，制定了以灭金为目标的战略方针。

那时候金国南北受敌，内外交困，蒙古族的进攻使金王朝摇摇欲坠。蒙古不断袭击金国，使一向在金国面前受辱的南宋十分高兴。而蒙古为了先达到灭金的目的，也愿意与南宋联合。于是双方于公元1233年订下联合攻打金国的盟约。

公元1234年，宋蒙两军在围攻3个月之久后，攻下了金末代皇帝哀宗躲避存身的蔡州。宋军如约在战役中派出2万军队，付出很大代价首先攻入城内。金哀宗自杀，金国在经历120年后灭亡。本来，按照盟约，在金国灭亡以后，南宋可以北上收复汴京、洛阳、归德三地。但是蒙古军队尽食前言，不仅在汴京、洛阳大肆烧杀掠抢，还决黄河之水以淹宋军。双方发生了战斗，这也揭开了蒙古和南宋之间长达 46 年战争的序幕。

这 46 年的时间，蒙古军队连年大举南犯，南宋步步后退，在越来越小的领土上苟延残喘。同时南宋王朝在政治上更加腐败，在经济上日益崩溃，不可避免地走上灭亡的道路。

然而，同样也是在这 46 年的时间，各地人民群众又重新拿起武器顽强抵抗新的异族侵略者，爱国志士和将领不断涌现出来，他们不屈不挠的反抗精神和英勇反击的斗志，为南宋写下可歌可泣的最后一页。文天祥，就是他们当中最有名气的一员。

文天祥出生在公元 1236 年阴历五月初二，他的青少年时期正值蒙古大规模入侵南宋，战火延绵不断之时。胸怀大志又饱读诗书的文天祥，素来忧国忧民，他常常思考怎样才能使国家从被动挨打的局面中摆脱出来，同时也渴望自己日后能够杀敌立功，保卫大宋的江山。

公元 1260 年，蒙古的忽必烈继承汗位。公元 1271 年，忽必烈把都城迁到燕京（后改称大都），建国号元。忽必烈即元世祖。他经过征战，平息了蒙古贵族中的内部矛盾，然后集结大军南下，准备最后灭亡南宋。

元军首先集中力量进攻江、汉之间的军事重镇襄、樊两城（湖北襄阳、樊城）。驻守两城的军兵进行了艰苦卓绝的抵抗，坚守城池达 5 年之久，但终因寡不敌众，又没有得到朝廷后援而兵败失城。襄、樊失守后，长江上游门户大开，偏安江左的南宋朝廷已失去了天险屏障。

公元 1274 年，宋朝局势严重恶化。宋度宗病死，年仅 4 岁的赵㬎继位，是为宋恭帝。忽必烈此时利用机会，决定大举伐宋。元兵分两路：东路取道两淮地区，目的是为了牵制南宋兵力；西路是以伯颜为统帅的主力部队，从襄阳沿汉水而下，直取临安。

本来，南宋集结的军队有 10 余万人，东路元军也是这个数目，双方兵力相当，应该打相持仗。结果，由于南宋统治者根本没做认真备战，元军一路接连取胜，宋军兵败如山倒，纷纷仓皇逃窜。元军很快打到长江下游，不久对临安形成包围之势。

南宋朝廷惊慌失措。宋恭帝的祖母太皇太后（即谢后）下了一道"哀痛诏"，命令诸路勤王之师速来救驾。然而，各地将官或是观望，或是降元，最后只有文天祥和张世杰两人响应。

20岁中了状元的文天祥进入仕途后，宦海沉浮15年，虽不甚得志，但一直愿为南宋披肝沥胆。文天祥于公元1275年获悉元军渡江，接到"哀痛诏"后，不禁泣不成声，决心挺身而出，挽救南宋于危亡之中。他立刻变卖家产，在赣南一带招募勇士一万多人，星夜赶往临安。有人劝文天祥；"元兵三路袭来，你一书生以一万多乌合之众迎敌，无异于驱群羊斗猛虎，必败无疑。"文天祥回答："我当然知道这些情况，然而大宋国养育它的子民300多年，现在朝廷有难，向天下招兵，竟无一人一骑应召，我实在无法平静，所以不自量力，以身赴国难，希望天下忠臣义士能随我之后行动起来，众志成城，保全江山社稷。"这一番话，无疑是文天祥对大宋朝一片赤胆忠心的写照。

文天祥带兵来到临安，一看，众大臣在南宋亡国之际都在丢官弃印，四处逃跑，文天祥既愤恨又痛心，他请兵抗元作战，得准。但由于与元军实力过于悬殊，未胜，只得返回临安。

文天祥与张世杰商议朝中尚存兵马数万，若全力与元军决一死战，或许可以使南宋出现转机。但右丞相陈宜中一心想投降，没有同意文天祥的请命。陈宜中不顾文天祥的阻拦，向元军送上传国玉玺和降表。元统帅伯颜要陈宜中亲自去商议投降事。陈宜中害怕，不敢前往，连夜出逃。

谢太后只好任命文天祥为右丞相，让他前往元军兵营求和。文天祥到了元营，不顾个人安危，与伯颜争辩不休，坚持双方平等谈判。结果，伯颜将文天祥扣留在军营，随后押解北去。

公元1276年，伯颜带兵进入临安，谢太后、恭宗等被俘虏，被押送去北方。统治300年之久的赵宋王朝宣告灭亡。

宋恭帝的两个异母哥哥赵昰、赵昺有幸被人保护逃出临安，到达温州，又到了福州。大臣陆秀夫、张世杰等拥立赵昰为皇帝，建立起一个流亡小朝廷。赵昰被称为宋端宗。

文天祥在被押解途中就伺机逃跑，终于在经过镇江时，乘元兵不备时，于夜间脱逃。他听说了宋端宗在福州称帝的消息，历经千辛万苦，一路颠沛流离，到了福州。

文天祥被流亡小朝廷任命为右丞相兼枢密使。他在极其困难的处境下四处联络组织义军，寻找北上抗元的时机。文天祥知道元军实力强大，占据了大片的国土，但他没有失去信心，带领着抗元队伍与元军苦苦转战，百折不屈。这期间，他曾在一篇文章中写了"生无以救国难，死犹为厉鬼以击贼"的句子，以示自己誓死抗元的决心。

文天祥的名字一时间在百姓间广为传颂，许多忍受不了异族压迫的人纷纷参加了他领导的队伍。元朝统治者大惊，他们派出大批军队，围剿文天祥部。在敌人的凶猛攻势下，文天祥的军队遭受了重创，许多人壮烈牺牲。公元 1278 年，文天祥的部队在广东潮阳被张弘范率领的元军突然包围，文天祥不幸被俘。

公元 1278 年，文天祥被押送上船，从水路北上。在经过珠江口外零丁洋时，文天祥面对浩瀚的海面，奋笔疾书作《过零丁洋》一诗：

辛苦遭逢起一经，干戈寥落四周星。

山河破碎风飘絮，身世浮沉雨打萍。

惶恐滩头说惶恐，零丁洋里叹零丁。

人生自古谁无死，留取丹心照汗青。

这首诗展现了一个爱国志士的英雄气概，是文天祥英勇无畏、赤胆忠心的写照。

文天祥被押到大都，投入监牢。度过了 3 年阶下囚的生活。这期间，元朝统治者想尽一切办法劝其投降，他们搬来宋朝的降臣劝文天祥投降，遭到拒绝，又强迫他写信劝张世杰投降，也被他拒绝了。甚至连 9 岁的皇帝赵㬎都搬来了，可文天祥毫不动摇，宁死不屈。

一天，忽必烈亲自召见他。文天祥见了忽必烈，昂首挺胸不肯下拜。忽必烈说："如果你能归顺我，我就让你做宰相。"可是文天祥毫不理会，忽必烈又问他想要什么，文天祥回答说："除了死，我什么都不要。"忽必烈一点办法也没有，只好命令把他带回牢房。

在狱中，文天祥被恶劣的生存条件折磨得奄奄一息，但他的意志却一天比一天更坚强。他还写了一篇气吞山河的《正气歌》，歌颂了历代忠臣义士的崇高气节，也显示了自己视死如归的决心。

公元 1283 年，文天祥在拒绝了元太祖忽必烈的亲自劝降后，被元朝统治者决定处死。

在走向刑场的路上，披枷带锁的文天祥面色不改，神色安然。他问旁边的百姓："哪边是南方？"然后向南一拜，再拜，从容就刑。

就这样，一代英雄文天祥，英勇就义。后世的人们无法忘记他，也无法忘记他的诗句："人生自古谁无死，留取丹心照汗青！"他那充满正气的诗篇，一直流传至今。

张世杰死守涯山

蒙古灭亡金朝之后，就派兵攻打南宋。公元 1271 年，忽必烈迁都到燕京，改名大都。正式建国号为元，加紧了对南宋的攻势。不久，南宋首都临安被元军攻破以后，大将李庭芝、姜才守卫扬州，陆秀夫、张世杰在广东沿海继续抵抗元军，来保卫南宋的天下，他们在两淮、湖南、四川等地同元军展开了可歌可泣的抗元斗争。

南宋有个将领名叫夏贵，投降了元朝。夏贵从前的一个家童，名叫洪福，在他投降时，正在守卫镇巢军（今安徽省巢县）。夏贵派人去劝洪福投降，洪福拒绝跟夏贵一块儿投降，还把来劝的人杀了。后来城被攻破，洪福被元军俘虏了，他还痛骂夏贵不忠，要求面向南而死，表明自己没有背叛宋朝。

李庭芝、姜才镇守扬州，元军攻了很久都没有攻下来，就拿来谢太后命令向元朝投降的诏书。李庭芝回答说："我只知道奉诏守城，从来没听说过要奉诏投降。"后来，谢太后北上经过扬州时，元军又让谢太后命令李庭芝和姜才投降。谢太后下诏说："现在我和皇帝都已经投降了元军。你还为谁守城呢？"李庭芝不答话，命令士兵放箭，当场射死招降而来的使者，其他人狼狈逃走了。随后，他们又带4万人出城袭击元军，想夺回谢太后和皇帝恭帝。但是经过激烈的战斗，没有成功，只好回到扬州城里。

在一次战斗中，元军主帅阿术派人去劝姜才投降，姜才说道："我宁可死掉，也不做投降的将军！"后来，元世祖忽必烈又派人招降，李庭芝大怒，把使者杀死，烧掉元世祖的招降诏书，元军见李庭芝、姜才不肯投降，就派大军将扬州团团围住，昼夜攻城。由于扬州被围了很长时间，城里的粮食都吃光了，李庭芝和姜才就跟士兵一块儿煮牛皮等东西充饥，有的士兵杀死自己的儿子充饥。但是，扬州军民仍然不肯投降，继续抵抗元军的进攻。后来，赵昰在福州做了皇帝，命令李庭芝和姜才带兵去保卫福州，当他们走到泰州的时候，又被元军包围。不久李庭芝、姜才被元军俘虏，英勇牺牲。

在湖南潭州（今湖南省长沙市），李芾率军民坚持3个多月。当城被攻破的那一天，他叫来部下沈忠，对他说："我尽到了最大的努力，今天决心一死，但我的家人也不能当俘虏。你先杀尽我的家人，再杀死我。"沈忠说什么也不愿意，李芾坚决要他照办，沈忠只好哭着答应。于是李芾让家人全部喝醉，让沈忠一一杀死，然后放火烧掉李芾的住所。沈忠办完后，回家杀了妻子，又自杀而死。许多人听说后，也都让全家自杀而死，坚决不投降元朝。

在元朝军队向福州大举进攻的时候，陆秀夫、张世杰见福州守不住，就护卫着端宗赵昰和他的弟弟赵昺，逃到一条海船上，沿着海岸往南到了广东。宋端宗从小就在皇宫里娇生惯养，哪里过得了这种艰苦的生活，不久就得了疾病，病死在广东砜州（今广东省雷州湾中的一个小岛）。陆秀夫和张世杰又拥立赵昺做皇帝，继续进行抗元斗争。

赵昺做了皇帝以后，任命陆秀夫为左丞相，张世杰为枢密副使，专门掌管军事。不久元军就打到了广东。张世杰和陆秀夫认为砜州是个小岛，就护卫着赵昺来到新会的涯山，在那儿征集粮食，修筑工事，建造兵船，还招兵买马，训练军队。他们准备在那里建立根据地，打算与元朝长期战斗，收复失地，恢复宋朝。

这时，福建、广东的军民在坚决抵抗元军的进攻。当元军打到兴化时，宋将陈文龙两次杀死元军派来招降的人。部下有人劝他投降，他说："你们只不过是怕死罢了，却不知道你们一辈子还是免不了一死！"表现了视死如归的精神。后来因为叛徒出卖，陈文龙被俘，但他仍然不投降，后来在福州绝食而死。他的母亲也被押到福州，他为儿子为国牺牲而自豪，在临死前说："我和我的儿子一块儿死去，又有什么怨恨呢！"

南宋军民尽管拼死抵抗，但还是拦不住元军的进攻，元将张弘范率军打到了涯山附近。因为涯山是一个小岛，岛上的一切都得靠大陆和海南岛运送，很不方便。于是，张世杰、陆秀夫等叫人准备了许多船只，供最后撤退时用，张弘范到达涯山之后，派兵封锁海口，切断宋军砍柴、打水的道路，宋军没有水喝，只能吃干粮，实在没有办法，就只有舀海水解渴。海水又咸又苦，喝了之后许多人都病倒了。张世杰带兵去攻打新会，想夺回海口，但大战几天都没有取胜。

公元 1279 年年初，张弘范猛攻崖山，张世杰战败以后，便和陆秀夫等保护着赵昺和他的母亲杨太妃等，乘船撤退。元军派船来追，把宋军的船队冲散了。陆秀夫不愿意被元军活捉，就含着眼泪，背起小皇帝赵昺，跳进了茫茫的大海中。张世杰和杨太妃坐的船，也遇上了飓风，被打沉了，张世杰和杨太妃都被淹死。这样，南宋王朝最后灭亡了。

宋　朝

元　朝

元朝（公元 1206—1368 年）是中国历史上蒙古族统治者建立的封建王朝。成吉思汗统一蒙古各部，公元 1206 年建国于蒙古高原，号大蒙古国。此后通过不断的战争征服，控制了亚欧两洲广大地区。公元 1260 年忽必烈即位，遵用汉法，改革旧制，于公元 1271 年改国号为大元，次年迁都大都（今北京）。公元 1276 年元军消灭南宋，统一全国。

元代官制、兵制、法律和赋税制度基本沿袭中国以往王朝，地方最高行政机构实行行省制，除直辖于中央政府的地区外，全国划分为 10 个行省，是中国以省为一级政区的开始。元代是中国历史上的民族大融合时间，由于农业和手工业的发展，交通运输的通畅，统一货币的流通，元代商业很活跃。

元代对外交往和外贸空前发达，与日本、朝鲜、东南亚、印度半岛、西北非乃至欧洲，均有经济、文化联系。中国的火药、印刷术从元代传到西方，对世界文明产生了深远的影响。

元朝的统一促进了各民族的文化交流。元代文学艺术成就辉煌，出现了完整的戏剧形式——元曲。《水浒》《三国演义》等著名长篇小说也在元代奠定了基础。元代科学技术比较发达，天文学、地理学都有突出的成就。

元朝自成吉思汗建国至元朝灭亡共传 14 帝，历时 163 年。元代统治者为加强统治，制造民族歧视，挑动民族矛盾，对各族人民进行了残酷的剥削和压迫，在社会矛盾加深和连续自然灾害下，公元 1351 年终于爆发了全国农民起义，经过 18 年的激烈战争，公元 1368 年明军攻入元大都，元朝灭亡。

元　朝

蒙古军三次西征

　　成吉思汗统一蒙古的时候，中亚一带是由花剌子模沙摩诃未统治着（"沙"就是国王的意思）。蒙古建立后，他派使者去拜见成吉思汗，以探听虚实。成吉思汗承认摩诃未为西方的统治者，并说自己为东方的统治者，还约定准许两方做生意。

　　公元 1128 年发生了讹订刺事件。成吉思汗派了 400 多名商人，用骆驼满载金银、皮毛等到西方去经商。当他们走到花剌子模的讹打剌城时，被守将亦纳勒赤黑指责为间谍，全部杀了。成吉思汗知道后，非常气愤，立即派使臣巴合味前去交涉，要求惩办凶手，可是摩诃未不但没有惩治凶手，而且还杀了巴合味。成吉思汗听到这个噩耗，又惊又怒，他一口气跑上附近一座山顶，跪在地上，一直祈祷了 3 天 3 夜，发誓要为死者报仇。

　　公元 1219 年秋天，成吉思汗亲自率领 20 万大军进攻花剌子模，在打仗前，成吉思汗派了 3 名使者去见摩诃未，要他要么交出讹打剌守将，要么准备迎战。摩诃未仗着有 40 万军队，又有精良武器和大量的财富。根本不把蒙古放在眼里，就下令杀死了正使，把两名副使胡子剃了放了回去。成吉思汗大怒，就下令发动了战争。他一面派大儿子术赤攻打风赐尔河下游各镇，一面命二儿子察哈台、三儿子窝阔台攻打讹打剌城，自己和小儿子拖雷率主力进攻中亚文化名城不花剌。察哈台、窝阔台很快攻下讹打剌城，为报复杀商人之仇，把全城人都杀了。不花剌城也很快被成吉思汗攻下了，他首先闯进花剌子模人的圣地大礼拜寺，命令他的士兵用装古兰经的书柜做马槽，在庭院里喂马，又强令那些德高望重的回教长者、学者、医生们，统统来给蒙古军喂马，做杂活。他还把城堡里继续抵抗的士兵和穆斯林（回教教徒）全部屠杀。

接着成吉思汗又进攻花剌子模的都城撒马耳干，摩诃末以 10 万大军守城，并加固城墙，使它易守难攻。成吉思汗发现城池不易攻取，就派军占领周围城镇，对撒马耳干形成一个大的包围圈。然后，他想了一个妙计，把以前的俘虏都集中起来，每 10 人一队，花剌子模的士兵从城上一看，到处都是蒙古兵，果然不敢出战，这时候，有一些勇敢的居民，主动出城作战，结果被全部杀死，城里人人不得安宁，士气更加低落。

不久，3 万康里兵带着家属、武器投降了成吉思汗，随后，整个城的居民也全部投降了。成吉思汗下令将城里的金银财宝抢劫一空，杀死了 3 万康里兵和大部分撒马耳干居民，然后把剩下的工匠等赏赐给他的儿子、妻子和将领们，供他们奴役。

撒马耳干失落后，摩诃末逃到里海的一个小岛上病亡，传位于勇敢的长子札兰丁。札兰丁重整旗鼓，进行了英勇的抵抗，但终究不是成吉思汗的对手，又被打败，走投无路。后来，他骑马从高崖上跃进波涛汹涌的申河，才逃脱了。

在成吉思汗打败札兰丁的同时，蒙古大将哲别和速不台攻占了阿哲儿拜占（今属阿塞拜疆）、谷儿只（今属格鲁吉亚）、设里汪（里海的西北，高加索山附近）等地，又越过太和岭（今高加索山），征伐阿速、钦察等部。公元 1223 年，蒙古军队大败钦察和俄罗斯联军，进入俄罗斯南部，一直打到第聂伯河。

公元 1223 年春天，成吉思汗决定班师，将术赤留在中亚。公元 1225 年，哲别和速不台的军队与成吉思汗的军队会合，一起回到蒙古，第一次西征结束了。

蒙古军第一次西征班师后，留下术赤治理中亚。中亚面积很广，人口也很多，但是留下的蒙古人却很少。于是，蒙古人就利用原来的统治者和一些僧侣贵族来统治中亚人民。中亚人民受到双重压迫，生活十分困苦。哪里有压迫，哪里就有反抗。中亚人民不断起义，其中最出名的是一个叫马合木的匠人领导的，他们经常打败前来镇压的蒙古军队和伊斯兰教贵族军队，于是不得不请求窝阔台汗发动第二次西征。

公元1235年，蒙古军队发动了第二次西征，也叫"长子西征"，因为他们是成吉思汗四个儿子的长子联合西征。他们是术赤的次子拔都（因继承了父亲的封地，算作长子）；察哈台的长子拜答儿；窝阔台的长子贵由；拖雷的长子蒙哥。拔都是名义上的统帅，实际上是由老将速不台指挥。蒙古大军一到，很快平定了马合木起义。

在镇压了原来花剌子模一带的起义后，蒙古军又向西进军，侵入钦察草原，钦察国王忽滩率众逃到了马札儿（今匈牙利），随后，蒙古军又进入北俄罗斯，很快攻占了莫斯科和弗拉基米尔，杀死了弗拉基米尔大公攸利第二，然后一直向北，直到俄罗斯最北边。随后又向南去攻打俄罗斯南部，这时，窝阔台召回了贵由、蒙哥、拜答儿，留下拔都和速不台继续西征。

南下的蒙古军队很快又攻占了南俄罗斯最大的公国基辅，征服了整个俄罗斯。然后，蒙古军队又借口追寻忽滩，又先后侵入孛烈儿（今波兰）和马札儿等地，震动了整个欧洲。

公元1241年，窝阔台死了，第二次西征就结束了。公元1243年，拔都在他占领的地方建立了钦察汗国，也叫金帐汗国。

蒙哥继承汗位后，为扩大国土，又发动了战争，一路由忽必烈率领进攻南宋，一路由旭烈兀率领向中亚、西亚进军，公元1252年，又发动了第三次西征。

旭烈兀的这次西征，还带去了新发明的一种火炮和1000个工匠，因此战斗力又大大加强了。这次西征的第一个目标是木剌夷（今伊朗西部），旭烈兀派大将怯的不花去进攻，怯的不花损兵折将还是没攻下来，于是旭烈兀决定亲自去攻打。他一方面派人到木剌夷去诱降，买通大臣制造混乱，另一方面又带着大军去攻打。公元 1256 年，旭烈兀带领大军攻占了木剌夷。

消灭了木剌夷后，蒙古军队又进攻报达国（今伊拉克一带）。报达国王司塔辛，是一个昏君，根本就不管朝中的事。当蒙古军队打来的时候，他还正在看穿着黑纱的女郎跳舞呢。宰相哀倍克来报告时，他理也不理，让哀倍克和另一个大臣谟牙代丁去处理，哀倍克被贬到前方军队作战，打了几次胜仗。谟牙代丁本来是负责运输粮食的，可是他投降了旭烈兀，报达的国王和许多大臣被杀了，卖国的谟牙代丁也被砍头了。

蒙古军又继续向西南进攻，侵入现在的叙利亚和埃及一带，结果被埃及军队打得大败，被迫结束了第三次西征。旭烈兀在他占领的地方建立了伊利汗国。

成吉思汗和他的孙子们在 40 多年里，发动了三次西征，建立了横跨欧亚的"大蒙古国"，虽说西征打通了欧亚之间的交通，使中外经济文化得到交流，但却给中亚和西亚人民带来了巨大的灾难。

一代天骄壮志未酬

公元 1211 年，成吉思汗出兵攻打金国，几年之中，蒙古军队先后攻占了河北、山西、辽西、辽东的大多数州、县，掠走了许多人口、牲畜和财物。公元 1215 年年初，蒙古军队攻占了金朝首都中都（今北京市）。公元 1217 年，为了攻打西辽和花剌子模，成吉思汗封木华黎为国王，专门攻打金朝。

成吉思汗在西征结束以后，又要攻打金朝。但是打金朝就得首先攻打西夏，因为成吉思汗西征时要求西夏派兵，可是西夏不但不派兵，而且还与金结成联盟，与蒙古作对。公元1226年，成吉思汗亲自带领大军进攻西夏，成吉思汗派使者去见西夏国王李德旺，要他投降。李德旺吓得直哆嗦，连话都不敢说。西夏大将阿沙敢钵非常生气，说："要打仗，我在贺兰山下等着；要金银财宝嘛，请他来问问我的宝刀答应不答应！"成吉思汗派兵前进，阿沙敢钵果然在贺

兰山下等着蒙古兵的到来呢。两军大战一场，结果蒙古兵取得了胜利，并乘胜追击，一直到灵州。在灵州，又发生了一场激烈的战斗，当时守卫灵州的是老将嵬名令公率领的10万军队。他们知道，这次战斗非常关键，打赢了，西夏就能保存下去，打输了，西夏就会灭亡，因此，将士士气特别高涨，要与敌人拼个你死我活。但蒙古军连年打仗，一个个也是勇猛无比。于是双方军队在结冰的黄河上摆开战场，进行了激烈的战斗。西夏军队英勇抵抗，杀死了许多蒙古士兵，但他们还是打不过蒙古骑兵，大部分被蒙古兵杀死。从此，西夏国再也没有什么力量。

公元1227年年初，蒙古军队包围了西夏都城中兴府（今宁夏回族自治区

银川市）。是年夏，成吉思汗到六盘山去避暑。正在这时候，中兴府发生了强烈地震，房屋倒塌，瘟疫流行。粮食也没有了，西夏国真是到了山穷水尽的地步。西夏新国王李睍不得不向成吉思汗投降，但是要求推迟一个月时间，他说："为了准备贡品和安置灾民，请给我一个月时间，到时候，我亲自来拜见你。"

就在西夏投降后，成吉思汗病倒在六盘山，一来是因为当时天气炎热，二来是因为成吉思汗年纪大了，体力不如从前，经不起连年作战的劳累，成吉思汗眼看病情一天比一天严重，怕自己活不了几天，就开始考虑两件大事：一是把帝位传给谁；二是教他们如何治理国家，完成自己的事业。于是他把窝阔台、拖雷和其他儿子叫到身边，对他们说："我眼看就要死了。你们当中要有一个人来继承我的汗位，保护我们的国家，完成我的事业，你们一定要互相谦让，如果你们人人想当大汗，我就不知道该怎么办好。"

窝阔台他们听说，就跪在地上说："我们愿听父王的话，父王吩咐我们怎么做，我们就怎么做。"

成吉思汗又说："我将立窝阔台为汗，因为他雄才大略，足智多谋，你们其他人谁也比不上他，只有他才能够统帅全国军队，保卫我们的国土，只有他才能使你们过上幸福的生活，享受荣华富贵。如果你们同意，就要当面在我面前立下文书，承认窝阔台为汗，听他的命令，不许改变在我面前答应的事，也不许违反我的法令。"

成吉思汗的儿子立刻立下了由窝阔台继承大汗位的文书。

处理完了汗位继承问题后，成吉思汗又考虑如何治理国家的事，因为最大的敌人金朝还没有灭亡。他对他的儿子们和大将们说："金朝的精兵都在潼关，潼关地势险要，易守难攻，你们不要从这个地方去进攻。宋朝和金是世世代代的仇人，你们要联合宋朝，借道从宋朝出发，直捣开封，那样一定能取得胜利的。"后来，窝阔台按照这个方略，终于在公元1234

年消灭了金朝。

另外，成吉思汗还担心西夏知道自己死了，会不投降，就命令他的将领们不要让西夏人知道，等西夏王李睍来朝拜时，杀掉他，并杀掉中兴府里所有的人。后来这些都按成吉思汗的计划实行了。

公元 1227 年，成吉思汗病死在六盘山，终年 66 岁。成吉思汗的儿子们和大将们护送他的灵柩到达克鲁伦河源的大斡耳朵（就是大帐的意思，大汗居住的地方）。为了保密，他们沿路见人就杀，杀了许多无辜的百姓，后来，在蒙古各地的成吉思汗的儿子们、弟兄们等，为他举行了隆重的丧礼，把他埋在肯特山的起辇谷。

成吉思汗是蒙古族伟大的英雄，他使蒙古人民摆脱了金朝的奴役，并统一了蒙古，他还是一个杰出的军事家，为统一全中国打下了基础。

拖雷暴死疑案

成吉思汗死后由窝阔后接替汗位，他趁李睍出城时杀入中兴府，西夏人民惨遭噩运。西夏国灭亡了。

蒙古联宋攻金，节节胜利，打得金军兵败如山倒。窝阔台比较明智，他派名将速不台率部两万向东追击逃跑的金兵，自己带领主力撤回和林。窝阔台虽然当上大汗，但迟迟不愿召开贵族大会，他对察合台和拖雷很不放心，怕他俩搞分裂。拖来拖去实在不能再拖了，窝阔台只得在公元 1229 年召开大会，出乎他意料的是实力强大的察合台和拖雷并没有反对自己，只是态度暧昧些，他总算正式继承汗位，顺利掌握了大权。

拖雷虽然是成吉思汗最疼爱的皇子，拥有兵权，实力强大，但他忠于父命，压住了非分之想。另外头顶还有位二哥察合台呢，所以拖雷谁也不得罪，乐得清闲。

窝阔台继汗位后的头道命令是让二哥察合台去治理其他封地，他则带着拖雷挥师攻金南下。

名将速不台的确厉害，他已经攻破了数座城池，直打到金的重镇凤翔，凤翔守军十分吃力。窝阔台率大队人马来此参战，守军支持不住了，凤翔失陷。长安继之又陷，金军退守潼关和黄河一线。潼关地势险恶，很难攻打，拖雷向宋军借路，打算翻过秦岭顺汉水而下，绕潼关而行，直取金国汴梁。谁知宋军不肯借路，双方交战，宋军惨败。拖雷闪电般打到汴梁城下，窝阔台率众随后赶到，速不台负责攻打汴梁孤城一座。金帝完颜守绪留城镇守。窝阔台没把他放在心上，对拖雷说："四弟，要不了多久速不台就会攻破汴梁，活捉完颜守绪，咱们北归吧。"

拖雷点头同意。他俩没有想到的是，战无不胜的速不台竟啃不动汴梁这块骨头，他整整攻打了3个月，就是打不下来。窝阔台听说此事很惊讶，领着拖雷又往回返。完颜守绪得知蒙军增援，只得逃离了汴梁，让大将崔立留守。

"开始我以为完颜守绪这小子是个废物呢，谁知他真有两下子，是我小瞧他了。"

"速不台将军可能第一次碰到如此难对付的对手，3个月，恐怕他头发都该白了吧。"

"汴梁，哼，我看它还能存在几天。"

窝阔台和拖雷边骑马边谈话，谁曾想就在这日夜里，窝阔台忽然得了重病。蒙古大军只好就地扎营，等候消息。拖雷作安顿休整的部署。几位军医出出入入，给窝阔台治病护理。拖雷则每日巡岗视察后就来看望他。窝阔台脸色淡黄，神情有点憔悴，但两只眼睛却很亮，除说话有气无力外似乎看不出得了什么病。半个月后病情仍不见强，窝阔台斥走军医，他认为自己是中了魔，找来一位巫师驱魔降邪。拖雷看见那个披头散发的古怪巫师，心中十分不舒服，但他又不好说什么。

从此那巫师拿着桃木剑，在窝阔台帐前疯疯癫癫地跑来跑去，喊些谁也听不懂的话。

折腾了五六天，好像也没见窝阔台好起来。一夜，拖雷巡岗后往回走，两个士兵找到他道："将军，大汗叫您马上去见他，说有急事相商，不可耽误。"拖雷以为军情有变，小跑着来到大汗的寝帐前，那位巫师却像具僵尸似地立在帐口边，他手里还托个酒瓶，嘴角全是白沫，念念有词，拖雷顾不得去看他，跑进帐内。

帐内一点声息也没有。明月高悬，万籁皆幽，偶尔能听到战马的响鼻和哨兵的脚步声，不知过去了多长时间，忽听窝阔台低沉沙哑地说道："请大师进来。"

帐外的巫师立即挑开厚厚的帐帘钻了进去。片刻之后拖雷脸色竟然惨绿地走出帐篷，他呼吸粗重，双眼发直，走路摇摇晃晃。拖雷手下有个叫乌达的亲信，恰巧迎面而来，看见拖雷这副模样不由地大惊失色，忙上去扶住他，失声道："将军你，你怎么了？"

拖雷软软地靠在他身上，道："扶……扶我回帐。"此刻他的神智还很清醒。

拖雷回到帐篷后，便沉沉睡去，无论乌达怎样呼唤他也不醒。三日来拖雷水米不进，如同死人一般毫无反应，直到第四日清晨拖雷忽然醒来，手抓胸襟痛苦地大叫几声，口喷鲜血，顷刻而亡。

拖雷之死一案迷雾重重，疑点甚多，那个巫师神秘地失踪了，窝阔台随后也恢复了健康，难道是他三人设骗陷害实力强大的拖雷？还是拖雷答应了窝阔台什么事？或是那巫师耍弄了他们？千古疑案，不得而知。

邱真人万里拜谒成吉思汗

　　金、元两代的统治者都是先从北方草原上的游牧民族发展起来，最后入主中原的。他们原有的政治、经济和文化水平都落后于汉族，因此，统治手段较为落后，为了巩固和加强对中原的统治和管理，他们不得不学习汉族的统治方法，接受汉族的政治、经济和文化，因此，金、元两朝都扶持宗教以便控制民众，而处于战乱之中的人们也需要宗教信仰帮助自己得以解脱。金、元之际的道教就在这样一个大背景下得到了发展。因为宋代推崇道教，宋徽宗甚至自号"道君皇帝"，并因此导致了诸多弊端，朝野和民众对道教产生了不信任感；故南方天师道（正一教）在南宋及金、元时期发展趋于停滞。而在金元控制的北方，因为上述等诸多原因而发展形成了3个道教新派别：全真教、大道教、太一教，其中以全真教最为兴盛。

　　全真教的创始人为金代著名的道士王重阳（公元1112—1170年），他在山东传有七大弟子：邱处机、马钰、谭处端、刘处玄、王处一、郝大通、孙不二，尤以邱处机影响最大。

　　邱处机（公元1148—1227年），元代著名道士，号长春真人。他20岁时拜王重阳为师，苦修多年，声名满天下，南宋、金、蒙古三国皇帝都争相结交他。

　　蒙古伐金后，北方地区战乱频繁，幸存的人们更多地依附全真教寻求寄托；邱处机掌教时"全真教徒满天下"，成为各种势力都想拉拢和利用的对象。"一代天骄"成吉思汗在西征中，专门派人到山东邀请邱处机。

　　在成吉思汗的不断诏请下，已73岁的邱处机于公元1221年年初从宣德州（今河北宣化）出发，先奔东北，至呼伦湖；然后向西横穿蒙古高原，翻越阿尔泰山，再沿天山北路西行渡过阿姆河，于1222年到达了大雪山成吉思汗行营。行程历时一年零两个月；如从莱州动身算起，则途中历时为4年。

成吉思汗视邱处机为神仙，让他住在自己帐篷旁边的帐篷中，并特许他见面不用跪拜。邱处机以70多岁的高龄，远行万里来见成吉思汗，主要的目的之一是想劝导蒙古军队不要乱杀人，"拯亿兆于沧海横流之下"。他讲道3次，并多次劝说成吉思汗：统一天下者，必在乎不嗜杀人；治国之方，以敬天爱民为本；长生之道，以清心寡欲为要。成吉思汗虽然觉得他说得有些道理，但自认为难以做到。

公元1223年年初，邱处机启程东返，于第二年二月到达燕京（今北京）。成吉思汗虽然没有听从邱处机的劝告，但允准全真教的人可以免除赋税，并任命邱处机总管天下道教，企图利用他在广大教徒中的威望来发展和加强自己对中原地区的统治。

全真教的祖师王重阳规定：本门弟子不得做官，永远安居于民间。邱处机根据当时的天下大势，改变了这一教条，主动与统治者合作，改革全真道教，得到了朝野的普遍支持，使全真派一时发展达到兴盛空前的境地。

邱处机还是个了不起的诗人，他西游其间写了不少诗篇，诗作反映了成吉思汗征西域的"后果"。

木华黎经略中原

在大蒙古国的开国功臣中，木华黎与博尔术、博尔忽、赤老温一起号称"四杰"。他是大蒙古国的杰出统帅和谋臣。是能给成吉思汗以重大影响的少数几个人物之一。在大蒙古国发展到元王朝的历史进程中，木华黎经略中原是重要的一步。

1217 年，成吉思汗封木华黎为太师、国王、都行省承制行事，赐誓券、黄金印。这个黄金印上面刻的"太行以北，朕自经营，太行以南，卿其勉之。"又把九游白旗交付给他，并对诸将说："木华黎树起这面旗帜，发号施令，如同我亲临一般。"

当成吉思汗西征时，木华黎就全力经略中原。成吉思汗西征带走了蒙古军的主力，木华黎分得的蒙古军仅 1.3 万骑，此外有契丹人、女真人和汉人组成的军队约 7.7 万人。由于战事的需要，木华黎从蒙古军中抽出一部分人，加上汪古等部的军队，另行编组了探马赤军，充当前锋，当木华黎受命为国王时，他麾下的军队共约 10 万余人，控制着燕京、西京（今大同）及其以北地方。

木华黎受命以后，当即在燕京、西京设置行省，向这两个地方以南的河北、山东、山西各地发动进攻。到 1221 年夏，他的军队已经攻下黄河以北的绝大部分地方。这年秋冬之际，他开始部署进兵秦陇。1222 年，进占河中（治所河东，今属山西永济），建河东南北路陕右关西行台。接着，渡河攻下蒲城，一军进击长安，又一军进击凤翔，但未能成功。1223 年，木华黎渡河东返至闻喜县（今属山西），病重而亡。临死前，他对弟带孙说："我协助国家建树大业，东征西讨达 40 年，没有什么遗恨，只是恨汴京还没有攻下！"他死后，他的儿子孛鲁袭为国王，继承了他的未竟事业。

木华黎虽然没有攻克汴京，灭亡金国，但是他已为蒙古统治中原打下了基础。他在 1217 年以后的军事行动中改变屠杀抢掠和占而复撤的做法，力图长期占领和统治中原地区。为此，他注意召民耕种，恢复农业生产，并大力收附汉族地主武装势力。

蒙古开始伐金以后，铁骑所到之处，杀掠十分严重，撤军时，金帛、子女、牛羊马畜，统统席卷一空，"屋庐焚毁，城郭丘墟"。败逃的金兵也大肆抢掠，残害百姓。兵荒马乱之际，盗贼蜂起，又不断骚扰地方。这样，黄河以北的广大地区处于"荡然无统"的局面之下。现在，木华黎再次挥师南下，虽然难免还有杀掠，但变化也是明显的。如 1218 年秋蒙古军攻下太原，"不嗜戕杀，恣民耕稼"，镇守在这里的将领，修葺城市，让市肆照常进行。1220 年，汉族大将史天倪进言："如今中原一带地方大致攻下了，但我们的军队经过一个地方还要抢掠，这不符合'王者吊民伐罪'的意思。国王要为天下除暴，不能继续这样做了。"木华黎听从了这个意见，下令禁止掳掠，凡掳获的老人幼童，都遣返乡里，"敢有剽房者，以军法从事。"从此，他的麾下建立了禁止剽掠的新纪律，"军中肃然，吏民大悦"。

蒙古攻金以后，特别是 1214 年金迁都南京（今开封）以后，黄河以北地区，金不能有效地控制，蒙古也未牢固占据。在混乱之际，留守的金朝官将或地方豪强纷纷成为各占一方的武装割据势力。木华黎原来在长城以北就收附了一批契丹、女真、汉人的地方武装首领，其中史天倪、石天应等成了自己得力的部将。木华黎再次挥师南下时，就更加注意各地汉族的武装势力。他手中的 10 万军队只能驻在战略要地和用于大的战役行动，不能分散到广袤几千里的战线上去，他缺乏为了建立长久的统治而必需的大量的治理人才。于是采取了"招集豪杰，勘定未下城邑"的做法。凡是归降的汉族地主武装首领，一概让他们依旧管辖原有的地盘。如是金方官将，或者维持原职，或者授以更高职位，如是平民，按势力大小授以新职。在蒙强金弱的形势下，越来越多的汉人地主武装首领归向木华黎。其中，如燕南张柔、山东严实等人的归附都对大局有重大影响。

在木华黎的进攻下，金的州县机构普遍瓦解。1218 年平阳（治所临汾，今属山西）失守后，金在黄河以北不能再置统一的军政机构。金廷也采取向地方官将和豪强授以高衔，支持他们"统众守土""各保一方"和恢复失地的政策。1220 年年初，金帝进一步封 9 个地方首领为公，"九公"都兼宣抚使，并明确诏示：除已划定所管州县外，如能收复邻近州县，也令管属。但是这些受金册封的"公"实力有限，互相又不统摄，所以在同蒙古方面周旋一阵以后，不是向蒙古投降，就是被蒙古执杀，或者逃奔河南，或者退守一隅，最后还是不免被消灭的命运。"九公"之中，武仙最为强盛。武仙所据的真定一带是蒙金双方反复争夺的地方。1220年秋武仙以真定降于蒙古，但1225年又投向金国，在蒙古军队讨伐下，只好逃奔汴京。

木华黎依靠强大的军事力量和汉族地主比较愿意接受的政策使一大批汉族地主武装势力倒向了自己，并逐渐消灭了投靠金方的地主武装。在他死后，他的这些做法也为他的后继者所承袭。这样，蒙古对中原地区的占领就开始稳定下来了，蒙古贵族与汉族地主对中原地区的联合统治也开始建立起来了。

"治天下匠"耶律楚材

西汉的陆贾说过，可以骑着马打天下，却不能骑着马治天下。蒙古人进入到中原以后，情况发生了很大变化；原来他们是靠放牧为生的，而现在来到了以耕种为生的中原；原来他们还处在奴隶社会，现在却来到了封建社会。他们是怎样来治理好天下的呢？功劳应该归"治天下匠"耶律楚材。

耶律楚材是契丹人，但是他精通汉族文化，3岁的时候，他父亲就死了，是他母亲把他抚养、教育成人的。他从小就读了很多书，掌握了天文、地理、历法、数学、医学以及三教九流等许多方面的知识，成为一个博学的人。公元1215年，成吉思汗攻下中都，听说耶律楚才很有才能，就下令召见他。成吉思汗见他长得很高大，留着漂亮的长胡子，就叫他"吾图撒合里"（蒙古语长胡子的意思），把他留在身边办事。

耶律楚材得到了成吉思汗的信任后，就劝他用儒教来治理国家，但成吉思汗光顾着打仗，没有听取他的意见，这时一个善于造弓的能匠常八斤非常嫉妒他，就对成吉思汗说："现在正在打仗，像耶律楚材这样的读书人有什么用呢？"耶律楚材说："造弓还要造弓匠呢，治理天下难道不要'治天下匠'吗？"成吉思汗觉得很有道理，就更加信任他了。后来他对窝阔台说："这个长胡子是上天赐给我家的，以后你要把国家大事交给他去治理。"

成吉思汗死后，窝阔台即位当了大汗。耶律楚材就按中原王朝的统治，定了一个礼仪制度，要求皇族的人和大臣们见了皇帝都要下拜。这样，皇帝才是个皇帝的样子，大臣才像个大臣的样子。

蒙古进入中原以后，很多人还想用过去的老办法来统治。有个叫别迭的大臣说："汉人对我们一点儿用处也没有，不如把他们统统赶走杀光，让田地长起绿草，好让我们去放牧。"耶律楚材却对窝阔台说："这样广大富饶的地方，怎么说没有什么用呢？大汗您不是要攻打金国吗？如果您让我来征收这里的赋税，我一定能满足您的需要。"窝阔台说："好吧，我让你试一试。"耶律楚材立刻定下了中原的地税、商税和盐、铁、酒、土产等税，并在燕京设立了十路征收课税使。为了使军政和民政分开，他设长吏专门管理老百姓，设万户府专门管理军政，设课税所专门管理征收赋税，第二年，耶律楚材就征收了白银50万两、绢8万匹、粟40万石。他把征收的簿籍交给窝阔台，窝阔台看了非常高兴，说："你的本事真大，整天在我身边，却能使国家的财物那么充足。"并马上按照耶律楚材的建议，设立了中书省，任命他为中书令（宰相），让他管理黄河以北的政事。

耶律楚材还特别注意保存人口。过去蒙古人在打仗时曾规定，凡是对方抵抗的，那么，攻占城镇后，就要把敌人全部杀死，不管男女老幼。这叫做屠城，这种屠城政策杀害了许多老百姓，激起人民强烈反抗。公元1233年，大将速不台带兵攻打金朝首都汴京（今河南省开封市）。攻了很久也没有攻下，而且死了许多人。速不台非常生气，说："待我攻下汴京后，我要把城里的人一律杀光！"耶律楚材听到后，连忙对窝阔台说："将士打仗，就是要得到土地和人民，如果把老百姓都杀了，得到土地，没有人耕种，又有什么用呢？"窝阔台觉得很有道理，就下命令给速不台："除了金朝皇族以外，其他的人一律不许杀。"这样，就使当时在汴京城避难的147万老百姓保全了性命。在耶律楚材的建议下，派遣使臣邀请孔子第五十一代子孙孔元措赴蒙，封其为衍圣公，建孔庙，蒙古国始兴儒学。

由于成吉思汗没有制定一部完整的法律。"札撒黑"只是一部习惯法，而且只适用于草原。来到中原后，情况越来越复杂，犯罪的人也很多，社会秩序也越来越不安定了。耶律楚材就制定了一个临时法律，叫做《便宜十八事》，专门惩罚那些贪官、流氓、强盗等坏人，使社会秩序逐渐安定下来。

成吉思汗曾分封他的弟弟和儿子们到各地为王。窝阔台攻下金国后，也想把土地分封给诸王和功臣，耶律楚材反对这样做，他认为这样做，把权力交给了各个功臣，就会削弱大汗的权力，不利于中央集权的统治，不如多分一点金帛给他们，不让他们自己收税。于是就定下了"五户丝"制度，让老百姓每五户多交纳一斤丝，分给受封的贵族，而把征税的权利收归中央。

耶律楚材还常常劝说窝阔台接受儒教，按照孔子和孟子的方法来治理国家。于是，窝阔台就让他选拔儒生担任各级官员，并让他请有名的儒士来给皇太子和大臣的子孙们讲解儒教的经义。可是有一次，有两个做官的儒生犯了罪，窝阔台就责备耶律楚材，说儒生也犯了罪，可见孔孟之道也不好。耶律楚材说："三纲五常是圣人的教导，要治理国家就得遵循它，就像天上有太阳和月亮一样。不能因为一两个人有了过错，就放弃孔孟之道吧？"一席话说得窝阔台口服心服，不禁微笑着点了点头。

可是后来，窝阔台想增加收入，不愿减轻人民的负担，就开始不听耶律楚材的建议了。耶律材力争而未达目的，但他坚持为民请命。公元1241年，窝阔台去世，皇后乃马真监国，不再重用耶律楚材了，公元1244年，被罢官的耶律楚材，忧伤而死，享年55岁。耶律楚材是一位伟大的政治家，人们为了纪念他的功劳，把他安葬在玉泉山麓，专门为他修建了祭祠，并塑石像。到现在还保存在北京颐和园里呢。

大理风波

蒙古消灭金国后它的主要敌人便是南宋，蒙哥汗派四弟忽必烈驻守漠南，伺机与南宋开战。忽必烈大肆操兵演练，准备在边境挑衅寻事，南宋也察觉出情况有点不对头，时刻提防，局势明显紧张起来。

打开地图，蒙哥汗觉得要想征服南宋，最好的办法就是在北方和南方同时夹击，然而要想这样做必须首先征服地理位置优越的大理国。

大理国始建于唐代宗末年，都城在今云南大理县，是个少数民族国家，国土面积只有今云南省和四川西南部大。

忽必烈率领他的军队从甘肃进入西藏，分兵三路闪电般扑向大理。告急文书接二连三地传到大理皇帝段兴智手中，吓得他浑身发抖，不知该怎么办好。

段兴智是个不中用的皇帝，他没有主见，朝中政权没有掌握在他的手里，被高祥和高和兄弟俩掌握着，他急忙找这两人商量对策。高氏兄弟不以为然，说："皇爷你怕什么，蒙古军不过是一群乌合之众，你不必担心什么，一切交给我们了。"

段兴智没有多少信心，只好按他俩的吩咐去做。

忽必烈大军到达金沙江，派了3位使者去大理劝降，结果竟被高氏兄弟杀害，忽必烈没等到消息，知道出事了。公元 1253 年农历十二月忽必烈以猛虎下山之势带兵扑到大理都城下。高祥也不含糊，自任军帅，派弟弟高和迎战忽必烈，他以为凭借天时地利很快就能打退远道而来的蒙古人。没曾想蒙古人勇悍无比，根本抵挡不住，仅仅半天工夫高和被斩，都城被打得摇摇欲坠，大理兵退潮似地败下阵来。

"攻城！"忽必烈一声令下，蒙古军如蚂蚁一样涌向城墙，搅起尘土漫天飞扬。高祥见兄弟死了，城池危在旦夕，他抱着脑袋乘着混乱，惊慌失措地逃往姚州。刚到姚州蒙古追兵就到了，高祥吓得连夜逃离姚州，拼命往东跑。最后在离姚州 200 里的一个小树林被抓住。高祥押回大理的第二天即受酷刑而死。

皇帝段兴智也逃走了，他化装成普通老百姓，混出城去，直跑到善阐，即今昆明，方才停下来，忽必烈得到消息马上派兀良合台带兵去攻打善阐城，要他活捉段兴智。兀良合台只用了两天的功夫就攻破了善阐城，并且全城戒严，挨家挨户搜，四处捉拿段兴智。终于在一个山洞里把段兴智给揪了出来。忽必烈令兀良合台押送段兴智到蒙古和林，交给蒙哥汗处理，段兴智在和林狱中写下降书顺表，上呈蒙哥汗，至此大理国被蒙古征服了。

蒙哥汗经过认真思考，觉得杀了段兴智也没什么用，不如放他回去，协助四弟管理大理，仍让他在大理当皇帝。蒙古大汗的这一做法出乎段兴智的意料，他真是感恩戴德啊。

大理国少数民族居多，有些部族不听皇帝停止抵抗的命令，英勇地与蒙古军斗争。忽必烈只好四处征战，由兀良合台做先锋，攻城略地，整整用了两年的时间才算稳定了局势。

忽必烈这个人非同一般，足智多谋，是拖雷的儿子中最有心计的，他武功高强，喜好读书，深知治国之理，进入大理后没有杀一人，出榜安民，严明军纪，极受百姓拥护，他在大理顺利地站住脚。由于忽必烈太出众了，树大招风，使蒙哥汗十分不安。他疑心忽必烈有谋反之心，派亲王阿兰答儿一干人审查忽必烈在关中的文武官员，甚至动用了酷刑。忽必烈得知后，听从谋臣姚枢的建议急忙从大理赶回和林，把妻儿留下，孤身重返大理，以示诚心。蒙哥汗便不好再说什么了。

这年冬天，蒙哥汗正准备亲征南宋，度漠而南，到了河西，便写信召忽必烈前来，说道："大理平靖，兴兵伐宋时机已到，弟速归。本汗准备挥麾南下，进攻中原，与赵室共寝。"

忽必烈接到信只身来到河西，兄弟相见，放声大哭，相互拥抱。忽必烈想解释一番，蒙哥汗深情地说："兄弟，别说了，我知道你的心"。自此，冰消雪融，兄弟间复好如初。征服南宋，已成了他们的共识。

蒙哥汗台州遇飞矢

平定大理国后，蒙古积极准备攻打南宋，令蒙哥汗苦恼的是首都和林离中原太远，不利于指挥。忽必烈建议他迁都，并替他在醒州滦水的卧龙山，即今内蒙多伦县北方一带，修建了一座豪华的宫殿。蒙哥汗巡视后极为满意。这里不仅气候宜人，而且山水如画，不久就正式成为新都。

有一次，蒙哥汗召开最高军事会议，商议怎样伐宋。之后，蒙哥汗制定了3条路线：第一路是由兀良合台将军率留在大理的蒙古军自南向北打；第二路由塔察儿将军带领5万骑兵东下直抵江淮；蒙哥汗率第三路军转过关中，杀进四川，顺江与第二路军和兀良合台于襄阳城至长沙一线会师，再攻捣南宋京城临安。

蒙哥汗指挥第三路军经六盘山、大散关等地打进了四川，关中的蒙古将领纽林等人在他到来之前基本把障碍扫清了，所以第三路军入川很顺利，很快便打到合州城下。合州守军王坚治军严谨，布兵有方。一次次地击退蒙古人的攻击。纽林只好向蒙哥汗报告道："大汗，南宋合州守将叫王坚，此人很不简单，善于用兵，武功也很过硬，我们的先头部队被他打得损失惨重。""有这样的事！"蒙哥汗吃了一惊，他知道部将从不谎报军情，便指挥人马扑向合州。

蒙军如浪，气势惊天动地，合州将军王坚却毫无惧色，仍仔细观察着。

"攻城！"蒙哥汗下令攻打城池。千万军兵顿时呐喊着涌向合州。

王坚见敌人架长梯登上来了，果断地命令："泼水！"他话音一落，数十名宋军提着木桶来到垛口，将冒着热气的滚烫开水照攀城的蒙古兵当头泼下。蒙古兵被烫得怪叫连天，跌下城去，水花激溅，蒙古兵纷纷抱头鼠窜，一时间相互拥挤，显得非常混乱。

"继续冲锋！"蒙哥汗见状大怒，厉声斥责。纽林急忙带队猛冲，后杀上去的蒙古兵都用硬牛皮甲顶在头部处，以防开水。谁知宋军不倒开水了，扔下滚木雷石，又砸死许多蒙古兵。第二次冲锋失败。蒙哥汗双眼喷火，令纽林第三次再冲，纽林硬着头皮再次攻城，结果宋军开弓放箭，他肩膀中了一箭，狼狈不堪地败退回来。蒙哥汗见此刻军无斗志，只好暂且收兵，不料当晚王坚偷营劫寨，一把火烧了许多营帐，蒙哥汗被迫后撤10里地，双方形成对峙。

整个四川都拿下来了，小小的一个合州竟如此难攻，看来大宋国确实有能人。蒙哥汗思索半晌，忽然想到南宋有个投降来的将军，叫晋国宝，据说此人是王坚的同窗好友，传来一问果然如此。他道："你带使者去合州游说王坚投降，只要他肯交出合州，本汗给他的官职绝不会是个州郡守将，你即刻起程吧。"当晚晋国宝就前往宋营劝降了。蒙哥汗心中无底，也不知王坚能否听晋国宝的话，所以整夜没眠。

次日清晨，那随去的使者捂着脑袋，连滚带爬地逃回来了。他对蒙哥汗哭诉道："大汗，晋国宝已被王坚杀了，人头挂在城上示众。王坚将我两只耳朵割掉，让我回营转告大汗，说他王坚生是大宋人，死为大宋鬼，决不卖国求荣，背信弃义，蒙古大军要想进入合州，必须以血相换，请大汗责罪臣无能。"

蒙哥汗听罢，拍案而起，咆哮道："以血相换，以血相换！王坚，本汗誓要踏平合州城！"蒙古大军即日发动强攻。但无论是怎样拼命攻打，合州宛若泰山，纹丝不动。在王坚的指挥下，合州军民团结一致，粉碎了蒙古军的多次进攻，使超过宋军兵力20倍的无敌蒙师整整6个月未能前进半步，当然，宋军的损失也是巨大的。

蒙古第一路军进展比较快，南宋长沙失守，而第二路军在河南大胜关则被宋军卡住，边界主帅塔察儿也战死了。蒙哥汗只好叫忽必烈去统领二路军南下，他自己接着攻打合州。

数次强攻失利后，蒙哥不顾众将军劝阻，挥旗亲自率兵攻城，结果被打得大败。王坚在城头见千军万马之中一群扈从围着个光膀子的男人指挥兵卒反扑，他心头一震，难道此人就是蒙古大汗蒙哥！王坚命令开城门出战，趁蒙古军败退之时，打算活擒蒙哥。宋军一冲杀，情势更乱，竟不知从哪飞来块石头，正巧砸在蒙哥汗脑袋上，他当即摔落马下。

蒙哥汗被抢回大营，次日就因伤势过重而死。消息传来，合州城内一片欢腾庆贺。

抛开民族间争战的恩怨来看蒙哥汗，应当说他是一位俭朴聪明的蒙古大汗。蒙哥汗精通天文星相占卜术，阿拉伯天文、历算，并且娴熟于蒙、汉、阿拉伯语。在他的主持下，公元1258年在帖必力思城南马拉盖开始兴建规模宏大的天文台，次年建成，蒙哥汗所派的科学家在这里传播东方天文、数学知识，并把西方科学传到东方去。在这个科学中心，科学家徒昔主持编写了《伊利汗天文表》，其中以专章介绍了中国推步之术。可惜，一场不义的战场夺去蒙哥汗正在英年的生命。

元世祖忽必烈

成吉思汗的孙子忽必烈，同他的祖父一样是一位杰出的军事统帅，也是一个出色的政治家。

自公元 1241 年窝阔台去世至公元 1251 年蒙哥即位，大蒙古国经过了 10 年的混乱时期。先是窝阔台之妻乃马真摄政，公元 1246 年他们的长子贵由继承汗位，即定宗，实际上还是乃马真主事。两年后贵由死于"西巡"途中，拖雷诸子与窝阔台的子孙们展开了激烈的汗位争夺战，直到蒙哥汗登上大汗之位。

拖雷和妻子唆鲁忽帖尼有 4 个儿子：蒙哥汗、忽必烈、旭烈兀、阿里不哥，从小就受到良好的教育和汉文化的影响——他们的母亲很有心计，从中原请来名儒贤士讲解治国之道，其中忽必烈受影响最深，渐渐悟到治理中原必须用汉文化的道理。蒙哥汗即位的当年，就任命忽必烈主持漠南地区的军政事务。在 10 年的混乱中，当初耶律楚材的治理措施，全被废除了，中原人民重又陷入暴政之下，土地荒荒、人口流散、生产力受到极大的损害。

忽必烈主政中原后，苦心经营：选贤任能，清政去贪，劝农耕种……逐渐理出头绪，恢复了大部分生产力，将中原治理得井井有条，控制了中国北方大量的人力和雄厚的物力。

蒙古军队在对南宋作战的初期，并不太顺利，于是决定先征吐蕃（今青海东部等地），再攻大理（今属云南），然后包抄南宋，采用战略大迂回的战术。公元 1252 年夏，忽必烈率军南征大理。蒙古铁骑由北向南，不到半年时间就从今甘肃经青海、四川到达云南；先后越过大流河、大雪山、金沙江等险绝之地，完成了中国古代军事史上罕见的万里远征创举。第二年初，大理国灭亡，吐蕃也表示臣服，整个西南地区被蒙古军队控制，形成了对南宋王朝从南北两面夹攻的形势。年底，忽必烈留大将兀良合台镇守，自己返回北方。

南征的胜利和治理中原的成绩显示了忽必烈杰出的文治武功，他的声望在汉族地主阶级中日渐上升；许多豪强士绅纷纷靠拢忽必烈，愿意接受他的统治。忽必烈的周围聚集了一大批汉族文武人才，如刘秉忠、许衡、姚枢等文士，史天倪、张柔等武将。这些都为他进一步统治中原奠定了深厚的基础。

但是，忽必烈采用汉法治理中原却损害了蒙古贵族和西域商人的利益，他的声望之大也危机到了蒙哥汗的威信和皇权。经一些人的挑拨，蒙哥汗对忽必烈产生了猜忌，下令解除了忽必烈的兵权，并派人调查他，形势十分危急。关键时刻，忽必烈接受了姚枢的建议，不正面抗争，并且将妻子儿子送作人质，表明自己并无异图，亲自去向蒙哥汗当面解释。最终，蒙哥汗消除了疑虑，兄弟和好如初，忽必烈重新掌握了兵权。

公元 1258 年，蒙古大军兵分 3 路全面征伐南宋。

忽必烈在围攻鄂州时得知蒙哥汗的死讯，同时又听说留守都城的弟弟阿里不哥正准备继承汗位，便要回军与阿里不哥争夺大汗宝座。正好，这时南宋宰相贾似道请求割地赔款求和，忽必烈顺水推舟，订下和约，迅速率军北返。

公元 1260 年春，忽必烈在开平（今内蒙古多伦北）召集部分王公大臣集会，在他们的拥护下，抢先登上大汗之位。随后，阿里不哥在另一些王公大臣的拥戴下也宣布继承蒙哥汗的汗位。这样，大蒙古国同时有两个可汗，他们既是亲兄弟，又互相对立，并各有一部分皇族大臣的拥护，讲理是讲不清的，只有靠武力来解决了。经过 4 年的内战，忽必烈大获全胜；众叛亲离、走投无路的阿里不哥只好率残部到开平投降。

忽必烈与阿里不哥之争，是蒙古贵族统治集团内部的斗争，成吉思汗的后裔大多卷了进去。忽必烈由于掌握了中原地区的人力、物力和财力，得到汉族地主阶级的大力支持，而获得了全胜，并因此奠定了建立和巩固元朝的基础。

忽必烈即位之初，就颁诏指出成吉思汗创业以来的 50 余年中，单凭武功，缺管文治，表示自己要大力推行汉法。他在皇权巩固之后，更全力以赴地实施用汉法治理国家。因此，他在位 34 年（公元 1260—1294 年），取得了非凡的业绩：

第一，镇压了内部的武装叛乱和割据势力，建立和巩固了统一全国的元王朝。建元前后，忽必烈面临着如何统一中国的历史重任，他采取了一系列的正确措施，主要是推行汉法；这就遭到了蒙古旧贵族的激烈反对，并一再发动叛乱。忽必烈成功地镇压了阿里不哥、海都等叛乱的蒙古旧贵族，削平了割据山东等地方豪强，征灭了腐朽的南宋王朝，最终完成了统一大业。这是中国历史上继秦始皇和隋文帝之后的又一次大统一，对于推动我国多民族统一国家的进一步发展有着重大的历史意义。比如，他任命八思巴掌管西藏地方行政事务，结束了西藏 300 年的战乱局面，促进了中国的历史进程。

第二，废弃"旧章"，推行汉法。忽必烈之前的蒙古游牧贵族落后、野蛮的统治方式，导致中国北方社会经济的破坏和衰退，并给人民带来无穷的战乱灾害。忽必烈即位之后，大力废除蒙古游牧贵族的旧制度，全面采用汉法——即承袭宋、金以来的封建政治、经济及文化制度，并在新的历史条件下加以某些改进，使上层建筑能够适应经济基础，这对于社会的安定和进步起了积极的作用。

忽必烈推行汉法的主要内容有：建立年号、国号和礼仪制度，并把都城从漠北的和林迁到中原地区的大都；建立国家机构和职官制度，确定中央的封建专制统治，如建立中书省和各行省、设立主管军务的枢密院、纠察百官的御史台，用汉文化教育蒙古贵族子弟，各地的学校也有了恢复甚至发展，这些都有利于中原传统文化的保存。

第三，实行重视农业生产的政策，恢复和发展社会生产力。

忽必烈即位之初，就在各地设立专门管理农业和林业的机构，鼓励开荒、兴修水利，禁止军队占用农田作牧场毁坏庄稼，重新开通了约 3000 里长的运河。不到 10 年，中原地区长期遭到破坏的农业生产基本得到恢复，并得到了进一步的发展。这些都为中原传统文化的保存和延续提供了可靠的物质基础。

忽必烈的一系列做法，主观上的根本目的是为了维护自己的统治，但在客观上却符合历史发展的必然趋势——落后的游牧奴隶文明必定要适应先进的农业封建文明，适应得越好，越能发展和巩固统治；不能适应或适应后又反复，必然要遭到历史的报应。忽必烈晚年已经不能坚持推行治法，他之后的统治者们，大多没有继承他先进的一方面，却发展了其落后的一方面；导致元朝中后期阶级和民族矛盾日益激烈，统治集团内部争权夺利的斗争也更加尖锐，这也是元朝为什么不到百年就灭亡的主要原因之一。

廉希宪施行仁政

廉希宪是元朝初年著名的儒士、政治家，是元世祖的左膀右臂。他小的时候，言行举止便超凡脱俗，遇事非常有主见。9岁时，4个家奴盗走5匹马被抓获，依法当死，廉希宪却声泪俱下劝父亲饶恕了他们；而且有一次，两个家奴借着酒劲奚落廉希宪，他觉得这是在侮辱自己，于是将这两个人送到府狱杖责。

廉希宪聪颖好学，19岁便得到了忽必烈的信任。有一次，他正在读《孟子》，忽必烈要召见他，他就装着书出来拜见。忽必烈问他《孟子》的内容，他就用孟子主张性善、好义非利、崇仁恶暴的主旨回答，忽必烈听后非常高兴，说："你就可以称得上是廉孟子嘛！"从此以后，人们就用"廉孟子"称呼他。

忽必烈的近臣们有一次进行射箭比赛，有个人射完了自己的箭就要取廉希宪的箭，他以为廉孟子一个书生，怎会射箭？哪知廉希宪微笑着制止他，从容地说："你觉得我不能射箭吗？"身边的人递给他一张硬弓，他三射三中，众人惊叹："廉希宪真是文武全才。"

廉希宪的"武"更在于他有天才的指挥才能。宪宗蒙哥去世后，他一面劝忽必烈还京即位，一面又先回京师，沿途宣讲天心人事——忽必烈应为大汗。得到了宗王塔察儿的响应。

忽必烈即位以后，廉希宪又根据当时的局势，建议遣回高丽王子，并与宋议和，得到忽必烈的赞许。接着又设计平定刘太平、霍鲁海的谋反，并代传圣旨，命汪惟良带领秦州、巩州等处军队向六盘山进军，又调发更戍的蜀军及壮丁，由诸军总师八春统领，与汪惟良会合，最后，彻底控制了关右的形势。忽必烈知道后，不但没有怪罪他，反而觉得廉希宪用兵灵活，有胆有识。赐给金虎符，节制诸军，并下诏说：“朕委派你负责这方面的事情，你可以权衡利弊，自行定夺，不要拘束于平时的制度而失去战机。”可见，忽必烈即位之初，廉希宪掌握和控制了整个西线的战事。因此，30岁的廉希宪便由中书右丞晋升为平章政事。

廉希宪整顿朝纲，兴利除害。他建议忽必烈根据治理的政绩，对世袭的官员进行升降，刷新了地方吏治。奸臣阿合马擅权当道，管理财政，没人敢得罪他。廉希宪却认真追查阿合马的劣迹，如实上奏，使阿合马受到杖刑。

廉希宪在忽必烈面前奏事，总是据理力争，有时竟和皇帝辩论起来。气得忽必烈有一次大发雷霆，指着廉希宪说：“当初你在我的藩王府时，尚能忍受委屈，现在你做了我的重臣，怎么反倒变得这么强硬呢！”廉希宪毫无惧色，从容答道：“王府事轻，天下事重，如果我不直言以谏，天下将受其害。我这样做并不是不自爱。”忽必烈觉得他说得非常有理。

公元1270年，忽必烈下诏赦免京师囚犯。西域人匿赞马丁是先帝的大臣，为怨家所告入狱，这次也赦免了。匿赞马丁的冤家向皇帝申斥。廉希宪得知后，立即在中书省签发释放匿赞马丁的文书上补签了自己的名字。因释放匿赞马丁时他正在家休假，不知此事，他不想借这个理由逃避此事。果然，忽必烈责问是谁做主释放匿赞马丁，廉希宪说：“这是陛下诏书上说的。”忽必烈生气地说：“诏书上说释放囚犯，有诏书说释放匿赞马丁吗？”廉希宪回答：“不释放匿赞马丁，我们也不知道这个诏书。”忽必烈果然大怒：“你们号称读书之人，碰到事情竟然这样，应该定个什么罪？”廉希宪不加思索地说：“我们身为宰相，有罪应该罢退。”忽必烈见一点台阶也没有，很不高兴地说：“就按你说的办吧！”于是把他和左丞相耶律铸一同罢退了。

过了几天，忽必烈觉得心里很不是滋味，他问侍臣：“希宪在家做什么？”侍臣说：“读书。”忽必烈沉着脸说：“读书当然是我要求的，但是读书而不能用，多读有什么用处？"奸臣阿合马见状，赶忙趁机进谗："廉希宪天天在家同妻子设宴寻欢。""胡说！希宪没有钱，用什么设宴？"忽必烈脸色更加难看。

公元1274年，忽必烈起用廉希宪为北京行省平章政事。并派他去东北镇守辽东。有一次，大公主同国婿去京师，途经辽阳，在郊外射猎，践踏了庄稼，侵扰了百姓。廉希宪当面向国婿讲道理，并说要向皇帝奏明。国婿害怕，来求公主，公主设宴来求希宪，并表示愿拿出15000贯钱偿还百姓，请求不要上奏朝廷。从这以后，诸王贵族经过辽阳，再也不敢放纵害民了。

公元1275年，忽必烈把廉希宪从东北召回，命他坐镇荆南行省，配合南征灭宋，廉希宪带病冒着暑热疾驱南下，到江陵，右丞上将阿里海牙率部到郊外迎接，望着来人掀起的尘土下拜，使荆州人士大为惊骇。

廉希宪来到江陵，马上下令，禁止元军抢掠居民财产，开展贸易，兴利除弊，地方秩序很快安定下来。廉希宪按忽必烈的要求施行儒家的"仁政"，颁发了一些命令。接着又大兴办学，在廉希宪看来，"办学讲经是不可延缓的"，所以他选教官，置经书。还在学校成立之初，廉希宪亲自到学校讲课，勉励学习生员。

由于廉希宪施行仁政，荆州西南地区宋境的苗族聚居区里很多头人都越境来归顺。忽必烈得知后说："先朝非用兵而不可得的地方，现在希宪能令千百里外居民越境纳土，他的仁政感化力量真大啊！"

襄樊大战灭南宋

忽必烈继承汗位以后，先后打败了阿里不哥，平定了李檀叛乱。随后，他又重新开始了灭亡南宋，准备完成统一全中国的大业。

那时，南宋四川守将刘整投降了蒙古。刘整是南宋名将，有勇有谋，作战勇敢，打了很多胜仗。当时，南宋的宰相是大奸臣贾似道，他把持朝政，只顾吃喝玩乐，根本不把抗击蒙古的事儿放在心上。不但如此，他还打击朝中主张抗击蒙古的大臣，把抗击蒙古的名将向士璧、曹世雄给害死了。刘整眼看着自己的性命也将不保，就带着部下投降了蒙古。为了表示自己的忠诚，刘整献出了一条灭亡南宋的妙计：襄阳是南宋的门户，先攻襄阳，打开大门，然后顺着汉水进入长江，往下直捣南宋京城临安。忽必烈非常高兴，就采纳了刘整的计策。

襄樊是襄阳和樊城的合称。襄阳在汉水南边，守将是吕文焕；樊城在汉水北边，由范天顺把守，襄樊城里粮食充足，兵多将广，城墙也十分坚固，易守难功，而且两城之间有浮桥连着。公元 1268 年，忽必烈派阿术为主帅，刘整为副帅，进攻襄樊。阿术和刘整将襄樊团团围住，并在江边修筑堡垒，在河中钉上木桩，拉上铁链，想把南宋军队困在城里。第二年，忽必烈又派史天泽和驸马忽刺也来攻打襄樊。史天泽到后，又加强了包围，并对襄樊城发动了猛攻，但是没有打下来。一到雨季，汉水涨水，襄樊周围到处都是水，元军不得不停止进攻，这样打打停停，一直打了 5 年。

公元 1271 年，忽必烈又派四川的军队来进攻襄樊。这时，两城已经被围了 5 年，城里的盐、布、粮食等都用完了。南宋派范文虎去救援，可是他贪生怕死，根本就不敢去。公元 1272 年，驻扎里郢州（今湖北省钟祥市）的南宋名将李庭芝，他听说有条清水河，直通汉水，可到达襄阳，便命令修造了100 艘小船，装满粮食、盐等东西，派士兵将领张顺、张贵去支援襄阳，张顺的绰号叫"竹园张"，张贵的绰号叫"矮张"，他们俩都很有本事，他们马上答应了这件事。

一天夜晚，张顺、张贵带着 100 艘小船，向襄阳冲去。元军（当时元朝已经建立，所以叫元军）一点准备也没有，又是到晚上，他们不知道宋军来了多少人，就不敢和宋军交锋。张顺、张贵他们沿途斩断了许多铁链，拔掉了许多木桩,从元军的包围中冲了过去。第二天早上到达襄阳时,却没看见张顺。过了几天,人们看见张顺的尸体浮在江中,身上中了 6 支箭,还有 4 处刀伤,但手里仍握着弓箭,仿佛还要射杀敌人呢。张贵等人的支援,大大增强了襄樊士兵的士气,张贵建议联络郢州宋兵来夹击元军,于是派了两个士兵,潜水将蜡书送了过去。范文虎答应派 5000 人来夹攻元军,并约了时间,于是在一个夜晚,张贵带着大军从城里杀出,向元军猛攻,可是范文虎不敢打仗,带着兵跑了回来,于是元军就专门进攻张贵,后来张贵负伤,被元军捉住,让阿术给杀害了。

忽必烈见襄樊总是攻不下来,就向将领们问计。这时,有一个名叫阿里海牙的将领对忽必烈说:"襄阳和樊城就像牛的两只角一样,它们互相支援,所以老也攻不下来。不如先攻樊城,攻下之后再进攻襄阳,一个一个地消灭。"忽必烈一听很有道理,非常高兴,就马上命令阿术先攻打樊城。阿术集中大军猛攻樊城。这时,元军又运来了威力很大的回回炮,他们用"回回炮"轰塌了城墙,然后争先恐后地往前冲,可是宋军的箭和飞石,像雨点一般地飞了下来,元军被压得抬不起头。后军将领张弘范急忙带兵冲了上来,可还是没有用,连张弘范都中了一箭。

樊城守军为什么这么厉害呢?原来襄阳的守军通过浮桥,不断地过来支援。因此,元军在攻打樊城时,还是跟同攻两个城一样。阿术也看了出来,要想打胜仗,就得截断浮桥。于是,就命令士兵向浮桥进攻,烧断了浮桥。这一来,樊城就得不到支援了。元军又向樊城猛攻。最后攻破了城池,主将范天顺自杀了。副将牛富带着最后的 100 多人,拼命抵抗,后来也投火自杀了。

樊城被攻占之后,襄阳就成为一个孤零零的城池了,吕文焕急忙向朝廷告急。朝中大臣们就想叫高达去支援。可是,吕文焕和高达有仇,贾似道不同意。吕文焕听说要派高达来,就不要支援,在城里等死了。这时阿术就派刘整来劝吕文焕投降。吕文焕本来就不想守城,便乘势准备投降了。

公元 1273 年年初，吕文焕打开城门，投降了元军，忽必烈马上任命他为襄汉大都督。

襄阳、樊城被元军夺取以后，南宋的大门就被打开了。公元 1274 年，忽必烈命令左丞相伯颜为统帅，率领 20 万大军，沿汉水进入长江，水陆并进，沿长江东下，一直扑向南宋京城临安。公元 1276 年，元军进入临安，到 1279 年，南宋全部被元军打败了。这样，南宋灭亡，元朝统一了整个中国。

从金中都到元大都

北京，位于华北平原的西北边缘，地处平原与山地交界地带：西、北部群山环抱，东南一带古代为大片沼泽，后形成冲积平原。它的西南角接近太行山下，是通向华北平原的门户；北部为燕山余脉，但西北和东北可通过南口及古北口等山谷，通往内蒙古高原和松辽大平原。雄伟险要的地理环境，使之成为天然的军事要地。

古称北京为"燕"和"蓟"，司马迁在《史记》中就有周武王封召公于燕的记载，距今已有 3000 多年的历史了。春秋战国时期，蓟城是"战国七雄"之一的燕国的都城。从秦汉到隋唐，它都是军事重镇，也是汉族和少数民族进行贸易的大都会；虽然地名更改多次，但城市的基本地理位置变动不大。

辽代则称北京为"南京"，也称燕京，作为辽国的陪都；但北京真正作为都城，是在金朝。

金灭辽之后约 30 年，于贞元元年（公元 1153 年），正式将都城从上京会宁府（今黑龙江阿城南）迁到北京，改称"中都"。这是北京从军事重镇和贸易中心而成为政治中心的转折点，此后，元、明、清三代均以北

京为首都。

元

朝

　　金中都是在辽南京城的旧址上扩建而成的，其位置在今北京城的南部。城平面近似正方形，周长约 15 公里，每边各有 3 座城门。皇帝居住的宫城，位于城内中部偏西南处，呈规整的长方形。金大定十九年（公元 1179 年）又在城东北郊建立了离宫——大宁宫，其中心部位，在今北海公园琼华岛和团城一带。

　　宏伟壮丽的中都城，对后来元代大都城的建设影响极大。

　　金朝在北京建都 60 余年，金贞祐三年（公元 1215 年），蒙古骑兵突破南口天险，攻占中都，全城毁于一片火海之中。元世祖忽必烈即位之初，采取两都制度，以开平（今蒙古多伦西北）为主要都城，称为上都，以中都为陪都。数年后，忽必烈决定建设中都新城；并立即征集工匠，组建工程指挥机构，任命曾主持上都城建设的汉人刘秉忠负责规划营建。

　　刘秉中首先进行了十分详细的地形测量，然后制定了总体建设规划。修建房屋和街道之前，先埋设了全城的下水道，再逐渐按规划好的城市蓝图修建。

至元四年（公元 1267 年），规模宏大的新中都建成。同年，忽必烈公开废除"蒙古"国号，按照《易经》中"大哉乾元"之意，改国号为"大元"。第二年，忽必烈又命名中都新城为"大都"，宣布建都于此，而以上都开平为夏都（陪都）；蒙古人则称大都为"汗八里克"，意即汗城。迁都于此，同时也意味着政治中心的南移，忽必烈决心灭宋，做统治全国的皇帝。

元大都在地址的选择上，有意避开了金中都的废墟。但又把未遭破坏的、风景优美的大宁宫及附近的大片湖面（当时称为"海子"）包括了进去，并作为城市的中心部分。在城市的设计布局上体现了我国传统的建都原则：三重城恒，中轴对称，前朝后市，左祖右社。

第一重城墙为外城，即整个城市的外廓。外城长约 28 公里，平面呈长方形。城墙全部用土夯成，外面是又宽又深的护城河。城四角建有巨大的角楼，如现在北京建国门外的古观象台，就是当时的东南角楼。

外城共有 11 座城门，很别致。据说，这是设计者刘秉忠以此象征神话传说中三头六臂的哪吒：南面三座门象征他的三头，东西两边各三座门象征他的六臂，北面的两座门则是他的双足。

第二重城墙皇城，周长约 10 公里，位于全城南部的中央地区。皇城的中部是太液池，即后来的北海与中南海；东部即宫城，西部有兴圣宫和隆福宫。皇城是皇帝居住和办公的地方，即为"前朝"；皇城后面的海子（今什刹海）是商船云集的地方，这一带是商业中心，就是"后市"。

皇城的东部（左边）建有太庙，是皇帝祭祖先的地方；西部（右方）建有社稷坛，是皇帝祭土地的地方。这称之为"左祖右社"。

最里面一重是宫城，即紫禁城。宫城的中心线向南北两端延伸，也就是整个大都的南北中轴线；从而十分鲜明地突出了宫城的位置，显示了这个封建王朝统治中心至高无上的地位及其设计思想。

大都城的干道基本上是整齐方正的方格网状。全城被干道划分成 50 个街坊，坊内有数条平行的小巷，称为"胡同"。胡同多为东西向，宽约5到7米；两条胡同之间相隔约70米，由一些四合院式住宅并联而成。这种东西向胡同的布局方式，很适合北方住宅对光照、通风和交通的需要。城内的居民约有10万户四五十万人。

元大都的兴建，是中国建筑史上光辉的一页：它继承、总结和发扬了古代都城规划、建设的优秀传统，并为以后明、清北京城的发展奠定了基础；它规模宏大，宫殿壮丽，人口众多，商业发达，是自隋、唐长安以后，平地起家新建的最大的都城，也是当时世界上最著名的大城市之一。

锐意改革的脱脱

元
朝

在元代以前的各个朝代，都有过不同程度的两大集团势力存在，那就是"革新派"与"保守派"。从商鞅到王安石，他们的革新对当时的社会发展起到了一定的推进作用。在元代，也有这么一位锐意改革的著名人物，他就是脱脱。

脱脱是蒙古蔑儿乞部人，字大用，自幼生活在伯颜家。长大后，他拜儒生吴直方为师，发奋攻读四书五经等书籍，立志"日记古人嘉言善行，服之终身"。这样，到元泰定帝时，年仅15岁的脱脱便被任命为皇宫内官，后来又屡次提升，一度担任过中书右丞相职务。

元顺帝前期，政局一直没有稳定下来。一方面，明宗与文宗两系争夺帝位的斗争始终不断，愈演愈烈；另一方面，权臣与权臣之间矛盾尖锐，势不两立。元顺帝妥懽帖睦尔即位之后，蒙古最高统治集团内部的帝位之争虽然暂时告一段落，但是权臣之间的斗争不但没有缓和，还大有一触即发之势。这点最明显地体现在权臣燕铁木儿一家与权臣伯颜一家的争斗上。燕铁木儿是文宗时期的权臣。元顺帝即位后，他的弟弟撒敦被任命为左丞相，他的儿子唐其势被任命为御史大夫。元统元年（1333年）三月，燕铁木儿的女儿伯牙吾氏被立为皇后。燕铁木儿一家权势的日益膨胀，激起了自以为有功于顺帝的权臣伯颜的不满。伯颜与燕铁木尔过去一同拥立文宗即位，一起为元朝的统治出过谋划过策。元顺帝即位后，为了表彰伯颜的拥戴之功，任命伯颜为中书右丞相。元统二年，伯颜封为太师，同年十一月，又晋封为秦王。伯颜不满的同时，不甘心失去显赫地位的燕铁木尔的儿子唐其势也心怀不满，决心夺回失去的天堂。不料，行动尚未开始，所有的参与者于元统元年六七月间被伯颜一网打尽，连同皇后伯牙吾氏在内，无一逃脱。

自此，伯颜独揽生杀大权，擅立爵位，赦免犯人，滥杀无辜，拥兵自重，气势汹汹地连元顺帝都感到惶惶不安。出于国家安危和自家利益的考虑，脱脱毅然挺身而出，大义灭亲，向元顺帝请命，决心逐走叔父伯颜，重整纲纪，恢复元朝正常的统治秩序。

至元六年，脱脱逐走伯颜后，他的父亲马札儿被起用为中书右丞相。不料，逐走了一个伯颜，另一个"伯颜"又开始慢慢形成了。他的父亲不记弟弟被逐的前车之鉴，在通州开办旅店作坊，开酒馆，创设每天产酒一石以上的制酒作坊，雇人大量贩运长芦盐和淮南盐。脱脱深恐父亲重蹈叔父的覆辙，一旦败亡，同遭灭族之祸，便暗中让参政佛嘉问向元顺帝告了一状，迫使马札儿辞职。不久，元顺帝任命脱脱为中书右丞相。上台以后，脱脱废除了伯颜时期的一系列制度政策，制定了新政策，为元朝统治的进一步完善和发展制定了一系列行之有效的新法令。

元朝的科举取士制开始于延佑二年，以后每三年一科，从无中断。但后来在元统元年被伯颜宣布废除了。为了笼络汉族士大夫，引导他们走读书入仕的道路，脱脱采纳了老师吴直方的意见，于（后）至元六年（公元1340）十二月重新恢复科举。脱脱大兴国子监，请当时的儒臣劝讲，又动员顺帝读圣贤书，读四书五经，操琴弹古调，悉心听取别人的进谏。为此，选取儒臣欧阳玄、李好文、黄晋、许有王4人陪侍元顺帝左右，以备顾问。这些措施的实施，在一定程度上促进了文化的发展，对元朝文化事业的进一步加强起到了很好的促进作用。

为了减轻剥削、缓和社会矛盾，他废除了一些禁令和不必要的税额。至正三年顺帝下诏修辽、金、宋三史和《至正新格》。公元1348年，经过辛勤的笔耕，三史全部修成。这项措施是新政中"文治"的重要内容。另外，还实行了变钞等改革措施。

在短短的4年时间里，脱脱纠正了伯颜擅权时期"变乱祖宗成宪"的倒行逆施，克服了由此造成的社会危机，为元朝统治的正常运转起了相当大的推动作用。

他敢于大义灭亲，完全为国家着想。这种精神是脱脱为人称赞的主要方面。有人赞扬他说："中外翕然称为贤相。"脱脱的改革稳定了元代初期的政治局面，为社会的发展做出了伟大的贡献。因此，人们称他为"贤相"是不无道理的，而脱脱享受这个荣誉也是当之无愧的。

少数民族科技精英

元代版图辽阔，国家统一，汉族和少数民族之间文化、科学技术的广泛交流是我国古代历史上从未有过的。少数民族在文化科学上的贡献是中华民族文化遗产中珍贵的一部分。在元代出现了不少用本民族文字从事著作的少数民族文学家、翻译家、科学家。

在文化艺术方面，元代少数民族有许多自己的创造。以少数民族的作品来说，当然首推成书于公元1240年的《蒙古秘史》（旧译《元朝秘史》）。它是一部著名的蒙古古典作品，是蒙古人用畏兀儿蒙古文记叙自己民族历史的第一部珍贵的历史文献，也是汇集了蒙古古代民间诗歌、传说和小说的文学巨著。这部书是我们今天研究早期蒙古历史的最可靠的文献。

少数民族歌舞传入内地已有相当悠久的历史。到了元代后，这种歌舞在内地更加广泛流传了。早在成吉思汗时，西夏音乐就已深受蒙古人的喜爱。后来，随着蒙古政权统治地域的扩大，"回回乐器"和演奏者也随之进入内地。特别是元朝宫廷里，有汉、"回回"、西夏三色细乐，每色各三队，每队达324人，这是一支十分庞大的乐队。至于民间，欣赏西域歌舞成为大众的乐趣，来元朝的非洲摩洛哥大旅行家伊本·拔图塔在杭州时就亲眼看到西域音乐深受人们欢迎的盛况。

居住在内地的少数民族，其中许多人掌握了文化。因此，元代以汉文化从事写作的少数民族诗人很多，有汪古人马祖常、回族萨都剌、丁鹤年，畏兀尔人云石海涯（贯酸斋）等。其中萨都剌的诗，后人有"诸体具备，磊落激昂，不猎前人一字"的评价。他的《念奴娇·登石头城》十分豪放，是一首借古抒怀的词，颇有苏东坡《赤壁怀古》的风格。这首词的上阕是：

石头城上，望天低吴楚，眼空无物。指点六朝形胜地，惟有青山如壁。蔽日旌旗，连云樯橹，白骨粉如雪。一江南北，消磨多少豪杰。

元曲是元代文学的代表。许多少数民族的人也成了著名的元曲家，现在见于记载的有出身于蒙古、畏兀儿、"回回"、唐兀、女真等族的元曲家10余人，其中女真人李直夫有杂剧12种，现存的《虎头牌》，描写了金牌上千户山寿马对其叔父银住马倚势枉法、贪酒失地严加惩处、执法不阿的故事，剧中采用了许多女真乐曲，显示了各民族互相交流的成果。

元代还有不少少数民族史学家。参加辽、金、元三史修纂的就有蒙古人帖睦尔达世、西夏人斡玉伦徒、畏兀儿人廉惠山海牙、沙剌班等。

有些少数民族将许多汉文著作译成少数民族的文字。畏兀儿人安藏先后将《尚书》《贞观政要》《申鉴》《资治通鉴》《本草》等书译成蒙文。回族人察罕精通多种文字，他曾译蒙文《脱必赤颜》（《秘史》）《圣武开天记》《纪年纂要》《太宗平金始末》为汉文。畏兀儿人迦鲁纳答思译过不少佛经。

元代著名的少数民族的画家有善画山水的畏兀儿人丁野夫、回族人高克恭等，善画龙的畏兀儿人伯颜不花，善画花岛的边鲁。其中高克恭的国画在元代负有盛名，人们常常把他和大画家赵孟頫相提并论，作品有《云横秀岭》《墨竹坡石》等。畏兀儿人盛熙明是书法研究者，有专论书法的著作《书法考》9卷。

在科学技术方面，除了人们熟知的西北少数民族的种棉术、酿酒业，蒙古族的养马术、织毯业，藏族的建筑术，西南少数民族的纺织术等传入内地外，许多入居内地的少数民族科学家，在天文、地理、水利、农学、医学等方面有许多成就。

著名的回回科学家瞻思，精于天文、地理、数学、水利等知识。他的祖先是阿拉伯人，生长在河北真定，从幼年起即博览群书，学问渊博。他根据宋金时期治理黄河的经验和著作，重新汇编《河防通议》一书，是后来治理黄河的重要参考书。此外他还著有《镇阳风土记》《续东阳志》《西国图经》等地理著作，可惜大部分已经失传了。

医学家萨德弥实是回族人，曾在泰定年间任过建昌（今江西南城）地方官。他对中医很有研究，著有《瑞祖堂经验方》一书。回族人忽思慧的《饮善正要》一书，是吸收了汉、蒙、回、女真等族人民的饮食经验写成的，其中介绍的许多植物为我们研究古代植物提供了重要资料。忽思慧对这些植物性的介绍，又反映了他对中国医学、医药学和营养学的研究成果。

畏兀儿人鲁明善的《农桑衣食撮要》则是元代三部著名的农书之一。当他任安丰（今安徽寿县）肃政廉访使时，对江淮地区的农业情况作了许多调查，最后写成了这本书。这本书以崔实的《回民月令》的体例，以农家月计划来按月编写，补充了元初编的《农桑辑要》中《岁月杂事》那一篇的不足。书中按 12 个月详细记载了每个月应做什么农事、应准备什么农事，搜集了许多农谚，如"移树无时，莫教树知；多留宿上，记取南枝""十耕萝卜九耕麻"等，作为经验介绍给农民。书中还有许多关于收贮蔬菜、制作酱菜等生活常识的介绍。

回族人也黑迭儿是著名的建筑师。元世祖忽必烈营建大都城时，新的宫城就是他设计的。大都城在辽金故城的东北面，方圆 60 里，共 11 门，宫城周围 9 里许，高 35 尺，有 6 门。也黑迭儿参与设计、修建的大都城，规划整齐，"有如棋盘"，是当时世界著名的大都市。

元代少数民族在文化科学上的贡献是多方面的。他们的卓越成就充分证明了我国少数民族是勤劳、聪明的民族，他们为中华民族文化科学的进步留下了不可磨灭的功绩。

关汉卿和元代杂剧

元朝是我国古代戏剧发展的黄金时期，名家辈出，名作迭起。关汉卿就是当时一位杰出的戏剧家，他和白朴、马致远、郑光祖一起，被人们称作"元曲四大家"。他创作了许多优秀的作品，其中，有一部惊天地泣鬼神的悲剧，就是著名的《窦娥冤》。

关汉卿，号己斋，大都（今北京）人，大约生于 13 世纪 20 年代，卒于 13 世纪末，这个时代是战火频繁的混乱时代，蒙古为了一统天下，连续对金和南宋进行了为时近 70 年的战争。连年征战，以至于哀鸿遍野，民不聊生。老百姓陷入了悲惨的境地，文人的命运也同样凄凉。

元朝初年，蒙古统治者废除了科举制度，文人们失去了进入仕途的阶梯，流行的"九儒十丐"之说，正反映了文人地位之低下。有一部分人既不愿做蒙古贵族的帮凶，又不想当逃遁世事的隐士，而是对黑暗的社会进行无情的抨击，关汉卿就是这一类文人的代表，他借助杂剧这种艺术武器，对黑暗的社会进行了尖锐的批判。

关汉卿出生在一个医生世家里，从小读了很多书，学了很多知识，他既会写诗又会作曲。他特别喜欢杂剧，杂剧是元代最流行的一种戏曲形式，元杂剧也叫元曲，是在继承宋金的戏曲杂剧、院本和民间说唱艺术诸宫调的基础上发展起来的。杂剧艺术适应了元代城市居民的文化生活的需要，当时的政治中心大都，也成了杂剧的中心，聚集了一群优秀的剧作家。他们自愿结合的创作组织叫做"书会"，最著名的"玉京书会"就是以关汉卿为核心的杂剧家团体。

大都的杂剧班社拥有许多优秀的演员，他们经常在勾栏（戏园子）演出，关汉卿生活在他们当中，自己还时常粉墨登场，与他配戏的一位著名女演员叫珠帘秀，原姓朱，人称朱四姐，珠帘秀是她的艺名，她演技精湛，戏路很宽，旦角、生角，演来都很精妙，关汉卿与她有着深挚的情感，曾写过一首以咏"珠帘"为喻的曲子赠她。一次，他俩同台演出《窦娥冤》，珠帘秀扮演窦娥，关汉卿扮演窦娥之父窦天章，两个人的表演真挚感人，每演一场，必让全场的观众唏嘘不已，演出轰动了整个大都城。

长期生活在勾栏和"倡优"之间，使关汉卿对下层社会有着真切的感受，他的许多杂剧作品都反映了底层劳动人民的疾苦，为他们所遭凌辱鸣不平，为他们的衔冤屈放悲声，他怀着满腔热情歌颂他们不屈不挠的反抗精神。他本人就是一位极具反抗精神的斗士，他认为只有通过斗争，才能挣脱黑暗，在他的一篇具有自传性质的散曲中，他将自己喻为"蒸不烂、煮不熟、捶不扁、炒不爆、响当当一粒铜豌豆。"他所创作的《窦娥冤》就充分体现了他的反抗精神。

《窦娥冤》的原型是汉代东海孝妇的故事。传说汉代东海的寡妇周青，为侍奉婆婆矢志不嫁，婆婆为了不连累她，遂自缢而死。其小姑告官，诬嫂以杀人之罪，问官不察，竟判处死。临死之际，孝妇指着身边的竹竿说，如果我无罪，血当沿竿往上倒流。其言果应，而东海地方乃大旱3年，后任官员查问缘由，于是为其申冤昭雪，天方降雨。关汉卿在这个民间传说的基础上，结合元代的社会现实，写出了这部古今罕见的悲剧。

《窦娥冤》讲述的是一个孤苦无依的女子蒙受不白之冤，被官府无端杀害的悲惨故事。剧中的窦娥，原名端云，3岁丧母，其父窦天章是一个穷秀才，因借了放高利贷的蔡婆婆20两银子，无力偿还，被迫将7岁的女儿卖予蔡家为童养媳。窦娥17岁结婚，不料婚后不到两年就夫死守寡，与其婆母相依为命。

蔡婆婆仍以放高利贷为生。医生赛卢医借了她10两银子，本利该20两，数次索取不还。这一天，蔡婆婆亲自上门去讨账。哪知那还不起银子的赛卢医早已心存歹念，想谋财害命。但未得逞，蔡婆婆被张驴儿父子搭救了。张驴儿父子并非善良之辈，当他们知道蔡婆婆家里还有个年轻守寡媳妇时，就威逼她们婆媳俩嫁给他们父子，胆小怕事的蔡婆婆被迫答应了。当蔡婆婆把张驴儿父子领回家，窦娥严词拒绝了这无理的要求。张驴儿为了得到窦娥，便设计用一碗羊肚汤毒死蔡婆婆。没料到这投了毒的羊肚汤被贪嘴的张驴儿父亲喝了，结果被毒死了。张驴儿又悔又恼，威胁窦娥如不答应婚事，就以杀人罪告到官府。窦娥仍是坚决不从。张驴儿去衙门诬告窦娥害死了父亲，由于贪官受了张驴儿的贿赂，当着窦娥的面要拷打蔡婆婆。善良而一贯恪守孝道的窦娥不忍心婆婆受苦，只好含恨屈招。

官府判窦娥死刑。在刑场上，满腔悲愤的窦娥痛斥了天地的昏暗和衙门、地痞的罪恶，并发下了三桩誓愿：一要刀过头落；一腔热血都洒到白纸上；二要六月飞雪，遮盖她的身体；三要楚州从此大旱3年。行刑之后，这三桩誓愿奇迹般地一一出现了。后来，窦娥的父亲应考得中，做了提刑肃政廉访使，这桩冤案才得以昭雪。

在这部惊心动魄的悲剧中，关汉卿塑造了一个不屈不挠的女子形象，在她的身上寄寓了广大劳动人民坚强不屈的斗争精神。关汉卿身处的时代，奸臣当道，擅权作恶。权贵们肆无忌惮地掠夺民财，官吏们个个黑了心肝，贪赃枉法，制造种种骇人听闻的冤案。百姓们如俎上之鱼，卖儿鬻女，倾家荡产，而像窦娥一样的蒙冤受屈者不计其数，能像窦娥那样在死后还能平反昭雪的，则罕有其人。关汉卿对此剧结局的安排，既出于对苦难人民的深深同情，也是对所有受苦百姓一种情感上的安慰。

关汉卿还通过其他作品，塑造了另一些不同类型的人物形象，尤其是妇女形象。如《望江亭》中的谭记儿、《金钱池》中的杜蕊娘，《诈妮子》中的燕燕，都个性鲜明，包蕴着丰富的社会意义和独特的审美价值。

纺织家黄道婆

元朝统一之后，国内安定下来，经济上得到恢复和发展，当时棉花的种植很普遍，所以棉纺织业很快就发展起来了。

在江南的松江乌泥泾镇，长期流传着这样一首颂扬纺织能手黄道婆的民谣：

> 黄婆婆，黄婆婆！
> 教我纱，教我布，
> 两只筒子两匹布。

这黄婆婆是谁呢？她就是元朝初年劳动人民出身的女纺织家黄道婆。关于黄道婆的身世，史书上的记载是极少的。传说黄道婆的家里很贫苦，父母只好让她去做了童养媳。倔强的黄道婆无法忍受这种非人的生活，一天夜里逃出了这个家庭去谋生。在黄浦江边停着一条海船；她不顾一切地上了船，偷偷地躲在船舱里。这艘船就载着她往海南岛去了。

海南岛是我国少数民族黎族人民聚居的地方。黎族人民很早就种植棉花，并有很高的纺织技术。他们创造了一套包括去籽、纺、织等工具，生产出许多花被、缦布和其他日用棉织品。这些产品十分美观、实用，深受内地人民的欢迎，是泉州商人经营的重要货物。黎族的棉织技术当时在全国是最先进的。黄道婆去海南岛之前，在乌泥泾一带，棉花去籽是用双手剥的，皮棉是放在板桌上，用线弦竹弓弹松的，效率很低，费工很大。

黄道婆到了海南岛以后，和黎族姐妹共同劳动，和她们结下了深厚的友谊，并虚心地向她们学习。她在当地生活了 30 年，把黎族同胞精湛的纺织技术完全学到了手。大约在元成宗元贞年间（公元 1295 到 1296 年），黄道婆越来越思念自己的故乡，就搭乘一艘商船，回到了乌泥泾镇。这时候，她大约 50 岁了。

黄道婆回来一看，乌泥泾还是老样子：土地贫瘠，粮食不够吃，棉花的产量很低，纺织技术仍旧很落后，人民生活非常贫困。于是她决心把自己高超的纺织技术传授给乡亲们。

黄道婆把黎族同胞使用的纺织工具加以改进，请工匠们制作了一整套捍、弹、纺、织等工具。"捍"就是搅车，又叫轧车、踏车，利用上下两个旋转方向相反的转轴，把棉花相互辗轧，除去棉籽。"弹"就是弹棉花用的椎弓。黄道婆改制的弓有 4 尺多长，比以前所用的一尺四五寸的弓大得多，并用弹力大的绳作弓弦，所以弹起棉花来又快又好。"纺"是纺车。黄道婆创制的纺车，是可以同时纺三根纱的脚踏纺车，比以前使用的一个纺锭的手摇车速度快、效率高。她那时候用的提花机，已经能织出许多美丽的花布。黄道婆还教人们学会错纱、配色、综线、挈花等技术。所织成的被、褥、带、手巾等，上面都有折枝、团凤、棋局、图案字等花饰，十分鲜艳美观。她还把黎族特产的棉织品——崖州被的织造方法传授给镇上的妇女，从而生产了大批的"乌泥泾被"。当时"乌泥泾被"闻名全国，远销各地。

黄道婆所传授的先进纺织技术，被越来越多的人掌握。到元朝末年，松江一带已经有1000多家居民从事纺织业，那些过去单单依靠贫瘠土地过日子的人，生活都有了改善。人们忘不了黄道婆的恩情，在她去世的时候，乌泥泾人个个悲痛流泪，把她安葬在今天华泾镇北面的东湾村，还专门建造了祠堂，塑了她的像，逢年过节都要为她举行祈祷仪式。

黄道婆死后，新的纺织技术从乌泥泾进一步向松江、长江中下游，向全国推广开来。到了明代，乌泥泾所在的松江，已经成为全国的棉纺织业的中心，赢得"衣被天下"的声誉。黄道婆对我国古代纺织业的发展做出了杰出的贡献。

大科学家郭守敬

郭守敬（公元1231—1316年）是元代最杰出的天文学家，他字若思，顺德邢台（今河北邢台）人。祖父郭荣精通数学和水利，年幼的郭守敬耳濡目染，备受熏陶，对科技产生了浓厚的兴趣。

十五六岁的时候，他在科技方面的才华崭露头角。那时，他得到了一张拓印的《莲花漏图》，莲花漏是古代一种计时仪器，由于长期战乱，这种仪器已非常罕见，仅仅通过图样，人们很难明白它的原理。而郭守敬面对这张图，如获至宝，日日埋头其中，极有兴致地钻研起来，很快，他便弄懂了莲花漏的计时原理，并头头是道地讲给他的爷爷听。郭荣非常高兴，觉得他的孙子是一位可堪造就的科技人才，于是让他拜了自己的好友刘秉忠为师，刘秉忠精通天文、地理、数学，他也很喜欢郭守敬这位极有天分的学生，在他的精心教导下，郭守敬学到了很多科学知识，聪明才智得到进一步发挥，献身科学的信念更加坚定。

公元1260年，郭守敬又跟随刘秉忠的老同学张文谦，协助他在大名（今河北大名）一带治水，大搞水利建设。业余时间，郭守敬继续钻研莲花漏，兴致越来越浓，萌生了要动手制作一台莲花漏的念头。于是，他带领几名工匠，亲自动手，设计制作了一台铜质莲花漏，非常精巧、准确，人们见了无不惊叹。

张文谦非常欣赏这位聪明好学、精于思索的后生，在水利建设中，郭守敬向他提出过许多合理的建议，使他的工作开展得非常顺利。于是张文谦将这位不可多得的人才推荐给忽必烈，面对着眼前这位侃侃而谈水利建设种种设想与方案的年轻人，爱才如渴的忽必烈非常高兴，当他见到郭守敬亲手制作的莲花漏时，更是赞叹不已，连呼他是"难得的人才！"忽必烈派郭守敬跟随张文谦去西北视察水利设施，他们一起修复了许多著名的古渠。公元1265年，忽必烈又任命郭守敬为都水少监，使他专心致志地从事水利建设事业。

专门从事水利建设的郭守敬并没有放弃对天文学的研究。当公元 1276 年忽必烈决定设立专门机构修改历法之时，郭守敬成了当然的人选。

元朝统一中国以后，政局日趋稳定，经济逐渐恢复，为科学技术的发展提供了良好的社会环境。早在元朝统一以前，刘秉忠就提议要修改历法，因为辽、金以来一直沿用的历法已经使用700多年了，与元代的天象越来越不符，误差越来越大，提议之时正是战争期间，一时顾不上这件事，直到南宋灭亡之后，忽必烈才将此事提到议事日程上来，设立机构，派精通算术的王恂负责此事，精通天文历法的许衡、郭守敬也一起主持这项工作。他们查对了过去的 40 余家历书，昼夜实地观测验证，创立了新的测量方法，同时参考古代的旧制，力图使新的历法精确无误。

在这期间，郭守敬通过实测，更加丰富了他的天文学知识，他深深感到，要制订新的历法，必须要有精密的仪器。他们所用的司天仪都是北宋时期在汴京（今河南开封）制造的，一方面年久失修，另一方面与大都灵台（今北京市建国门外泡子河北）的天度并不相符，制造新的天文测量仪器迫在眉睫。郭守敬打算亲手制作一批精密的天文仪器。

针对浑仪的缺点，郭守敬制作了一种简仪，浑仪是元代以前用来测量日、月和金、木、水、火、土五大行星以及恒星位置的仪器，结构非常复杂。大大小小互相圈套的环圈多达八九个，不仅转动不便，而且妨碍观测。郭守敬仔细地研究了浑仪的功能和结构，将浑仪简化得只有两个独立的测量装置，但是，其精密度却大大提高了，刻度最小分格达到 1/36 度，不仅使用方便，而且观测的结果非常准确。当时简仪的制作是在从尼泊尔来的工艺家阿尼哥的协助下制作而成的。这座简仪是郭守敬的一项重大的发明创造，可惜被来到中国的法国传教士纪理安销毁了。直至明朝正德(公元 1506—1521 年)年间，重新又仿制了一台简仪，不幸在清末又被八国联军劫走。后来虽然归还回来，但已残缺不全，现保存在南京紫金山天文台。

此外，郭守敬还研制了仰仪，用来观测太阳的位置和日食。他又改革了圭表，创制了景符。

圭表是观测日中影长变化的仪器，通过它测量出来的数据决定春分、秋分、夏至和冬至的时刻。古代的圭表一般高 8 尺，郭守敬把它加高到 36 尺，在表顶又添一根被抬起的横梁，横梁高出表顶 4 尺，这样就使表高 40 尺，比原来的增高了 4 倍，使观测的误差下降到原来的 1/5。现在河南省登封市元代观星台还完整地保存着当时的圭表。

景符是测定影像的仪器。一块铜片，中间有个小孔，用一个小架子将它斜撑在圭面上。太阳光经过圭表上的横梁，再透过小孔，在圭面上形成了一个米粒大小的太阳像，像中间有一根细如发的横梁影子，非常清晰。这样，将景符与圭表结合起来使用，可以观测太阳、星星和月亮的运行变化。

制造出先进的天文仪器之后，郭守敬展开了实地测量活动。统一后的元朝疆域辽阔，这给天文测量提供了极为便利的条件。郭守敬在公元 1279 年元世祖召见他时，提议在大都建造一座新的天文台，又提出开展全国范围内的天文实测计划，他对忽必烈说："唐朝开元年间，曾令人在全国 13 处进行测量，现在的疆域比唐朝更为广阔，倘若不派遣专门人员到边远地方去实测，就不能了解各地的昼夜长短有怎样的不同，日月星辰有什么样的变化，日食月食的时刻和食分有什么差别。"他建议立即在全国范围内设立多处观星台，开展实测活动。

元世祖很赞成他的计划。于是，郭守敬与王恂进一步仔细规划，经过了认真的研究之后，他们决定东起朝鲜半岛，西到河西走廊北至西伯利亚，南达南中国海，设立 27 个测影点，最北的北海测影所，已在北极圈附近了。分别派出 14 个历官，分路出发，开展实测。48 岁的郭守敬则奔波于祖国各地，亲临每一个测影所，他带领几个人先到上都，然后南下，最后来到广州，他亲自到最南边的测影点南海进行测量。他在河南登封县告城镇建靠的告城观星台，至今保存完好。

接着，郭守敬又负责在大都修建一座新的天文台（今北京市建国门立交桥南面的古观象台），安放他精心制作的各种最先进的天文仪器，日夜进行天体观测。

公元 1280 年，郭守敬等人经过多年的辛勤劳动，终于完成了新历法的编制工作。元世祖非常满意，他按照《尚书》里"教授天时"这句话，将新历法定名为《授时历》，并下诏于公元 1280 年的冬天全国正式实行新历法。

《授时历》是我国古代的一部优秀的新历法。根据新历法推算出的节气非常准确，这对农业生产帮助很大，老百姓根据这部历法安排农业生产，就不会错过天时。

《授时历》又是一部非常科学的新历法。郭守敬根据自己多次精密测定的冬至时刻的结果，同时结合研究了历史上从祖冲之《大明历》以来 6 次观测冬至时刻的资料，他计算出一年为 365.2425 日，这比地球绕太阳一周的实际时间只差 26 秒，《授时历》就是采用这一数据的。现在国际上通用的格利哥里历（公历）也是采用的这一数据，但格利哥里历比《授时历》晚了整整 300 年。《授时历》的编订，使元代的天文历法远远居于当时世界的前列。

杰出的天文学家郭守敬所取得的成就令每一位炎黄子孙为之骄傲，他将毕生的精力都投注到科学事业之中，直到 86 岁去世为止，他从未中断过他的科学实践与研究。历史永远也不会忘记这位伟大的科学家。

旅行家马可·波罗

元世祖在位的时候，成吉思汗时期开始建立的庞大的蒙古汗国，已经分裂成 4 个汗国（钦察汗国、察合台汗国、窝阔台汗国、伊尔汗国），元朝皇帝在名义上还是 4 个汗国的大汗。在那个时期,中国是世界上最强大最富庶的国家,西方各国的使者、商人、旅行家纷纷慕名到中国来观光。其中最有名的要数马可波罗。

马可波罗的父亲尼古拉波罗和叔父玛飞波罗,原来是威尼斯的商人。兄弟俩常常到国外去做生意。蒙古汗国建立以后,公元 1260 年,他们带了大批珍宝,到钦察汗国做生意。后来,那儿发生战争,他们又到了中亚细亚的一座城市——布哈拉,在那儿住了下来。

一次,忽必烈的使者过布哈拉,见到这两个欧洲商人,感到很新奇,对他们说:"咱们大汗没见过欧洲人。你们如果能够跟我一起去见大汗,一定能得到富贵;再说,跟我们一起到中国去,再安全也没有了。"尼古拉兄弟听说能见到中国的大汗,怎么不愿意?两人就跟随使者一起到了上都(今内蒙古自治区多伦县西北)。忽必烈听说来了两个欧洲客人,果然十分高兴。在他的行宫里接见了他们,问这问那,尼古拉兄弟一一做了回答,忽必烈听了很满意。尼古拉兄弟没准备留在中国,忽必烈从他们那儿听到欧洲的情况,要他们回欧洲跟罗马教皇捎个信,请教皇派人来传教。两人就告别了忽必烈,离开中国。经过伊利汗国时,途中听说教皇刚去世,就只好先回到威尼斯。那时候,尼古拉的妻子已经病死,留下的孩子马可波罗,已经是 15 岁的少年了。

马可波罗听父亲和叔父说起中国的繁华情况,十分羡慕,央求父亲带他到中国去。尼古拉拗不过这孩子,就决定带他一起走。过了两年,尼古拉兄弟见了新教皇之后,带着马可波罗踏上了东行之路。他们翻过帕米尔高原,进入中国,然后又沿着塔里木盆地和罗布泊的南边,经过无际的沙漠,于公元 1275 年到达沙州(今敦煌)。历时 3 年,其间经历了千难万险。忽必烈已经即位称帝,听到尼古拉兄弟来了,派人从很远的地方把他们迎接到上都。

马克波罗父子献上教皇的信、礼物和从耶路撒冷带来的圣油,忽必烈非常高兴。马上封他们为荣誉侍从。当天晚上，元世祖特地在皇宫里举行宴会，欢迎他们。后来，又留他们在朝廷里办事。

马可波罗非常聪明，很快学会了蒙古语和汉语。元世祖发现他进步很快，十分赏识他，没有多久，就派他到云南去办事。元世祖喜欢了解各地风俗人情，过去，朝廷使者到各地去视察，回来的时候，问他们风俗人情，都讲不出。马可波罗出去，每到一处，都留心考察风俗人情。回到大都，就向元世祖详细汇报。元世祖听了，直夸马可波罗能干。以后，凡是有重要的任务，元世祖总派马可波罗去。

马可波罗在中国整整住了 17 年，被元世祖派到中国西北、华北、西南、中南和华东许多地方视察，还经常出使到国外，到过安南（越南）、爪哇等好几个国家。他在扬州呆过 3 年，据说还在那里当过总管。

日子一久，3 个欧洲人不免想念家乡，三番五次地向元世祖请求回国。但是元世祖宠着马可波罗，舍不得让他们走。恰好那时候，伊尔汗国国王的一个妃子死了，派使者到大都来求亲。元世祖选了一个名叫阔阔真的皇族少女，赐给伊尔汗国国王做王妃。伊尔汗国使者认为走陆路太不方便，知道尼古拉他们熟悉海路，就请元世祖派尼古拉他们一起护送王妃回国。元世祖答应了。公元 1292 年，尼古拉兄弟和马可波罗就与伊尔汗国使者一起，离开中国乘海船经过印度洋，把阔阔真护送到了伊尔汗国，经过 3 年的跋涉，才回到威尼斯。

他们离开威尼斯已经 20 年。当地人长久没听到他们的消息，都以为他们死在国外了。现在看到他们穿着东方的服装回来，又听说他们到过中国，带回许多珍珠宝石，都轰动了。

没有多久，威尼斯和另一个城邦热那亚发生冲突，双方的舰队在地中海里打起仗来。马可波罗自己花钱买了一条战船，亲自驾驶，参加威尼斯的舰队。结果，威尼斯打了败仗，马可波罗被俘，关在热那亚的监牢里。热那亚人听说他是个著名的旅行家，纷纷到监牢里来访问，请他讲东方和中国的情况。

　　跟马可波罗一起关在监牢里有一个名叫鲁思梯谦的作家，把马可·波马讲述的事都记录了下来，编成一本书，这就是著名的《马可波罗行纪》。在那本游记里，马可波罗把中国的著名城市，像大都、扬州、苏州、杭州等，都做了详细的介绍，称颂中国的富庶和文明。这本书一出版，激起了欧洲人对中国文明的向往。热那亚人因为马可波罗出了名，把他释放回国。

　　自那以后，中国和欧洲人、阿拉伯人之间的往来更加密切。阿拉伯的天文学、数学、医学知识开始传到中国来；中国古代的三大发明——指南针、印刷术、火药，也在这个时期传到了欧洲（中国的另一个大发明造纸术，传到欧洲要更早一些）。

南坡之变争皇权

　　忽必烈去世以后，他的孙子铁穆耳做皇帝。铁穆耳死后，皇位又被他的侄子爱育黎拔力八达夺去。爱育黎拔力八达见哥哥海山的势力比自己大，就把皇位让给了海山，并约定，哥哥死了由弟弟继位，叔叔死了由侄子做皇帝。过了4年，海山去世，爱育黎拔力八达做了皇帝，他就是元仁宗。

　　元仁宗是一个比较积极推行"汉法"的皇帝，但是他的母亲答己，是一个守旧的女人，对仁宗非常不满。她和他的亲信铁木迭儿、失烈门等人勾结在一起，总想干涉仁宗的政策。可是，由于仁宗皇帝已经羽毛丰满，底下有许多亲信大臣，答己太后不能对他怎么样，就想办法要控制皇太子。

　　本来按照约定，应该立海山的儿子和世㻋为皇太子。可是答己太后却认为和世㻋已长大成人，怕将来不好控制，而仁宗的儿子硕德八剌，只有13岁，性格懦弱，将来肯定会乖乖地听话。就劝元仁宗立硕德八剌为皇太子。仁宗皇帝开始不同意，不想违背跟哥哥立下的誓言，铁木迭儿很会花言巧语，他对仁宗说："皇位是皇上您夺得后让给兄长的，现在再传给自己的儿子，这是理所当然的事儿，谁敢反对呢？"元仁宗听了，就下诏立硕德八剌为太子，又封和世瑓为周王，送到云南去镇守。

公元1320年，仁宗皇帝去世了，17岁的硕德八剌登上了皇位，就是元英宗。仁宗死后，答己太后马上就让铁木迭儿当上右丞相，对仁宗的亲信大臣不是杀了就是撤职。英宗皇帝学了很多汉族文化，很想用汉法来治理国家，并不怎么听他祖母的话。有一次，铁木迭儿有一个亲信犯了罪，铁木迭儿请答己太皇太后去讲情，可是英宗说："刑罚是祖宗定下来的，不能随便更改，该打就得打。"答己太皇太后见小皇帝不听话，就后悔不该让他当皇帝，她已经不能控制英宗行使权力了。

过了两个月，答己的亲信失烈门和平章政事黑驴，阴谋发动政变，要杀死英宗皇帝。但是这个行动让英宗知道了，他很快就派人逮捕了失烈门和黑驴等人，这时他才知道这一切都是太皇太后指使的，英宗不敢继续追查，便立即把失烈门等人杀掉了，以免后患。

英宗看到自己的地位很危险，就任命安童的孙子拜住做左丞相，让他主管朝中大事，使铁木迭儿只做一个不管事儿的高官。正当双方矛盾进一步激化的时候，公元1322年秋天，铁木迭儿和答己先后都死去了。这时，英宗皇帝就不客气了，下令追查铁木迭儿的罪行，把他的儿子八里吉等人处死，将他的另一个儿子锁南撤职，并把他的家产全部没收。但是拜住等人却没有斩草除根，没有杀死铁失。铁失是掌握禁卫军的御史大夫，是铁木迭儿的干儿子，一心想找机会杀死英宗皇帝。

公元1322年夏天，正在上都避暑的英宗，忽然觉得心中很不安，就要做佛事。拜住说："现在国家钱财不多，还是不要做吧。"那些受铁失指使的喇嘛，却怂恿英宗做，还要实行大赦。拜住听了非常生气，说："你们光想捞钱财还不满足，还要包庇罪行！"铁失和他的亲信一听，以为拜住还要追查他们的罪行，就决定发动政变。

在政变还没发生的时候，铁失派人到北方去，想劝晋王也孙铁木儿做皇帝。也孙铁木儿是真金的长孙，驻守在北边。晋王一听，马上变了脸色，骂道："你敢叫我谋杀皇帝？这种奸贼，留着有什么用，赶快给我杀了！"左右的亲信连忙说："王爷！杀了他也没用，不如把他送到大都，让皇上处治，也好让皇上知道您的忠心。"晋王就命人把他送到大都去。也孙铁木儿也想当皇帝，只是怕政变不成功，自己丢了性命。

这年秋天，英宗从上都回到大都，走到南坡时，就停了下来。这天晚上，铁失派他的亲信站岗，自己和锁南等 16 人，闯进英宗和拜住的大帐。拜住听到外边有人，就出来看是怎么回事。拜住一看铁失他们都拿着明晃晃的大刀，闯进了大帐，就大吼一声："你们想干什么？"可是话音还没有落下来，拜住就被铁失的弟弟一刀砍死。这时，英宗听到拜住的吼声，正要披衣下床，铁失闯了进来，将英宗皇帝一刀杀死。

铁失等人杀了拜住和英宗，就拥立也孙铁木儿做皇帝。也孙铁木儿见政变成功，也没有推辞，做了皇帝，他就是泰定帝，泰定帝决定斩除铁失等人，以免自己日后遭难。于是泰定帝即位以后，就先封拥立他的人做大官，稳住他们。1 个月后，泰定帝以谋杀皇帝的罪名，把铁失等人全部杀死了。

一只眼的石人

元朝末期，皇宫内部斗争十分激烈，政治也越来越腐败，人民灾难深重。元顺帝（又叫元惠宗）妥懽帖睦尔即位后，荒淫残暴，闹得国库空虚，物价飞涨，百姓无法忍受，很多地方爆发了农民起义。人民生活在水深火热之中。

恰在这个时候，黄河在白茅堤决口，滔滔江水倾泻直下。又赶上接连下了20多天的雨，一下子洪水肆虐，泛滥成灾，住在黄河两岸的老百姓痛苦不堪，民不聊生。有人向朝廷建议，把决口的地方堵住，另外在黄陵冈（今山东曹县西南）开挖河道，疏通河水。

公元1351年，元朝就在汴梁（今河南开封）、大名等13个地区调集民工15万人和兵士2万人，组成修河队伍，到黄陵冈治河。修河工程开始了，民工们披星戴月，没日没夜地苦干。可是朝廷拨下来的开河经费，却让治河的官员把大部分克扣掉了。民工们每天拼命干活，却连饭也吃不饱，怨声载道，气愤填膺。这一切被河北的一个农民韩山童看在眼里。

韩山童的祖父是个教书先生，曾经利用传教的形式，暗地组织周围的农民兄弟反抗元朝。结果消息败露，被官府发现，发配充军到永年（今河北邯郸东北）。韩山童受祖父影响，长大以后，组织起白莲会来，这是一个秘密的宗教组织。韩山童对老百姓们宣传说："现在天下大乱，佛祖将要派弥勒佛下凡来拯救百姓啦！"老百姓们受元朝暴政统治多年，对官府非常不满，但又不敢出头与官府作对，只能把仇恨压在心底，烧香拜佛，祈祷佛祖下凡，拯救广大黎民百姓于水火。于是相信韩山童的话的人越来越多。这些话一传十、十传百，一下子就在河南和江淮一带传开了。许多老百姓都纷纷加入白莲会，白莲会的声势越来越大。

这时，早就想举起造反大旗的韩山童看到修河民工们怨气冲天，觉得时机已经成熟。于是，他先派手下的教徒混入民工队伍，并教他们在工地上暗暗传播一支民谣："石人一只眼，挑动黄河天下反"。民工们并不懂得这歌谣是什么意思，但是听到里面有"天下反"3个字，就觉得好日子快要来了。没有几天工夫，这支歌谣就迅速传遍了整个工地。

有一天，工地上几个民工在挖土。突然一个民工只觉得虎口猛地一震，铁镐猛地弹了起来。这是什么东西？几个民工聚拢来，好奇地慢慢地挖着。不一会儿，一个石人被挖了出来。这个石人脸上正是只有一只眼！民工们把石人翻了个身，只见背后刻着一行大字："莫道石人一只眼，此物一出天下反！"

这个石人的一切正应验了歌谣的说法！大家一下子都呆住了，面面相觑。没过多久，这件事就很快地在广大民工队伍中传播开来。这个石人自然是韩山童事先派人偷偷埋在那里的。百姓被鼓动起来了。不仅挖河民工知道这件事，就连附近的农民们都已听说了，而且越传越神，越传越广。韩山童找到自己的亲密伙伴刘福通，选了一个黄道吉日，商定起义事宜。

那天，白莲会的会徒来了几百人。他们在韩山童、刘福通的带领下，杀了一匹白马，宰了一头黑牛，以祭拜天地。祭祀已毕，大家推举韩山童做领袖，号称"明王"。然后大家约定日子，在颍州颍上（今安徽阜阳、颍上）起义。为便于识别，大家商定用红布包裹在头上作为起义军的标志。

不料，有人事先走漏了消息，他们的集会被官府发现了。正当大家歃血立誓的时候，官府派兵丁包围了整个会场。众人匆忙应战，无奈寡不敌众，被官兵打散。战斗中，官兵抓住了韩山童，把他带到县衙门，立即杀了头。为了躲避官府的追捕，韩山童的妻子连夜带着儿子韩林儿，逃到很远的地方，隐姓埋名，躲了起来。刘福通却冲出了包围圈，他并没有被官兵的残酷镇压所吓倒，反而更增添了他对朝廷统治的刻骨仇恨，发誓一定要把这个腐败专制的朝廷推翻，完成韩山童的遗愿。

刘福通把被打散的人重新召集起来，按原先约定日子发动了起义，并攻占了颍州等一些据点。在黄陵冈开河的民工一得到消息，立刻杀了监督工程的军官，纷纷投奔刘福通的队伍。刘福通率领的起义军，个个头上都裹着红布，当时的老百姓都把他们称作红军，在历史上就称其为红巾军。起义不到10天，红巾军就发展到10多万人，前来投奔的老百姓络绎不绝，队伍不断扩大，声势越来越大。

元朝听到刘福通的红巾军声势浩大，大为震惊，连忙调动由6000人组成的阿连军和几支汉军，一齐出动镇压红巾军。阿连军本来是元朝的一支精锐之师，曾立过无数显赫的战功。但是，这时候的阿连军与以前的根本不能相提并论。结果，两军相遇，还没交锋，阿连军就被红巾军的气势吓破了胆，一触即溃。主将带头挥动鞭子，调转马头，紧紧伏在马背上，向后逃奔，唯恐被红巾军战士追上。他一边驱马逃跑，一边还不停地叫喊着："阿卜，阿卜！"（即走的意思）主将尚且如此，兵士们四散逃窜，争先夺路逃命。

刘福通的红巾军势如破竹，仅过了短短一个月，就又连续攻占了一批城池。江淮一带的农民早就受到白莲会的影响，听到红巾军起义的消息，都纷纷响应。徐寿辉在蕲水，郭子兴在濠州，都纷纷举起义旗，也打起了红巾军的旗号。

公元1354年，元顺帝召集百万之众，派丞相脱脱率领，围攻另一支义军张士诚的部队。仗打到一半，朝廷内部突然发生内乱，元顺帝下令撤掉脱脱的官爵。百万大军失去了统帅，不战自乱，全军崩溃。刘福通抓住敌军内部混乱的良机，全力出击，给元军以致使的打击。

第二年二月，刘福通把韩山童的儿子韩林儿从武安接到亳州，正式称帝，起国号为宋，尊韩林儿为小明王。政权刚刚建立，韩林儿和刘福通决定向元朝发起全面攻击。他们把人马分成三部分，西路军进攻陕西、甘肃、宁夏、四川等省；东路军从山东、河北直逼元朝京城大都；中路军则从山西打到辽东，配合东路军攻打大都。三路军马一路开进，所到之处，几乎没有遇到什么阻拦，局势取得很大进展。东路军一直打到元大都城下，元朝统治岌岌可危。

刘福通还亲自率领起义大军攻占了汴梁，把小明王韩林儿接到汴梁。把汴梁定为都城。

元朝统治者并不甘心失败，一方面召集地主武装对红巾军进行镇压，一方面则采用离间计，用高官厚禄收买别的义军头目，以达到瓦解起义军力量，并促其自相残杀。

公元1363年，刘福通的红巾军受到已归顺朝廷的张士诚队伍的袭击，损失惨重。刘福通在战斗中英勇牺牲，令人扼腕叹息。然而，义军的火焰却越燃越旺。南方的红巾军依然非常活跃，而且声势越来越大，极大地动摇了元朝统治者的统治。

和尚当元帅

在刘福通红巾军转战北方的时候，濠州郭子兴红巾军也壮大起来。郭子兴本来是定远（今安徽定远）地方的一个财主，因为出身低微，经常受地方官吏的敲诈勒索，心里气愤不过，加入了白莲会。他拿出家里的钱财，结交江湖好汉，伺机向官府报复。

公元 1352 年，刘福通起义的第二年，郭子兴看见时机成熟，就和 4 个朋友一起，率领千余人，趁着黑夜，攻进濠州城，杀了州官，把濠州城占领了，宣布起义。郭子兴和他的 4 个好友都自称元帅。

元王朝派大将彻里不花带兵围攻濠州。彻里不花害怕红巾军，不敢攻城，却派兵士在城外捉了一些百姓，当做俘虏向上级冒功请赏。城外的老百姓遭到迫害，过不了日子，纷纷逃到城里投奔郭子兴。郭子兴的队伍越来越壮大。

一天晚上，濠州的红巾军正在城门巡逻。忽然城外来了一个青年和尚，说要投奔红巾军。守门的红巾军兵士怀疑他是元军派来刺探军情的奸细，一面把他捆绑起来，一面派人报告给郭子兴。

郭子兴一听，心想也许来的真是投奔他的好汉，亲自骑马到城门口去察看，只见那个被捆绑起来的和尚，虽然衣穿得破破烂烂，却长得身材魁梧，浓眉大眼。郭子兴同他谈了几句后，觉得这和尚是个人才，便命令兵士松了绑，把和尚带回元帅府。

　　这个投奔郭子兴的青年和尚，就是朱元璋。他父亲是濠州钟离（今安徽凤阳东）一个贫苦农民。朱元璋 17 岁那年，淮北地方闹了一场严重的旱灾和蝗灾，接着又蔓延了瘟疫。朱元璋的父亲、母亲和大哥接连传染上了疫病，咽了气。剩下朱元璋和他的二哥，连买口棺材的钱也没有，亏得邻居同情他们，帮助他们把父母埋葬了。朱元璋失去了父母亲，生活没有着落。为了混口饭吃，他只好到附近的皇觉寺当了小和尚。

　　朱元璋就这样出了家。那种寺院里的小和尚，其实是给人使唤的佣人。朱元璋每天伺候师父、师兄，起早摸黑，扫地，上香，敲钟，做饭，日子过得挺苦。那个日子里要在皇觉寺混口饭吃也不容易。原来，皇觉寺是靠收租米过日子的，这几年灾情严重，皇觉寺收不到租米。朱元璋在寺里待了才 50天，眼看要断粮了。师父、师兄们个个都离开寺院到外面化缘去，朱元璋也被打发出门，带着小木鱼和饭钵到淮西一带流浪讨饭。过了 3 年，濠州的灾情稍微缓和了一点，他才又回到皇觉寺。

　　又过了一年，红巾军起义爆发了，朱元璋在寺里不断听到外面传来的消息，一会儿是刘福通占领了颍州，一会儿是芝麻李占领了徐州。到了年底，又听到濠州也被红巾军占领了。朱元璋就离开皇觉寺，到濠州来投奔郭子兴。

郭子兴把他留在身边当个侍卫长。

朱元璋参加起义军以后，很快表现出他的才能。他打仗勇敢，又有计谋。郭子兴把他当做心腹看待，出去打仗，总要先跟他商量。在起义兵士中，朱元璋的声望渐渐提高了。郭子兴有个好朋友姓马，在郭子兴起兵那年病死。马公临死的时候，把他的孤女托给郭子兴照顾。郭子兴把女孩带回家里，交给妻子张夫人抚养，把她当做自己的亲生女儿一样。郭子兴一见朱元璋是个人才，就跟张夫人商量，要把马公的女儿嫁给朱元璋，张夫人一听也十分赞成。这样，皇觉寺的小和尚就做了郭元帅的女婿，地位也不同了。在起义军中，大家都称他"朱公子"。

濠州的红巾军里，连郭子兴在内，共有5个元帅。5个人平起平坐，不分高低，谁也管不了谁。除郭子兴外，另外4个元帅都有点江湖气，不讲纪律。郭子兴渐渐看不惯他们，他们也嫌着郭子兴。日子一久，矛盾越来越深，4个人就合在一起，排挤郭子兴。有一次，郭子兴险些被他们害死，亏得朱元璋得到消息，把郭子兴救了出来。

朱元璋发现起义军的几个将帅胸襟狭窄，在他们手下干事，成不了什么气候，就回到老家，招兵买马。他少年时候的伙伴徐达、汤和，听说朱元璋做了红巾军的将领，都来投奔，不到10天，就招募了700人。后来，又袭击元军，招降了一批元军。朱元璋得了大批生力军，整顿纪律，加紧训练，把手下的军队训练成一支战斗力很强的队伍，声势大振。

定远有个文人李善长，是个很有计谋的人，也来找朱元璋。朱元璋知道他很有学问，就让他在起义军里当谋士。有一次，朱元璋问李善长说："现在全国到处都在打仗，什么时候才能太平呢？"

李善长说："秦朝末年，也这样大乱过。汉高祖是平民出身，因为他气量大，能够用人材，又不乱杀人，只用了5年时间，就统一天下。现在元朝政治这样混乱，天下土崩瓦解，您何不向汉高祖学习呢？"朱元璋听了之后，觉得有道理，就一心一意想学汉高祖刘邦。之后，投奔他的人越来越多。

朱元璋带着自己训练出来的队伍，连续打下滁州、和州。小明王韩林儿在亳州称帝那年，郭子兴得病死了。小明王就封郭子兴的儿子郭天叙为都元帅，朱元璋做了副元帅。

郭天叙没有指挥战斗的经验，红巾军中大多将士都是朱元璋的亲信，朱元璋名义上是副帅，实权全掌握在他手里。没多久，郭天叙在攻打集庆（今江苏南京）的时候，被叛徒杀死，朱元璋就当了名副其实的元帅。

朱元璋独掌兵权以后，率领大军大破元朝水军，渡江攻打集庆，集庆50多万军民投降。朱元璋进了集庆，出榜安民，把集庆改名应天府。从那时候起，朱元璋就以应天府作为根据地，向江南一带发展，逐步拥有一统天下的势力。

刘伯温论兵

刘基，字伯温，浙江青田人。他小时候很聪明，读书一目十行。元朝至顺年间，刘伯温中了进士，被任命为高安丞。他做官正直无私，后来被起用当了江浙儒学副提举，因看天下大乱，元朝将亡，便隐居在金华（今浙江金华）深山。

朱元璋攻占应天后，听说了此人，便派刘基的好友池炎带了厚礼去聘他，还亲笔写了一封长信。刘基经过了解，知道朱元璋的义军和其他义军不一样，朱元璋是个有作为的人，这才应聘出山。他到应天后，与朱元璋彻夜长谈，分析当时天下形势，指出朱元璋应该采取的策略。

原来元末农民起义，主要有两大体系：即红巾军系与非红巾军系。红巾军系又分为东西两支。东支以小明王韩林儿和刘福通为主，郭子兴朱元璋的义军，曾作为它的分支，接受小明王封给他的官职。西支以徐寿辉和陈友谅为主，徐寿辉开始在彭莹玉的支持下，在湖广的蕲水（今湖北浠水）当上了皇帝，国号天完。后彭莹玉和尚战死，徐寿辉大权旁落，被他的部将陈友谅夺去，自称皇帝，定国号为"汉"，年号"大义"。

非红巾军系也有两部分，一是东吴的张士诚，占据长江下游；二是僻处海隅的方国珍。

到元顺帝至正十九年（公元 1359 年）各地的斗争形势发生了很大的变化。北面的小明王和刘福通经过整顿补充之后，兵分两路，攻城略地，发展很快。西路破武关（今陕西商县东），下商州（今陕西省商县），进攻关中（今陕西省南部）。东路攻克了中书省东南部（今山东省北部）。后又分出一路一直打到上都（今内蒙古多伦以北），又东下袭取辽阳（今辽宁辽阳），进而侵入高丽（今朝鲜）。但没有建立巩固的根据地，致使这些地方红巾军一离开，又为元军收复。

东边张士诚从至正十三年起兵，几年来以平江（今江苏苏州）为中心，北边占有泰州、高邮、淮安、泗州直至济宁。南边占有湖州（今浙江湖州）、杭州、绍兴等地，领土范围是沿东海北部海岸和黄河南部海岸的一个长方形地带。

就在这种形势下，刘伯温替朱元璋作了分析和策划。他说："我军目前虽兵力不十分强大，处在四面包围之中，但北边小明王和刘福通是友军，替我们把元兵挡住。南边的方国珍，地处偏僻海隅，胸无大志，只求自保，不会有什么大作为，所以不足为虑。当前需要防备的乃是东西两路。东路张士诚确有图我之心，虽然他地处鱼米之乡，兵多粮足，野心很大，但几年来，他贪图安逸享乐，将士们也不愿打仗，士气萎靡不振，一时不会有大的战事。倒是西路的陈友谅，攻克江州（今江西九江）后，虽将徐寿辉接来，仍尊为皇帝，但却又自封为汉王。一切大权都攫取到手，日后必自作皇帝。从目前形势看，他势必要来图我。因此，我军要集中兵力布于西路，做好准备，防止陈友谅的侵扰。而对东路张士诚，应该力求缓和，不去动他，保持一个平静的局面，免得张士诚扰我后方，分散我军兵力。待我军平定西路后，挥师东下，大江以南便统归我有了。江北的元军也不怕，现在小明王和刘福通苦苦缠住他，到头来势必两损。等到时机成熟，以我百战之师，攻他疲敝残旅，平定天下，何难之有？"

朱元璋连连点头，站起身来拉着刘伯温的手说："伯温先生，你真是我的'卧龙'啊！"

至正二十年，果如刘伯温所料，陈友谅统率水陆大军几十万，从江州出发来攻应天，一度将太平占领。太平守将花云战死。陈友谅还派人跟张士诚联系，约他从东攻朱元璋的后路，对朱元璋造成两面夹攻之势。

为此，朱元璋召集文武官员，商讨对策。官员众说纷纭，有的主张迎头痛击，收复太平。有的则主张迁出应天，以避其锋。也有少数人主张跟陈友谅妥协。会后，朱元璋向刘伯温请教退兵之策，刘伯温向朱元璋说："那些主张妥协的，只图保自己的身家性命，这种要向敌人投降的人理应斩首。那些主张南迁北徙的，也是消极办法，即使迁到滁州、广德，陈友谅不会跟踪来追吗？至于主动出击，去收复太平，以我目前兵力，也根本做不到！何况，我们还要防备张士诚与陈友谅联合，袭我后路。那时我前后受敌，形势更不堪设想。"

"那我们怎么办？"朱元璋问。

刘伯温接着说："镇江是我们的咽喉，定要加力防守，不可松懈。张士诚在江东一带虽也多次与我交锋，但他败多胜少，从没占到便宜，所以从他内心讲，不会愿意跟我们交战。依我看，张士诚怕我们，更怕陈友谅。因为跟我们，他还可以维持对峙的局面；假如一旦陈友谅将我们征服，张士诚与他直接接壤，那时陈友谅乘胜进攻，张士诚怎有力量抵挡！因此我认为，在目前情况下，张士诚不会贸然出兵，但我们也必须防他乘我失利时来捡便宜，这是东路。至于对西路陈友谅，大敌当前，自应全力对付。至于对付方法，不易硬拼，而应智取。当前最好的办法是诱使陈友谅独自来攻。待其小胜后定会气焰更加嚣张。古人云：'骄兵必败'，使其得胜我们要抓住战机，出其不意，击其要害，定能取胜。"

朱元璋点点头，认为刘伯温提的建议很好。接着二人又计议了一番，终于拟定了一个诱敌计划。

鄱阳湖大战

当朱元璋的势力向南方发展的时候，首先遇到一个强敌是陈友谅。陈友谅出生在沔（音 miǎn）阳一个渔民家庭里，读过几年书，在县衙里当过文书，很有心计。他原是徐寿辉起义军的部将，后来他用铁锤击杀了徐寿辉，自立为王，国号叫汉。他占据江西、湖南和湖北一带，地广兵多，建立了一个强大的割据政权。公元 1360 年，他率领强大的水军，从采石沿江东下，进攻应天府，一心想并吞朱元璋占领的地盘。

朱元璋面对陈友谅大军的进攻，没有急于决战，他听取了刘伯温的建议，决定智取。

朱元璋的部将康茂才跟陈友谅是老相识。朱元璋把康茂才找来，对他说："这次陈友谅来进攻，我要引他上钩，没有你帮助不行。请你写封信给陈友谅，假装投降，答应做他的内应；再给他一点假情报，要他兵分三路攻打应天，分散他的兵力。"

康茂才说："这事不难。我家有个守门的老仆，给陈友谅当过差。派他送信去，陈友谅准不会怀疑。"康茂才回到家里，按照朱元璋的吩咐写了信，连夜叫老仆赶到采石，求见陈友谅。陈友谅见了老仆送来的信，果然并不怀疑，问老仆："康公现在哪里？"老仆说："现在他带了一支人马，驻守江东桥，专等大王去。"

陈友谅连忙又问："江东桥是啥样子？"

老仆说："是座木桥，容易认得出来。"

陈友谅跟老仆谈了一阵，吩咐左右摆上酒菜，让老仆饱饱地吃了一顿，才打发他回去。临走的时候，陈友谅对老仆说："你回去跟康公说，我马上就去江东桥，到了桥边，我叫几声'老康'，请他马上接应。"

老仆回去后，把陈友谅的话全向朱元璋回报了。朱元璋连声叫好，当夜派人把江东的木桥拆掉，改成一座石桥。

朱元璋从陈友谅的逃兵那儿得到情报，弄清楚他们进攻的路线，就让大将徐达、常遇春等分几路在沿江几个重要关口埋伏了人马。朱元璋亲自统率大军守在卢龙山（今南京狮子山），布置兵士准备好红黄两面旗帜，规定了信号：举起红旗就是通知敌人已经到来，举起黄旗就是命令伏兵出击。一切都准备好了，只等陈友谅自投罗网。

陈友谅自从老仆走后，立刻下令全体水军出发，由他亲自带领，直驶江东桥。到了约定地点，竟没见木桥，只有石桥。陈友谅想，别管他是石桥还是木桥，只要找到康茂才就好。他就到石桥旁边，一连喊了几声"老康"，也没人答应。陈友谅这才想到自己上了当，急忙命令船队撤退。

朱元璋发现敌人中计，立刻叫兵士举起黄旗，发动进攻。一刹那间，战鼓齐鸣，岸上伏兵一起杀出，水港里的水军也加入战斗。陈友谅受到突然袭击，两万兵士、100多艘战船被朱元璋的将士俘获，被杀死的和落水淹死的无数。陈友谅在部将的保护下，抢了一条小船，总算逃了命。这一仗打得陈友谅大伤元气。朱元璋的声势却越来越大。陈友谅哪肯甘心，他养精蓄锐，决心要报这个仇。过了3年，他造了大批战船，又带领60万大军，进攻洪都（今江西南昌）。

朱元璋亲自带领20万大军援救洪都，陈友谅才撤去包围，把水军全部撤到鄱阳湖。朱元璋把鄱阳湖出口封锁起来，堵住敌人，决定跟陈友在鄱阳湖里决战。

陈友谅的水军有大批战船，既高又大，一字儿排开，竟有十几里长；朱元璋的水军，却尽是一些小船，论实力比陈友谅差得多。双方连续打了3天，朱军都失败了。

其部将跟朱元璋说："双方的兵力相差太远，靠打硬仗不行，非用火攻不可。"

朱元璋立刻命令用7条小船，装载着火药，每条船尾带着一条轻快的小船。那天傍晚，正好刮起了东北风，朱元璋派了一支敢死队驾驶这7条小船，乘风点火，直冲陈友谅的大船。风急火烈，一下子就把汉军大船全部燃烧起来，火焰腾空，把湖水照得通红。陈友谅手下的将士不是被烧死，就是被俘虏。

陈友谅带着残兵败将向鄱阳湖口突围。但是湖口早已被朱元璋堵住。在陈友谅突围的时候，朱军一阵乱箭，把陈友谅射死。

鄱阳湖一战，陈友谅的60万水军大败，一批大臣、将领投降了朱元璋，陈友谅的儿子善儿也成了俘虏。他手下一个叫陈定边的勇将死里逃生，用小船载着陈友谅的尸体和他的另一个儿子陈理逃回武昌，第二年，朱元璋率军攻打武昌，陈理投降了，陈友谅势力被彻底消灭了。

朱元璋消灭了南方最大的割据势力陈友谅以后，自称吴王。汉军的覆灭，为朱元璋消除割据势力，建立明朝扫除了最大的障碍。

张士诚宁死不降

朱元璋消灭陈友谅之后，即回师东进，兵锋直指东面的张士诚。1365年，朱元璋发布讨伐文告，以徐达为大将军，率军东进，其方针是先取长江以北的通、泰诸郡，翦其羽翼，再取浙东，然后一举消灭张士诚。

张士诚原是盐枭出身，虽然胆大勇敢，但缺少主见。他政权建立初，全靠他弟弟张士德主持。张士德颇有文才，也懂得礼贤下士，所以当时的政权，颇为兴旺。后来张士德于至正十六年跟徐达在常州作战时战死。张士诚就让他的另一个弟弟张士信主持。这张士信跟乃兄正好相反，他贪污无能，只知道享乐，把政事交给手下的参军黄敬夫、蔡彦夫、叶德新3人，任凭他们弄权舞弊，胡作非为，自己一概不闻不问，所以把国事搞得一塌糊涂。

跟张士诚当初一起创业的江湖弟兄，这些人如今都富贵了，在江南这富庶的鱼米之乡，日浸月染，渐渐失去了江湖豪杰的本色，却染上了腐化享乐的习气，修府第，建园林，玩女人，天天歌舞宴会，只图眼前欢乐。甚至打将出兵，也要带上歌妓舞女，白天行军打仗，晚上宴乐歌舞。这样的将领，又怎能和纪律严明、训练有素的朱军作战呢？所以到至正二十六年底，张士诚所占领的所有州府均被徐达、常遇春的军队占领，只剩下平江一座孤城。朱军各路会师，徐达分兵遣将，把平江团团围住。

平江（今江苏苏州）是座古城，由于境内有座姑苏山，所以人们又把平江叫做姑苏。平江有好几座城门，徐达自驻军葑门，常遇春军虎丘，郭兴军娄门，华云龙军胥门，汤和军阊门，王弼军盘门，张温军西门，康茂才军北门，耿炳文军城东北，仇成军城西南，何文辉军城西北。四面修筑长围，把平江城围得水泄不通。又在城外筑起一些木塔，几乎与城里的佛塔一样高。木塔上有3层放楼，设置了弓弩火铳，向城上守军施放。又摆上"襄阳炮"，装着铁砂铁块，日夜轰击。

当时平江城内守军大约还有10万人马，张士诚亲自督军坚守，朱军一时攻打不下。但平江成了一座孤城，四处藩篱尽失，徐达便也不去硬攻，只打算长久地围困，使张士诚不得不降。

从至正二十六年十二月到至正二十七年七月，平江被围已经8个月了。

这期间，张士诚不甘被困死，曾两次组织突围，但都被杀了回去，自己还险些被擒，多亏其女婿潘元绍率领军队出城接应，才被救了回来。其实这时，他的所谓 10 万大军连一半也不到了。因为那些守城将士，眼见困守孤城，内无强将，外无救兵，早晚定被朱军攻破，有很多将士不愿陪着张士诚同归于尽，便趁夜间偷偷缒下城去，向朱军投诚。逃兵越来越多，张士诚派勇胜军上城督军，杀了一些人，但也禁止不住。

当年九月，徐达派张士诚原手下"十八骑"之一李伯升的一个门下人进城去劝降。但张士诚的牛劲上来了，宁死不降。徐达知道张士诚是要决心抵抗到底，便下令攻城。十路大军，如潮水一般，向平江城冲击。一波下去，一波又至。炮火连天，杀声震地。张士诚率心腹将士，日夜守卫在城上。防守器材用光了，便下令拆毁庙宇和民房，把木头和石块搬上城楼，当做武器。两军苦战了两个昼夜，徐达终于攻进了葑门，常遇春和汤和也从阊门攻入，守将潘元绍等投降。张士诚率残兵巷战，转瞬间身边只剩下几十名亲兵。

这时城中多处火起，张士诚的后宫齐云楼也燃烧起来，原来是张士诚的王妃刘氏，把张士诚的群妾，统统赶到齐云楼上，放把火全都烧死，她自己也在后宫自缢了。张士诚赶回来一看，点了点头，换上冠冕龙袍，找一根丝带拴到正梁上，也想自尽。可就在这时，李伯升奉徐达的派遣，匆匆跑进宫来。他让人把张士诚放下，耐心劝解。已经投降朱军的潘元绍，也跑来劝说。但张士诚却把眼睛紧紧闭上，对劝说丝毫没有反应。

徐达听说后，便派军士用盾牌把张士诚抬到船上，押送回应天。张士诚在船里躺着，不言不食。几天后船到龙江，张士诚还是不肯起来。押送将士只好把他抬到中书省。中书省丞相李善长亲自来看他，他却耍起私盐贩子的脾气，支撑着站起来，把李善长和朱元璋臭骂了一顿。李善长也火了，给以严词斥责，把他几年来失政的错处一一指出，使他又悔又恨。当天夜间，他乘看守的军士不备，终于悬梁自尽了。

张士诚于至正十三年起义，称诚王。十七年降元，任太尉。到二十三年，又自立为吴王，到至正二十七年覆灭，前后不足 15 年。

朱元璋在消灭张士诚后，即派兵分两路进攻盘踞浙江的方国珍。朱元璋一路势如破竹，方国珍败逃海中，仍难以摆脱追击，不得不在公元 1367 年投降。陈友谅、张士诚、方国珍等割据势力的相继平定，使朱元璋据有长江中下游大片富庶土地，拥有强大的军队，具备了推翻元朝、统一全国的实力。

元　朝